WAM KAT'S 24
REZEPTE ZUR
KULINARISCHEN
WELTVERBESSERUNG

Fotografiert von Kai Pelka

orange ● press

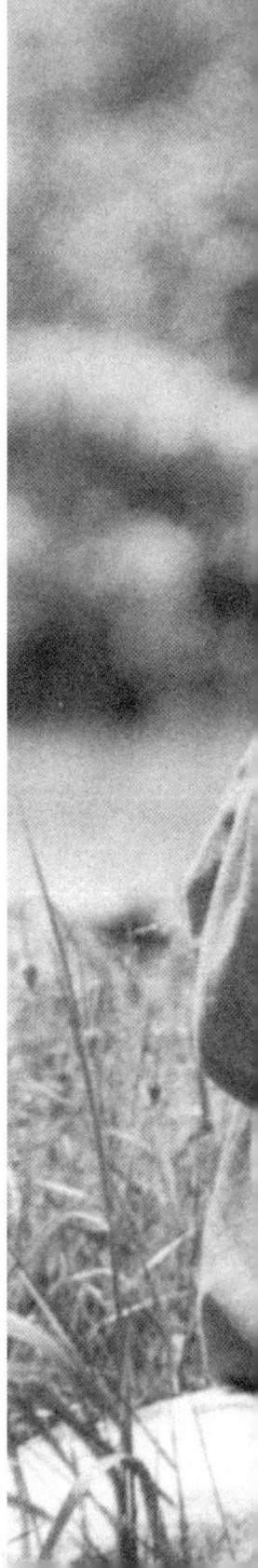

Wam Kat ist Aktivist, Koch, Journalist und Autor, geboren 1955 im niederländischen Zeist. Er ist Mitbegründer zahlreicher Organisationen und alternativer Netzwerke, wie EYFA (European Youth Forest Action) oder den Ecotopia-Festivals, sein »Zagreb Diary« war das erste Tagebuch aus einem Krisengebiet, das im Internet veröffentlicht wurde, und gilt als eines der ersten Blogs überhaupt. Mit dem niederländischen Kollektiv »Rampenplan« griff Wam die Idee der traditionellen Volksküche auf, um bei den großen Protestveranstaltungen der 70er und 80er Jahre eine Infrastruktur zur Versorgung der Demonstranten zur Verfügung zu stellen. Daraus entwickelte sich für ihn eine vielfältige Auseinandersetzung mit den Themen Lebensmittelwirtschaft, Kochen und Ernährung.

Wam Kat: 24 Rezepte zur kulinarischen Weltverbesserung
Freiburg: orange-press 2008

Lektorat: Heiko Fischer, Tinman
Gestaltung und Illustrationen: Undine Löhfelm
Korrektorat: Anne Wilcken

ISBN-13: 978-3-936086-36-2
www.orange-press.com

Im Text oder auf Bildern angegebene URLs verweisen auf
Websites im Internet. Der Verlag ist weder verantwortlich
für die dort verfügbaren Inhalte noch für die Richtigkeit,
Vollständigkeit oder Aktualität der Informationen.

Inhalt

Beim Kochen
fürs Fotoshooting
der 24 Menüs.

Essen und Trinken sind so lebensnotwendig wie die Luft zum Atmen. Und eigentlich sollte man davon ausgehen, dass auf einem Planeten, der sich für zivilisiert hält, der Zugang zu diesen Dingen gerecht organisiert ist. Aber ein Blick aus dem Fenster reicht aus, um festzustellen, dass das nicht der Fall ist. Es gibt kaum Menschen, die frei entscheiden können, was sie einatmen, essen oder trinken.

Einer der Hauptgründe dafür ist, dass in unseren Kulturen mit Lebensmitteln Handel getrieben wird. Jeder braucht sie, und jeder, der sie nicht selber herstellen kann, muss sie irgendwoher beziehen, und das heißt in der Regel kaufen.

Dass eine kleine Gruppe versucht, den Handel mit Nahrungsmitteln zu kontrollieren, ist nicht neu. Aber in den letzten 50 Jahren ist diese Gruppe, die immer größere Bereiche der Lebensmittelproduktion kontrolliert, rasch kleiner geworden – und das, obwohl immer mehr produziert wird. Positiv gesehen heißt das, dass immer weniger Menschen malochen müssen, um immer mehr Menschen satt zu kriegen. Negativ gesehen bedeutet das jedoch, dass immer weniger Menschen über fast alle Aspekte der Ernährung von immer mehr Menschen entscheiden.

An sich wäre auch das noch nicht so schlimm, wenn diese kleine Gruppe, die von sich behauptet, die Welt zu »füttern«, nicht das vorrangige Bestreben hätte, am Ende des Jahres einen möglichst großen Gewinn zu erzielen. Diese Motivation schafft nicht gerade die besten Voraussetzungen, weder für die Qualität noch für eine an den Bedürfnissen orientierte Verteilung der Produkte.

Die Revolution, die in den letzten Jahrzehnten in der Lebensmittelproduktion stattgefunden hat, ist einmalig in der Geschichte. Mittlerweile ist es möglich, fast überall auf dem Planeten das zu essen, worauf man gerade Lust hat (oder worauf einem gerade Lust gemacht wird). Ort und Jahreszeit spielen keine Rolle mehr, alleinige Voraussetzung ist Geld. Die wenigen, die bezahlen können, haben die große Auswahl, während die weniger Privilegierten hungern: Trotz Lebensmittelüberproduktion stirbt immer noch alle vier Sekunden irgendwo auf der Erde ein Mensch an Unterernährung. Doch auch in den überversorgten

Gebieten der Erde sind die Menschen nicht mit ihrer Situation zufrieden. Immer mehr Leuten ist die fremde Kontrolle über ihr Essen nicht geheuer, und es sind längst nicht mehr nur die sogenannten »Alternativen«, die sich Gedanken über ihre Ernährung machen. Spätestens seit der »Slow Food«-Bewegung ist ein bewussterer Umgang mit Essen und seiner Herkunft in der gesellschaftlichen Mitte angekommen. Die Leute wollen selbst bestimmen, wie viel Blut an ihrem Essen klebt und nicht mehr jeden Dreck mitessen, den irgendein Konzern in der Fertignahrung untergebracht hat.

Wenn du wissen willst, was du isst, solltest du vor allem in Erfahrung bringen, woher dein Essen kommt und wie es hergestellt wurde. Niemand wird gezwungen, sogenanntes *convenience food* im Supermarkt zu kaufen, bei dem du weder die Qualität noch die Herstellungsbedingungen der diversen Zutaten ermitteln kannst. Die Verantwortung dafür, was du kaufst und was nicht, nimmt dir zum Glück (noch) keiner ab: Denn wenn immer weniger Menschen *convenience food* kaufen, wird es schnell aus den Regalen verschwinden.

Die Karotte aus dem eigenen Garten ist in vielerlei Hinsicht das beste Produkt. An ihr kleben weder Blut noch Dünger oder Pestizide, höchstens dein eigener Schweiß. Aber nicht alle können ihr eigenes Gemüse anbauen, vor allem nicht in der Stadt, auch wenn in Berlin nach dem Zweiten Weltkrieg genauso wie im belagerten Sarajewo jedes unbebaute Fleckchen Erde als Garten genutzt wurde. Vielen von uns bleibt also nichts anderes übrig, als beim Einkaufen mitzundenken – auch im Bio-Laden – und sich beispielsweise klar zu machen, dass Salat in unseren Breiten im Winter nicht im Freien gedeiht. Die Menge CO_2, die für Treibhausproduktion, Aufbewahrung und Transport eines saisonfremden Gemüses in die Luft gejagt wird, ist ein Vielfaches dessen, was die Pflanze beim natürlichen Wachsen verbraucht. Wenn du also nicht nach jeder Mahlzeit zum CO_2-Ausgleich ein ganzes

Wäldchen anpflanzen willst, ist es empfehlenswert, deinen Speiseplan an die Jahreszeiten anzupassen. Wenn du nicht weißt, was zu welcher Saison wächst, frag die Verkäuferin oder den Verkäufer. Und wenn die es auch nicht wissen, renn schleunigst davon und such dir einen anderen Laden.

Nichts mehr einzukaufen, woran deiner Meinung nach Blut oder zumindest eine Menge Dreck klebt, ist die einfachste Art und Weise zu zeigen, dass du nicht damit einverstanden bist, wie die Dinge laufen. Aber handelst du dir mit diesem Experiment nicht zusätzliche Mühe ein, das Erlernen von neuen, vielleicht umständlich zuzubereitenden Gerichten? Kann sein. Aber genau darin besteht für mich das Abenteuer des Kochens: Es ist eine kreative Auseinandersetzung mit den Dingen, die ich zur Verfügung habe. Und das Ergebnis muss stimmen, denn es ist zwar toll, wenn dein Essen »politisch korrekt« ist, aber wichtiger ist, dass es lecker schmeckt.

Dabei macht es einen Unterschied, ob du beim Kochen selber Spaß hast oder dich gerade beschissen fühlst. Das Essen merkt, ob du mit Liebe dabei bist oder dauernd »Scheiße!« rufst. Ich habe dazu ein kleines Experiment gemacht – probier es selber aus, wenn du willst: Koch eine Tasse Reis und füll den gekochten Reis in zwei saubere Einmachgläser, die dicht verschließbar sind. Eines beschriftest du nun mit einem Symbol, das du positiv findest: eine Sonne, eine Blume, ein Smiley, egal. Das andere Glas bekommt ein negatives Symbol verpasst: ein Radioaktiv-Zeichen, einen Totenschädel, ein trauriges Gesicht. Den »positiven Reis« behandelst du gut: du lächelst ihn an, sagst ihm ermunternde und lobende Sachen, stellst ihn an einen schönen Platz. Der »negative« Reis wird von dir beschimpft, beschuldigt und für alles Übel in der Welt verantwortlich gemacht. Achte mal darauf, was in den nächsten Tagen mit dem Reis geschieht. Aufgrund unterschiedlicher Temperaturen und anderer Umgebungsvoraussetzungen fielen meine Ergebnisse unterschiedlich aus, aber eines blieb gleich: Der »Sonnenreis« sah immer besser aus als der »Atomreis«. Ok, dieses Experiment beweist gar nichts, aber es macht Spaß und sei unbedingt zum Nachmachen empfohlen.

Ich habe 24 Rezepte für dieses Buch aufgeschrieben, und zu jedem gehört eine Geschichte aus meinem Leben. So ist dieses Kochbuch auch ein Schnelldurchlauf durch das vergangene halbe Jahrhundert. Als Kind habe ich Fisch aus dem Rhein gegessen, als ich zwölf war, wurde mir geraten, das Rheinwasser beim Schwimmen nicht zu schlucken, mit zwanzig sah ich Fischl eichen dort treiben, mit dreißig entwickelte ich Fotos im Rhein. Wieder zehn Jahre später fing der Rhein langsam an, wieder sauberer zu werden, und jetzt, mit fünfzig, habe ich gehört, dass die ersten wilden Lachse wieder an den Oberrhein zurückgekehrt sind. In den fünfzig Jahren sind über fünfzig Millionen Menschen in Kriegen ums Leben gekommen und viele Millionen mehr sind verhungert. Obwohl es immer wieder neue Konferenzen und »Lösungen« für die Probleme gibt, scheint sich nicht viel verändert zu haben. Aber das ist nicht weiter erstaunlich, die Änderung kann nicht von oben kommen. Nur du und ich können die Dinge ändern, sonst niemand.

Seit dreißig Jahren will die niederländische Regierung 16 neue Atomkraftwerke bauen lassen – keines davon steht bis jetzt.

So gesehen sind auch die Geschichten Rezepte. Nämlich Rezepte, um eine andere Welt zu schaffen. Keine Angst, leg einfach los, »fake it till you make it«, wie mir ein indianischer Storyteller mal gesagt hat. Ich wünsche euch viel Freude dabei, das herauszufinden. In diesem Sinne ein ganz herzliches, niederländisches: *Eet lekker!*

Wam Kat, Weitzgrund, im Mai 2008

Kinder helfen gerne mit im Garten – natürlich vor allem beim Ernten!

Auf dem Markt
kannst du oft günstiger
einkaufen als im Geschäft
– regionaler sowieso.

GUT ZU WISSEN. Ein paar Sachen, die für das ganze Buch gelten – am besten jetzt lesen! / Alle Rezepte bis auf eines (siehe S. 244) und die dazugehörigen Mengenangaben sind für **4 PERSONEN** berechnet. Und zwar so, dass es auch die verstehen, die wenig Erfahrung mit Kochen haben. Die **ZUTATEN** sind meistens alle zusammen aufgelistet, menüweise, zur Erleichterung deines »Einkaufs-Checks«: Was hast du noch vorrätig, was musst du besorgen? Wenn du nur eines der im Menü beschriebenen Gerichte kochen willst, lies aus der Rezeptbeschreibung heraus, was du dazu brauchst. / Bei manchen Gerichten muss etwas besonders lange eingeweicht werden, oder es gibt lange Gar- oder Kühl**ZEIT**en. Lies dir das Rezept rechtzeitig durch, damit du diese Zeit einplanen kannst. / Apropos Zeit: Ich habe die Rezepte in der **REIHENFOLGE** aufgeschrieben, die ich für ihre Zubereitung empfehle – natürlich geht es etwas schneller, wenn du nicht alles nacheinander kochst, sondern zum Beispiel den Salat putzt, während etwas anderes schon im Backofen steht. Dazu ist (wenn dir nicht noch jemand hilft) vielleicht etwas Übung nötig. / Die Angaben für die **MENGEN** der einzelnen Zutaten ersparen es dir meistens, die Küchenwaage herauszuholen: Du kannst eigentlich fast alles in den Maßeinheiten Teelöffel (TL), Esslöffel (EL), (große) Tasse, Weinglas oder auch Handvoll abmessen. Überhaupt sind Mengenangaben relativ – vielleicht stellst du fest, dass deinem eigenen **GESCHMACK** etwas mehr oder etwas weniger von diesem oder jenem gefallen würde. Und da eine Zucchini nicht immer gleich groß ist, kann auch mal sowas wie »1-2 Zucchini« da stehen. Es reicht, sich ungefähr an die angegebenen Mengen zu halten; wichtiger ist es, dem eigenen Gefühl vertrauen zu lernen – dem Gefühl dafür, wie etwas gut schmeckt und wann es die richtige **KONSISTENZ** hat. Probier einfach aus. / Für die, die es trotzdem ganz genau wissen wollen: 1 Esslöffel = 15 g, 1 Tasse = 150 g. / Manche Menschen haben Nahrungsmittel**ALLERGIEN**, relativ häufig z.B. sind Allergien gegen Nüsse oder Gluten, das in den meisten Getreidearten enthalten ist. Erkundige dich rechtzeitig bei deinen Essensgästen, ob sie etwas Bestimmtes nicht vertragen. / Die in diesem Kochbuch zusammengestellten Gerichte sind **VEGETARISCH** und – alternativ – **VEGAN** angelegt. Zwischen den Menüs und Geschichten verteilt findest du verschiedene Grundrezepte und Tipps, ◀ unter anderem für die Herstellung von typisch veganen Lebensmitteln, mit denen sich auch andere Gerichte einfach vegan abwandeln lassen. Wenn in der Zutatenliste einmal nur Butter genannt sein sollte, ersetze sie für die vegane Variante einfach mit Margarine. Das Gleiche gilt für Milch und Sojamilch. / **SALZ** ist so wesentlich fürs Kochen, dass ich darauf verzichtet habe, es jedesmal bei den Zutaten aufzulisten. Ich bevorzuge in der Regel Kräutersalz, schreibe in den Rezepten aber der Einfachheit halber immer nur »Salz« – es sei denn, es ist mir für den Geschmack (z.B. eines Salatdressings) wichtig, dass auch wirklich Kräutersalz verwendet wird. / Ebenso wie Salz in einer Küche immer vorrätig sein sollte, gehört **ÖL** (oder sogar verschiedene Ölsorten mit unterschiedlichen Geschmäckern und Eigenschaften) zur Standardausstattung. Wenn du nicht das Öl da hast, das im Rezept genannt ist, kannst du in den meisten Fällen einfach ein anderes benutzen – außer beim Frittieren: Olivenöl z.B. ist zu schade dafür und auch nicht gut dafür geeignet, so stark erhitzt zu werden. / Bei ein paar Rezepten wird Gemüsebrühpulver verwendet: Achte darauf, dass du welches findest, das kein **GLUTAMAT** enthält. / Auch sehr gut zum Würzen geeignet sind ein paar Zutaten aus anderen, östlichen Kulturen: Tamari und Teryiaki sind japanische **SOJASOSSEN**, Ketjap Manis eine (etwas dickflüssige, leicht süße) indonesi-sche. Es gibt sie, wie die meisten anderen »exotischen« Dinge auch, auf jeden Fall im Asia-Laden, und notfalls können sie durch andere Sojasoßen ersetzt werden. / Wenn du unsicher bist, geh mit Würzmitteln eher sparsam um; bevor du das Essen servierst, solltest du sowieso noch mal **ABSCHMECKEN**. Lieber am Schluss nach- als vorher versalzen. / So wie eine Reihe Zutaten dort, wo regelmäßig gekocht wird, nicht fehlen sollte, gibt es auch eine Grundausstattung an **GESCHIRR**. Ein Suppentopf, eine Pfanne, vielleicht noch eine etwas kleinere Pfanne und eine ofen-feste Form gehören dazu und werden irgendwo in den Rezepten gebraucht. Dabei können gusseiserne Töpfe natürlich auch im **BACKOFEN** benutzt werden, und dasselbe gilt für Pfannen – wenn sie aus feuerfestem Material sind (also nicht gerade aus Teflon) und keinen Holz- oder Kunststoffgriff haben. Ein scharfes Messer solltest du haben, etwas zum Wenden (z.B. ein Holzschippchen) und natürlich Löffel und Tassen – und Teller, um daraus zu essen. / Frische **KRÄUTER** kommen öfter in meinen Rezepten vor. Manche sind jedoch nicht zu jeder Jahreszeit frisch erhältlich. Wenn du gerade nicht auf **WILDKRÄUTER** von einer Wiese hinterm Haus, Zelt oder Bauwagen zurückgreifen kannst, können getrocknete Kräuter eine gute Alternative sein. Gut dafür geeignet sind z.B. Thymian, Rosmarin, Estragon und Dill, die kannst du auch prima selber trocknen; mit Petersilie, Schnittlauch und Basilikum ist das schon schwieriger. Die schmecken im Zweifelsfall besser aus der Tief-kühltruhe – oder ersetze sie durch etwas ganz anderes, was der **JAHRESZEIT** besser entspricht! / Beim Kochen höre ich gerne **MUSIK**, und manche Gerichte sind für mich nicht nur mit einer bestimmten Geschichte, sondern auch mit einem ganz bestimmten Stück verbunden. Und weil das irgendwie dazu gehört, habe ich das auch aufgeschrieben (S. 250). / Ein paar Quadratzentimeter Papier sind noch unbe-druckt sind in diesem Buch: **SCHREIB SELBER AUF**. Tricks, mit denen etwas noch besser funktioniert; eine Abwandlung, die dir besonders lecker gelungen ist; einen Song, den du gerne jemandem aufnehmen willst ... und für den Rest: Guten Appetit, *Ljubav i Mir (Dashuria e Paqe, dragostea si pace):* **WAM :-)**

Der Krieg ist aus

Der lange Hungerwinter neigt sich langsam dem Ende zu. Über den niederländischen Großstädten wird zum ersten Mal etwas anderes abgeworfen als Bomben: Brot und auch echte Schokolade sind unter den Hilfslieferungen, die an Fallschirmen zu Boden schweben. Unterdessen werden die deutschen Besatzer nervös. Sogar Fahrräder beschlagnahmen sie, um so schnell wie möglich nach Hause zu kommen. Doch solange es noch kleine Grüppchen deutscher Soldaten gibt, die nicht aufgeben, will niemand von Frieden sprechen.

»Wir erwarten, dass ihr dieses Lager innerhalb von 24 Stunden räumt. Es wird im Namen des vereinten nationalen Widerstandes von uns beschlagnahmt«, verkündet ein kleiner Mann in grüner Uniform. Ein größerer Mann in identischem Aufzug bestätigt, dass die vorläufige nationale Exilregierung in diesem Camp ein Auffanglager für Kriegswaisen plant. Dann steigen die beiden Männer wieder in ihren Jeep und lassen den deutschen Kommandanten verdutzt vor seiner Baracke zurück.

Frits, so heißt der Kleinere der beiden Männer, ist gerade mal 23 Jahre alt, und obwohl die Armee Nazi-Deutschlands noch immer nicht kapituliert hat, riskiert er es, aus seinem Versteck zu kommen, in dem er die letzten Kriegsmonate verbracht hat.

Ein halbes Jahr zuvor hatten ihn auf der Straße zwei freundliche Männer angesprochen und ihn in konspirativem Ton gefragt, ob er nicht eine Waffe brauche. Frits lehnte ab, weil er sich nicht vorstellen konnte, warum man ihm etwas antun sollte. Er war zwar Teil des Widerstands, hielt aber seine Tarnung für äußerst sicher: Genau ein Stockwerk über dem Gestapogebäude betrieb er eine Scheinfirma, die Rosenkränze herstellte. Oft halfen die jungen deutschen Soldaten ihm, dem kleinen, leicht körperbehinderten jungen Niederländer, die Lieferungen die Treppen hoch zu tragen. Sie ahnten nicht, dass die Rosenkränze von versteckt lebenden Juden und Regimegegnern hergestellt wurden und dass die tönernen Perlen der Rosenkränze, die die Widerständler verhafteten Juden mitgaben, winzige Papierschnipsel mit Texten des Talmud enthielten.

Einen Tag nach der Begegnung mit den beiden Fremden wird die Hälfte von Frits' Widerstandsgruppe von der Gestapo verhaftet. Nun weiß er, dass er sich irrtümlich in Sicherheit wähnte und dass es auch für ihn höchste Zeit wird, unterzutauchen. Das Risiko, unter der Folter die anderen zu verraten, ist zu groß.

Das Leben im Untergrund nimmt ihn stark mit. Sein Körper ist ohnehin schon gezeichnet von einer Tuberkuloseerkrankung als Kind, und die Monate ohne dauerhafte Unterkunft, mit immer wechselnden, oft kalten und feuchten Schlafplätzen und nur mangelhafter Ernährung fordern ihren Tribut. Doch als sein Bruder Henk ihn fragt, ob er bereit ist, unbewaffnet in ein deutsches Armeelager einzudringen, den Soldaten ein Ultimatum zu stellen und nach der Übernahme dort ein Auffanglager für Kinder einzurichten, zögert Frits nicht. Es ist Zeit zu handeln, die Befreiung der Niederlande steht unmittelbar bevor. Tausende von Kindern, die durch die Wirren des Kriegs ihre Familien verloren haben oder von ihnen getrennt wurden, müssen versteckt leben oder streichen alleine durchs Land. Wenn der Friede endlich da ist, sollen diese Kinder einen Platz haben, an dem sie willkommen sind. Egal, auf welcher Seite ihre Eltern gestanden haben.

Als Frits und Henk am nächsten Tag ins Lager zurückkehren, sind die »grijze ratten«, die grauen Ratten, wie das letzte Aufgebot der Wehrmacht von den Niederländern genannt wird, tatsächlich verschwunden. Nur ein schwelender Papierhaufen auf dem Hof zeigt, dass sie noch nicht allzu lange weg sind. Die Brüder beginnen, das Lager in Augenschein zu nehmen, und machen sich auf die Suche nach der Kochbaracke. Größe und Ausstattung der Küche werden darüber entscheiden, wie viele Kinder aufgenommen werden können.

Als Frits versucht, eine Barackentür zu öffnen, ist diese von innen verkeilt. Er rüttelt energisch und hört, wie etwas zerbricht. Die Tür gibt nach und er sieht sich einer riesigen Fliegerbombe gegenüber. Offensichtlich hatte man versucht, sie in eine Sprengfalle zu locken. Doch zum Glück vergebens, denn dem Umstand, dass der Bombenbastler sein Handwerk nicht verstand, verdanke auch ich mein Leben. Frits war nämlich mein Vater.

Ich auf dem Schoß von Oma. Rechts zwei Tanten. Links meine Eltern.

Er konnte stundenlang vom »Kinderdorf« erzählen, das er und Onkel Henk in den Wochen darauf im ehemaligen Wehrmachtlager einrichteten. Sie sammelten alle Kinder auf, die sie finden konnten, und so wurde das »Dorf« schnell als Anlaufstelle bekannt, zu der viele verwaiste Kinder den Weg alleine fanden. Ihren Alltag organisierten sie selbst. Mein Vater erzählte, wie jeden Tag eine »Dorfzeitung« von ihnen gemacht wurde, wie sie zusammen Theater spielten, Musik machten und natürlich gemeinsam kochten und aßen.

Am Lagerfeuer. Der mit dem schicken Hut ist mein Vater.

So erklärt sich auch meine beträchtliche Anzahl an Geschwistern. Als der niederländische Staat ein paar Jahre nach dem Krieg das inoffizielle Kinderdorf schloss und die Kinder auf Heime aufgeteilt werden sollten, adoptierten meine Eltern ein paar von ihnen. Obwohl ich nur zwei leibliche Brüder habe, liegt die »gefühlte« Anzahl meiner Geschwister weit darüber. Eine genaue Zahl kann ich gar nicht nennen, weil einige von ihnen schon fast erwachsen waren und nicht lange genug bei uns lebten, als dass ich viel von ihnen mitbekommen hätte.

Nach der Kunstakademie hatte mein Vater zusammen mit Studienkollegen eine Künstlergruppe aufgebaut, die alle zusammen leben wollten. Es war eine riesige Wohngemeinschaft, mit einer Menge »Onkel« und »Tanten« – und natürlich mit »Vettern« und »Kusinen«. Und da diese Sippschaft ein entsprechend großes Haus benötigte, besetzten sie einfach das ehemalige SS-Hauptquartier in der Nähe von Zeist, das auch Jahre nach dem Krieg noch leer stand, ganz in der Nähe des Gestapo-Gebäudes, in dem mein Vater während des Kriegs die Rosenkränze produziert hatte. Es war wahrscheinlich die erste Hausbesetzung in der ganzen Provinz – auch wenn das damals niemand so nannte. Und hier war es auch, dass meine Eltern im Lauf der Zeit immer mehr Kinder adoptierten und meine beiden leiblichen Brüder und ich geboren wurden.

Wie wir finanziell über die Runden kamen, ist mir ein Rätsel. Wir lebten mehr oder weniger von der Rente, die mein Vater als Kriegsopfer vom Staat bekam, aber egal, wie viele bei uns am Tisch saßen: Es gab immer genug zu essen. Nur Fleisch gab es nie – das war zu teuer.

Seit ich mich erinnern kann, heißt es in den Niederlanden »Woensdag Gehaktdag« – mittwochs gibt es Hackfleisch, Kartoffeln und Gemüse, ein richtig gutbürgerliches Essen. Hier kommt die vegane Alternative.

Mit meinen Brüdern zu Besuch auf einem Bauernhof. Ich (ganz links) probiere zum Spaß mal ein hölzernes Tragegestell für Eimer an – allerdings ohne Eimer.

Unsere Hütte. Man beachte den praktischen Abfallkorb unterm Fenster.

Die Hütten bauten mein Vater und seine Freunde selbst.

Gehakt à la Kat

Gutbürgerliche Mahlzeit
auf vegetarisch

- 10 faustgroße Kartoffeln
- 2 Tassen frische Erbsen
  (alternativ 1 Packung
  tiefgekühlte oder 1 Tasse
  getrocknete, die vorher
  gut eingeweicht werden)
- 3-4 große Karotten
- 3 Pastinaken
- 1 Rote Bete
- 2 Tomaten
- 2 Zwiebeln
- Dill
- Petersilie
- 1 Tasse Graupen (=Gerste)
- 1 Tasse braune Linsen
- Paniermehl
- (Oliven-)Öl
- Sojasoße
- Apfelessig
- Marmelade
- Gemüsebrühe
- etwas Majoran
- Paprikapulver
- Kümmel

Gehakt à la Kat

Achtung:
Einweichzeit!

10 h

Vegetarisches »Hackfleisch«

Die Linsen und die Graupen am Abend zuvor zusammen in mindestens der doppelten Menge Wasser einweichen. Die Mischung aus gequollenen Hülsenfrüchten und Getreide auf großer Flamme zum Kochen bringen und bei geringer Hitze weiterköcheln lassen. Dabei sollte sie immer von ausreichend Wasser bedeckt sein.

Alle Karotten bis auf eine sowie die Rote Bete werden ganz klein gewürfelt und mit ein bisschen Öl bei schwacher Hitze langsam angeschwitzt und vorsichtig gegart. 1 Zwiebel ebenfalls klein schneiden, die Tomaten etwas grober, Petersilie fein hacken. Das alles gibst du mit etwas Majoran, Dill, Salz und ½ Tasse Wasser dazu. Umrühren, bei schwacher Hitze weiterköcheln lassen. Wenn es zu trocken wird, schütte etwas Kochwasser dazu, das Gemüse soll nicht anbraten!

Wenn die Linsen-Graupen-Mischung gut weich gekocht ist, lass sie in einem Sieb abtropfen und misch sie unter das brutzelnde Gemüse. Alles zusammen noch ein bisschen weiterschmoren lassen, am Schluss mit etwas Petersilie garnieren.

Rosenkohlsalat

Mach die Kohlröschen sauber und schneide sie in Achtel. Ein paar Esslöffel Öl, 1 großen Esslöffel Essig, etwas Sojasoße, 2-3 Teelöffel Marmelade und Salz nach Geschmack verrühren, dann in einer Schüssel gut mit den Rosenköhlchen vermischen.

Rosenkohl ist in den Niederlanden ein echtes Standardgericht.

Salzkartoffeln

Die Kartoffeln schälen und vierteln, mit gerade so viel Wasser aufsetzen, dass sie knapp bedeckt sind – wenn du willst, mit ein paar Kümmelsamen. Auf eher kleiner Flamme köcheln lassen. Abgießen und Deckel drauf!

Die Kartoffeln sind gar, wenn du leicht mit einer Gabel hineinstechen kannst.

Gebackene Pastinaken

Die Pastinaken werden der Länge nach halbiert, große kannst du vierteln. Mit Öl bestreichen, mit Paprikapulver bestreuen, in Paniermehl wenden und in der Pfanne anbraten. Mit etwas Kartoffelwasser angießen und immer mal wieder wenden.

Aufpassen – heißes Öl und Wasser zusammen machen Spektakel.

Zwiebelsoße

Die zweite Zwiebel in einer anderen Pfanne kurz anbraten und, sobald sie braun wird, mit 1 Tasse Gemüsekochwasser ablöschen. Vom Feuer nehmen, ein paar Löffel von dem »Hackfleisch« und 1 Teelöffel Gemüsebrühpulver dazu oder etwas Sojasoße. Mit etwas Kartoffelstärkepulver kann die Soße gebunden werden: einrühren, aufkochen, fertig. Die Pastinaken werden mit der Gemüsesoße darüber serviert.

Das Kochwasser kann von den Kartoffeln kommen, aber auch von den Erbsen & Möhren, wenn du die nebenher zubereitest ...

Erbsen & Möhren

Schneide die letzte Karotte in nicht zu kleine Stücke. Sie wird dann zusammen mit den Erbsen in genügend Salzwasser (so dass das Gemüse bedeckt ist) gekocht. Wenn die Erbsen weich sind, ist die Mahlzeit fertig. Die Karotten dürfen ruhig noch Biss haben.

Mit Deckel auf dem Topf brauchst du weniger Wasser – das Gemüse gart auch im Dampf.

Selber machen

17. Juni, Mauerbau, Kubakrise. Von alldem kriege ich nichts mit. Nur an die Ermordung von JFK kann ich mich erinnern, weil ich an dem Tag Geburtstag hatte. Die Sorgen meiner Kindheit drehen sich um andere Dinge, zum Beispiel, ob die Ente mit ihren Küken sicher über die Straße kommt.

Vor der Straße habe ich großen Respekt. Da es noch keine Autobahn gibt, wälzt sich regelmäßig der halbe Ruhrpott auf dem Weg in die »Ferien an der Nordsee« an unserem Haus vorbei. Meine Mutter befürchtet, dass ich Dreikäsehoch mein Leben für die Enten riskieren könnte, und sorgt lieber selbst für deren Sicherheit. Gemeinsam mit der Frau des Bürgermeisters bringt sie die Tiere morgens sicher zum Teich im Park hinter der Bürgermeister-Villa auf der anderen Straßenseite und abends wieder zurück. Entschlossen halten die Frauen den Verkehr an, bis die Enten die Straße überquert haben.

»Zelf doen« – »selber machen« war laut meiner Mutter die erste Willensäußerung, die ich von mir gab, und das ist bis heute so geblieben: Lieber probiere ich stundenlang herum, als jemanden zu fragen. Das verwinkelte Haus und den riesigen verwilderten Garten kennen wir Kinder genau, keine Ecke und kein Durchschlupf entgeht unserer Neugier. Wenn einer meiner Brüder gerade den Keller erforscht, kann es vorkommen, dass aus den Ritzen des Holzfußbodens im Erdgeschoss Rauch aufsteigt, weil er zur besseren Beleuchtung einfach herumliegendes Holz anzündet. Als in einem kalten Winter mal jemand vergisst, das Ventil eines Wasserrohrs zuzudrehen, läuft die marmorne Eingangshalle voll und gefriert – für mich eine gute Gelegenheit, zu Hause das Schlittschuhlaufen zu lernen. Unser Haus ist eigentlich eine Villa, die im 18. Jahrhundert von wohlhabenden Amsterdamern als Landhaus gebaut wurde, wie ein romantisches Schloss, mit Türmchen und Park – und mittlerweile mehr Efeu als Rosen.

Enten sind nicht die einzigen Tiere, die in unserer Wildnis leben. Neben unzähligen Vögeln gibt es Eichhörnchen, halbwilde Hühner, Tauben, Schafe, Ziegen und eine Handvoll sehr eigensinniger Katzen, ganz zu schweigen von den echten Wildtieren wie Füchsen, Mardern und Kaninchen. So kommt es, dass wir das Essbare, das in unserem Garten wächst, nicht ganz freiwillig mit anderen Geschöpfen teilen. Trotzdem schafft es meine Mutter, jeden Herbst wieder so viel Obst und Beeren zu sammeln, dass die Marmelade und die eingemachten

Früchte nicht nur für unsere große Familie, sondern auch noch für ein paar Nachbarn und Freunde reichen. Und jedes Frühjahr versucht sie aufs Neue, einen Gemüsegarten anzulegen, auch wenn sie weiß, dass unsere Tiere wieder schneller sein werden als sie.

Zweimal in der Woche nimmt mich meine Mutter mit auf den Markt ins Zentrum von Zeist. Ich sitze hinten auf dem Rad, auf dem Rückweg verschwinde ich fast ganz unter den Einkäufen, sie balanciert das schwer beladene Rad trotzdem sicher durch den Verkehr nach Hause.

Warum sie auf den Markt fährt und nicht einfach bei den vielen Händlern einkauft, die in unserer Straße haltmachen, wird mir erst später klar. Gemüsebauer, Milchmann, Bäcker und Käseverkäufer kommen mit ihren Pferdewagen oder Dreirädern täglich bei uns vorbei. Man kann in Ruhe aussuchen oder sich die Milchkanne füllen lassen, ohne zu Hause sein zu müssen. Aber natürlich ist dieser Service auch etwas teurer, und mit dem Einkommen eines Künstlers eine große Familie zu ernähren ist keine leichte Aufgabe.

Im Sommer zieht unsere Familie mit Zug und Bus in die belgischen Ardennen um. Zusammen mit anderen Künstlerfamilien haben meine Eltern dort ein kleines Stück Land gekauft. Die ersten Jahre zelten wir noch, später werden drei kleine Hütten gebaut. Nachts liege ich in meinem Zelt und schaue den Erwachsenen zu, wie sie um ein großes Feuer sitzen und feiern. Statt Wildschweinen braten Hühner vom Bauern über dem Feuer, und es liegt auch kein gefesselter Barde in der Ecke, aber sonst sieht die Szene genauso aus wie das letzte Bild in einem Asterix-Heft.

Auf dem Markt in Malmedy. Der größte Teil des Streichelzoos landet im Kochtopf.

In Belgien ist manches ein bisschen anders als in den Niederlanden. Auf dem Markt kann man sich zum Beispiel ein Tier aussuchen und es an Ort und Stelle schlachten und zerlegen lassen. Das schockiert mich so, dass ich mein Taschengeld in die Rettung einer kleinen Ente investiere. Vier Jahre lang schleppe ich das Vieh zwischen zu Hause und dem Sommerlager hin und her.

Auf dem Markt von Malmedy, der nächst größeren Stadt, beobachte ich, wie jemand die Mona Lisa auf das Straßenpflaster malt. Ich bin total fasziniert. Ein paar Monate später, wieder in den Niederlanden, kaufe ich mir von meinem Taschengeld in einem Spielzeugladen Kreide, setze mich am besten Platz der Hauptgeschäftsstraße auf den Boden und fange an, mein Kunstwerk Wirklichkeit werden zu lassen. Weil ich keine Schachtel aufgestellt habe wie der Pflastermaler in Malmedy, werfen Leute das Geld einfach auf mein Gemälde. Da höre ich, wie sich hinter mir jemand räuspert.

Ängstlich drehe ich mich um. Da steht sie, die Staatsgewalt, in Gestalt eines Streifenpolizisten mit prächtigem Schnauzbart und dickem Bauch, und hält mir prompt eine Standpauke.

Künstlergruppe
bei der Arbeit.

Als ich beim Abendessen davon erzähle, rät mir mein Vater, doch gleich im Rathaus eine offizielle Erlaubnis für die Pflastermalerei zu beantragen. Und einer meiner großen Brüder, schon Student in Amsterdam und gerade zu Besuch, hat die gute Idee, aus der Straßenmalerei eine politische Aktion zu machen. Wenn ich meine Kunst in den Dienst einer guten Sache stellen würde, hätten die »hohen Tiere« bestimmt nichts dagegen.

Den hungernden Kindern in Afrika spende ich sowieso schon einmal pro Woche ein *kwartje* – einen Viertelgulden –, indem ich das Geldstück dem sogenannten *knicknicker*, der kleinen gusseisernen Statue in Form eines schwarzen Mannes, auf die herausgestreckte Zunge lege. (Zum Dank nickt er mit dem Kopf.) Und so beschließe ich, Geld für den Schutz des indischen Tigers zu sammeln.

Tief im Wald hinter unserem Haus, in einer Barackensiedlung, die früher mal dem Militär gehörte, ist nun nämlich eine Naturschutzorganisation eingezogen. Als ich bei einem meiner Streifzüge ihr Büro entdeckte, habe ich mich sofort in das Logo mit dem Panda verliebt. Die Dame, die dort als Sekretärin arbeitet, freut sich, wenn sie Besuch bekommt, und lässt mich Dokumentarfilme über Wildtiere anschauen. Meist sind es Jagdfilme von Prinz Bernhard, dem Präsidenten der Organisation, aus denen die Abschussszenen herausgeschnitten sind.

Die Bürodame unterstützt meine Malaktion mit einem Brief, den ich auf dem Rathaus vorlege. Dass Prinz Bernhard persönlich eine Art Schirmherrschaft für meine Aktion übernommen hat, kann man sich dort offensichtlich nur schwer vorstellen, und ich ernte ungläubige Blicke. Aber es klappt: Ich bekomme eine offizielle Erlaubnis. Verwaltungsgebühren: geschenkt.

Jetzt kommt mir eine noch bessere Idee. Durch die Vermittlung eines mit meinem Vater befreundeten Journalisten lade ich über die Lokalzeitung alle Kinder der Stadt ein, zusammen mit mir für den bedrohten Tiger zu malen. Unser Milchmann, der den Aufruf liest, spendet fünfzig Liter Kakao (die er am Ende der Woche noch nicht verkauft hatte) und der Bäcker stiftet Brötchen vom Vortag.

So sitze ich eine Woche später wieder ganz ins Malen vertieft an der gleichen Stelle. Diesmal nicht allein, sondern mit ein paar Dutzend anderen Kindern. Da höre ich wieder, wie sich jemand hinter mir räuspert.

»Gut gemacht, Jungchen!«, brummt der Bilderbuchpolizist.

Die Niederlande haben nicht so eine Brotkultur wie Deutschland. Wenn du ein gutes Sauerteigvollkornbrot essen wolltest, musstest du dir das bis vor nicht allzu langer Zeit noch selber backen – so zum Beispiel:

Backwerk

Sauerteigbrot	
2	Tassen selbst gemachter Sauerteig (siehe S. 34)
5	Tassen Mehl (Weizen, Roggen, Dinkel oder eine Kombination)
-	Salz

Hefeteigbrot	
1 kg	Mehl
2	Hefewürfel (oder 2 Päckchen Trockenhefe)
ca. 4	Tassen Wasser
-	Salz

(Zutaten jeweils für 1 kg Brot)

Backwerk ...

Roggenmehl kann nur mit Sauerteig richtig aufgehen und ist so auch viel besser verdaulich.

Lange Ruhezeit bei Sauerteig

10 h

Du kannst auch mit weniger Sauerteig als im Verhältnis 1:2 backen. Der Teig muss dann allerdings noch länger gehen.

Brot

Ob Hefe- oder Sauerteigbrot: Die Zutaten werden mit etwas Salz gut miteinander verknetet, bis der Teig sich leicht von den Händen lösen lässt. Wenn er sich zu trocken oder zu nass anfühlt, kannst du etwas Wasser oder etwas Mehl dazugeben, aber hab vorher ein bisschen Geduld mit ihm: schon von ausgiebigem Kneten wird Teig weniger klebrig. Anschließend muss er »gehen«: Sauerteig sollte, mit einem Tuch abgedeckt, mindestens 10 Stunden bei Zimmertemperatur ruhen. Hefeteig braucht nur gut 1 Stunde. Anschließend wird er nochmal geknetet.

Den Backofen auf 190 °C vorheizen. Es ist gut, während des Backens ein (ofenfestes) Schälchen mit Wasser darin stehen zu haben, dadurch wird die Kruste schön kross.

Den Teigklumpen kannst du als Ganzes auf ein mit Mehl bestäubtes Backblech legen. Oder du formst sechs kleine Brötchen, die brauchen nicht so lange. Bevor das Blech in den Ofen kommt, den Teig mit einem scharfen Messer drei- oder viermal einkerben, um dem Teig auch im Backofen weiteres Aufgehen zu erleichtern. Den Brötchen steht eine Kreuzkerbe gut.

Das Brot muss ungefähr 1 Stunde im Ofen bleiben, bis es von oben schön braun wird und hohl klingt, wenn man auf den Boden klopft. Bei Brötchen hängt die Backzeit von der Größe ab, meistens sind sie aber in weniger als einer halben Stunde fertig. Sieh zwischendrin immer wieder nach, ob noch Wasser im Schälchen ist, oder sprüh gelegentlich etwas in den Backofen.

Das Brot kann auch mit Längskerbe in einer gefetteten Kastenform gebacken werden, etwa eine ¾ Stunde. Wenn es an der Form kleben bleibt, ist es noch nicht durch.

Nach dem Backen Brot und Brötchen außerhalb des Ofens auf einem hölzernen oder eisernen Rost abkühlen lassen. Wenn du das heiße Brot sofort mit ein wenig Wasser bespritzt, ist das auch gut für eine knusprige Kruste.

Du brauchst nicht unbedingt einen Ofen, um Brot zu machen. In Indien wird es in Form von handtellergroßen, platten Scheiben auf dem Grill oder in einer Pfanne von beiden Seiten leicht braun gebacken. Du kannst auch kleine Teigbällchen in heißem Öl frittieren oder ganz flach ausgerollt auf einem Stein backen – Brot lässt sich auf viele Arten herstellen.

Einen Brotlaib kannst du auch aushöhlen und als Suppentopf benutzen.

Variationen
Butter, Margarine oder Öl im Teig machen das Brot geschmeidiger, und mit (Soja-)Milch anstatt Wasser bekommt es einen etwas anderen Geschmack. Du kannst du natürlich allerhand Sachen in den Teig geben: von Nüssen, Mandelblättern, Kokosflocken oder Rosinen wird es süßer; Sonnenblumen- und Kürbiskerne im Teig oder als Dekoration auf dem Brot schmecken gut und sehen schön aus; mit Sesamsamen drauf machst du Burgerbrötchen. Honig, Kräuter, gebräunte Zwiebeln, Olivenstückchen, Käse und natürlich auch Gewürze wie Curry oder Koriander lassen sich gut untermischen.

Plattgedrückte kleine Teigkugeln kannst du wie kleine Pizzen mit Zwiebeln, Tomate und Käse belegt überbacken.

Wenn du ein natürlich gebrautes Bierchen hast, hilft das dem Teig auch beim Gehen. Ein ordentlicher Schuss Bier im Brot schadet nicht, solange es noch lebt und die Bakterien nicht durch Überhitzung oder Chemie abgetötet wurden. Beim Backen verflüchtigt sich der Alkohol völlig, aber ein guter Geschmack bleibt.

Wenn du mit Sauerteig backst, achte darauf, dass du noch etwas Sauerteig für das nächste Backen aufhebst.

... und mehr Backwerk

Pizza
    4 Tassen Weizenvollkornmehl
2 ⅓ Tassen lauwarmes Wasser
    1 Hefewürfel (oder
        1 Päckchen Trockenhefe)
2 TL Salz
4 EL Olivenöl
1 EL Honig

Pizza mit Hefeteigboden

Mehl in eine Schüssel geben. Wasser mit Salz und Honig verrühren und die Hefe darin auflösen. Eine kleine Mulde ins
Mehl drücken und die Wassermischung hineingießen. Ein
Viertelstündchen feste kneten, bis die Masse nicht mehr an
deinen Händen kleben bleibt. Dann den Teig etwa 20 Minuten mit einem Tuch zugedeckt stehen lassen.

Anschließend das Olivenöl zugeben und noch einmal gut
durchkneten. Du kannst jetzt aus dem Teig eine große Pizza
oder mehrere kleine formen und sie belegen. Die Tomatensoße von S. 138 ist eine gute »Grundierung«, lecker darauf
sind Zwiebelringe, Tomatenscheiben, Oliven, Knoblauch,
Pilze und was du dir sonst so als Pizzabelag vorstellst oder
übrig hast; Salz und Kräuter (Oregano, Majoran, Thymian
etc.) nicht vergessen. Im ordentlich heiß vorgeheizten Ofen
ca. ½ Stündchen backen lassen.

Hier kannst du den Ofen einschalten: auf mindestens 200 °C.

Pizza mit Sauerteigboden

Dafür brauchst du 2 ½ Tassen Vollkornmehl und 1 ½ Tassen
Sauerteig, keine Hefe und etwas weniger Wasser. Der Rest
wird genauso gemacht wie beim Hefeteigboden; man sollte
den Teig etwas länger gehen lassen.

Grundrezept für Sauerteigstarter siehe S. 34.

Apfelkuchen
1 Zitrone
ca. 6 große Äpfel
½ Tasse Nüsse (gehackt)
½ Tasse Rosinen
1 Tasse Vollkornmehl
1 Tasse Weißmehl
1 Ei (oder Ei-Ersatz, siehe S. 35)
7 gestrichene EL Butter
(oder Margarine)
3 EL Rohrzucker
1 EL Vanillezucker
- Zimt

Apfelkuchen

Verrühre Butter, Zucker, das Ei bzw. den Ei-Ersatz und die Vanille zu einem glatten Teig. Das Mehl darübersieben und alles gut durchkneten. Den Teig solltest du für 1 Stunde an einen kühlen Platz stellen.

Jetzt hast du Zeit, die Äpfel zu schälen und das Kerngehäuse zu entfernen. Schneide sie in nicht zu dicke Scheiben und lege sie auf einem Teller aus. Mit Zitronensaft besprenkeln, bevor du mit einer neuen Schicht Äpfel beginnst. In der Zwischenzeit den Ofen auf 175 °C vorheizen.

Rolle den Teig aus zu einer gut einen ½ Zentimeter dicken Lage und schneide daraus die Teile, die du für das Auslegen einer Springform brauchst (ein Kreis und genug Streifen für den Rand). Dabei sollte etwas Teig übrig bleiben. Die ausgekleidete Kuchenform wird belegt mit einer Schicht Apfelscheiben, darüber Nüsse, Rosinen und Zimt, Lage um Lage, bis alles aufgebraucht ist.

Der Teigrest wird in schmale Streifen geschnitten, aus denen du über den Äpfeln ein Rautenmuster legen kannst. Nach etwa 40 Minuten im Backofen ist der Kuchen fertig.

Anstelle von Äpfeln kannst du auch Kirschen nehmen oder Bananen, Heidelbeeren, Birnen, alles mögliche Obst. Auch Milchreis ist ein guter Kuchenbelag.

Warme *appeltaart* ist sehr lecker mit Schlagsahne!

SAUERTEIG SELBER MACHEN

Sauerteig

10 EL Vollkorn-, Dinkel-, Weizen- oder Roggenmehl
8 El Wasser
1 Glas-, Keramik- oder Plastikschüssel
(die meisten Mehlsorten vertragen
sich nicht gut mit Metall)
1 Holzlöffel

Sauerteig

Es gibt ganz verschiedene Hefebakterien, dementsprechend unterschiedlich schnell »arbeiten« sie (und schmeckt das Ergebnis anders).

Deine Wohnung ist (wenn du nicht zufällig in einem OP wohnst) voller Bakterien. Zum Teil sind es Hefebakterien, die du zum Herstellen von Sauerteig »fangen« kannst. Und zwar ganz einfach mit etwas, was sie lecker finden – dann kommen sie von alleine.

Rühre 10 Esslöffel deiner Lieblingsmehlsorte mit ca. 8 Esslöffel Wasser an zu einer Mischung, auf der sich keine Wasserschicht mehr bildet, wenn sie kurz steht. Eine halbe Stunde in der Küche (oder auch draußen) stehen lassen, damit die Bakterien ihre Mahlzeit finden können. Dann ein Tuch darüber legen und an einem nicht zu kalten Platz in Ruhe lassen.

In den nächsten Tagen gibst du einmal täglich ein bisschen Mehl und Wasser dazu und rührst die Mischung morgens und abends kurz um. Wenn alles klappt, fängt sie am dritten Tag an zu »leben«: Auf der Mischung entstehen jetzt kleine

EIER- ERSATZ SELBER MACHEN

Backen (Brot, Kuchen etc.)
1 Ei = 3 EL Dinkelmehl, entsprechende Menge Weizenmehl durch Dinkelmehl ersetzen

Pfannkuchen
1 Ei = 1 EL Sojamehl
4 EL Wasser
½ TL Backpulver
1 Ei = 1 EL Sojamehl
1 EL Pflanzenöl
½ TL Backpulver

Suppen & Soßen
1 Ei = 1 EL Kartoffelstärke
1 Ei = 1 EL Maismehl
1 Ei = 1 EL Weizenmehl
1 Ei = 1 EL Johannisbrotkernmehl
1 Ei = 1 EL Pektin

Frikadellen
1 Ei = 2 EL pürierter Tofu
1 Ei = ½ zerdrückte Banane

Um Sachen locker zu machen
1 Ei = 1 EL Mischung aus Quark und Mineralwasser
1 Ei = ein Schuss Sprudel

Süße Gerichte
1 Ei = 2 EL Apfelmus + etwas Agar-Agar
1 Ei = 1 EL Haferflocken
1 Ei = 1 EL Grießmehl
1 Ei = 1 EL Quark

Bläschen, und es riecht, wenn die richtigen Bakterien ihren Weg hineingefunden haben, säuerlich. Vielleicht schon am 4. Tag, auf jeden Fall aber nach einer Woche blubbert die Mischung lustig vor sich hin und riecht echt sauer – dein erster Sauerteigstarter ist fertig.

Du brauchst von diesem Sauerteigstarter halb so viel wie die Menge Mehl, die du verbacken willst. Wenn du noch zu wenig Sauerteig hast, füg weiter Wasser und Mehl hinzu und rühr weiter 2 x pro Tag um.

Sauerteigstarter lassen sich prima einfrieren oder halten sich in einem sauberen Einmachglas ohne tägliches Mischen oder Rühren mehrere Wochen im Kühlschrank. Wenn du allerdings nur noch Backsteine backst statt luftiger Brote, ist der Sauerteigstarter zu schwach geworden; dann wird es Zeit, neuen zu machen.

Wenn es anfängt, schlecht zu riechen und sich eine schwarze Schicht bildet, ist was schiefgegangen, oder die falschen Bakterien waren da. Wegwerfen und neuen ansetzen!

Nicht vergessen, beim Backen etwas vom Sauerteig aufzuheben, um neuen anzusetzen. Sonst musst du jedesmal ganz von vorne beginnen.

Die kleine Welt

Nachdem wir unser Haus sechs Jahre auf unerklärliche Weise bewohnt haben, befindet es die Gemeindeverwaltung trotzdem und endgültig für unbewohnbar. Man sagt uns, das alte SS-Hauptquartier würde abgerissen und an seiner Stelle ein Altersheim errichtet. Aber es bleibt stehen, und schließlich ziehen niederländische Kriegsveteranen dort ein, glaube ich.

Ich muss mein kleines Paradies verlassen. Obwohl auch das neue Haus einen Garten hat, bin ich traurig. Es ist kein Wald mehr da, in dem ich mich vor dem Schlafengehen noch ein Stündchen austoben kann.

Dafür gibt es jetzt eine schöne breite, links und rechts von hohen Eichen gesäumte Straße und viele Nachbarskinder zum Fußballspielen. Der Autoverkehr hält sich zu der Zeit noch in Grenzen, sodass wir auf der Straße trainieren können. Zusammen sind wir ein gar nicht mal schlechtes Fußballteam. Wir spielen fast jeden Abend und den ganzen Samstagmittag – am Samstagmorgen haben die meisten von uns noch Schule, und der Sonntag ist für die Hälfte von uns heilig, weil die Eltern katholisch sind oder einer streng reformierten Freikirche angehören.

Eines Tages zieht ein Junge aus Amsterdam in die Straße, der uns beim abendlichen Kicken ziemlich mies aussehen lässt. Wir wollen natürlich sofort, dass Robert-Jan unser Fußballteam verstärkt. Aber obwohl er nicht älter ist als ich, findet er das sehr kindisch und lädt uns stattdessen ein, bei ihm die neueste Platte von Buffalo Springfield anzuhören.

Die anderen trauen sich nicht zu ihm nach Hause. Vor dem Einzug seiner Familie hat eine ganze Horde langhaariger, eigenartig gekleideter junger Männer aus Amsterdam an ihrem Haus »gearbeitet«, und die halbe Nachbarschaft klagte beim täglichen Schwatz mit dem Milchmann über den Lärm, den sie dabei veranstalteten. Als ›Arbeitsvitamine‹ ließen die Langhaarigen nämlich den ganzen Tag bei offenem Fenster lautstark die Doors, die Rolling Stones und Velvet Underground laufen.

Außerdem macht das Gerücht die Runde, dass es sich bei den neuen Nachbarn um Anthroposophen handelt. Die Anhänger von Rudolf Steiner sind nicht ganz unbekannt in Zeist – rund um das Viertel, wo die »Sofen«, wie wir sagen, wohnen, gibt es sogar anthroposophische Schulen, Reformhäuser und andere Einrichtungen.

Ganz ähnliche Fotos gibt es
später von mir beim Kochen
– die Haltung geht vielleicht
auf die frühen Jahre als
Drummer zurück.

Die anderen Zeister kauften nicht gerne im Reformhaus ein. Das hängt damit zusammen, dass auch bei den Nazis Reformhäuser und vegetarische Restaurants Hochkonjunktur hatten. Hitlers Vegetarier-Freund Bormann soll während der Kriegszeit sowohl den Hitlerbunker als auch den Obersalzberg von einem Gutshof in Mecklenburg-Vorpommern aus mit biologisch-dynamisch angebauten Produkten versorgt haben. Dass die meisten Produkte im Zeister Reformhaus aus deutschen Betrieben kommen, ist darum auch fast 20 Jahre nach dem Krieg noch mindestens verdächtig. Aber als Kind weiß ich von all dem nichts, ich bemerke nur, dass der Besitzer Niederländisch mit einem breiten deutschen Akzent spricht, wie der Mann unserer Königin.

Die zwei älteren Schwestern von Robert-Jan stellen eine Gefahr für das geistige und seelische Wohlbefinden dar, wenn man unserer alten Nachbarin glaubt. Beide laufen in Miniröcken und hohen Lederstiefeln herum. Eine Familie aus Sodom und Gomorrha.

Robert-Jan hat lange Haare und trägt manchmal ein weißes Hemd mit Rüschen wie aus einem Rock'n'Roll-Film, eine echte Roy Rogers-Jeans hat er außerdem. Er ist, zumindest für mich, der absolute Star in der Straße. Schon bald schwänze ich mein Fußballtraining, um bei ihm zu Hause Musik machen zu können.

Ich spiele Schlagzeug. Ein alter Koffer ist die Bassdrum, die Snare hat ein kaputtes Fell, dann gibt es noch ein paar sorgfältig ausgesuchte Topfdeckel aus verschiedenen Küchen und eine alte Hi-hat, deren Feder dauernd hängen bleibt. Robert-Jan hat seine Akustikgitarre über die Stereoanlage seines Vaters verstärkt, und wenn wir Glück haben, spielt seine große Schwester auf dem Kontrabass. Ihr Freund, der mit bei der Familie im Haus wohnt, besitzt sogar eine echte Fender. Aber er lässt sich nur abends sehen, tagsüber liegt er im Bett, um Ideen für seine Gemälde zu sammeln. Mit ihm versuchen wir Songs wie »For what it's worth« nachzuspielen. Dass es ein Lied gegen den Krieg ist, wissen wir, so ganz haben wir den Text jedoch nicht begriffen. Unsere Instrumentalversion kann bis zu einer Stunde dauern, wobei der Leadgitarrist Robert-Jan vor dem offenen Fenster so in seinem Spiel aufgeht, als ob er auf der Bühne stünde.

Nach stundenlanger Probe sind wir hungrig. Da es unmöglich ist, in diesem Haus ein gemeinsames Essen zu organisieren, stehen in der Küche immer ein paar Töpfe mit warmem Essen herum – und eine Menge schmutziges Geschirr, weil keiner Zeit zum Spülen hat. Man muss sich Löffel, Gabel und Teller abwaschen, dann kann man aufladen. Meiner Meinung nach sieht das Essen jeden Tag gleich aus und schmeckt auch gleich, obwohl mein Freund kleine Unterschiede feststellen kann. Er weiß meistens, was seine Mutter gekocht hat, aber für mich sind die vielen verschiedenen Gemüse- und Algensorten ebenso fremd wie ununterscheidbar. Meine Mutter kocht, was es auf dem Markt und beim Gemüsehändler gibt, und dieser Krimskrams ist bis dorthin noch nicht vorgedrungen.

Robert-Jans Mutter ist eine Anhängerin von biologisch-dynamischem Essen, und seit seine kleine Schwester für die Schule einen Aufsatz darüber geschrieben hat, erzählt sie jedem, der es wissen will oder auch nicht, dass das alles nichts Neues sei, man habe das schon 1887 begriffen, schon damals habe es eine Widerstandsbewegung gegen die Denaturierung natürlicher Lebensmittel gegeben.

»Denatu-was?«

»Die haben damals schon gegen den Verzehr von Fleisch protestiert und gegen Alkohol. Aber nur weil die Arbeiter am Zahltag ihre Gehälter weggesoffen haben, und das ist ja heute nicht mehr so, gell?«, und guckt dabei keck zu ihrer Mutter hoch.

»Unser Brot kommt aus Loverendaele«, erzählt die Kleine. »Ist schon fast 40 Jahre alt, das liegt in Zeeland, in der Nähe von Belgien, die liefern jede Woche an das Reformhaus. Das meiste Gemüse kommt auch daher.« Ich vermute, der Bauernhof ist 40 Jahre alt, nicht das Brot. Meiner Meinung nach schmeckt es nur sauer und ist sehr trocken und hart. Dazu gibt es immer ungeschälten verklebten Reis, einen braunen Brei aus für mich damals exotischen Zutaten (Kürbis, Kohlrabi, Mangold, Miso, Algen) und – das Schlimmste von allem – Buchweizenklöße mit Sojasoße aus Japan (ganz anders als unsere aus Indonesien). Zum Herunterspülen gibt es Massai-Tee, denn auch Milch halten sie nicht für gesund. Manchmal machen sie Salat von Wildkräutern, Löwenzahn, Vogelmiere und anderem »Unkraut«, das Robert-Jans Schwester auf dem langen Heimweg von der Schule am Straßenrand gepflückt hat. Beim Gedanken an die vielen Hunde und Katzen in unserem Viertel vergeht mir der Appetit.

Meine erste Begegnung mit dem »modernen« Essen aus der großen Welt war nicht sehr positiv – ich empfand es nur als seltsam mit allerhand Hokuspokus.

Robert-Jan verlor ich irgendwann aus den Augen. Seine Eltern ließen sich scheiden. Der Maler hielt es in unserem Kaff nicht mehr aus und verschwand mit Robert-Jans Schwester nach Amsterdam. Wir Jungs verliebten uns – Robert-Jan auf der Waldorf-, ich auf der Montessori-Schule. Die Zeit des gemeinsamen Musizierens war vorbei. Die des Straßenfußballs auch. Und meine jahrzehntealte Aversion gegen Buchweizen bin ich erst losgeworden, als ich selber einmal angefangen habe, damit zu experimentieren ...

Jam Session

Gebackene Rote Bete
mit Buchweizenklößen

2 große Rote Bete
2 große Zwiebeln
1 kleine Sellerieknolle
2 Tassen Brennnesselblätter
   (junge!)
½ Salatkopf
2 Tassen Hirse
3 gehäufte EL Cashewkerne
2 Tassen Buchweizen
- etwas Buchweizenmehl
- Olivenöl
- Honig
½ l Gemüsebrühe
- Sojasoße
- Paprikapulver
- Anispulver
- Dill

Die große Welt

»What we have in mind is breakfast in bed for 400.000«, brüllt der Mann mit dem zerknautschten Cowboyhut von der Bühne. »Keep feeding each other!« Das Bild verschwindet hinter einer Rauchwolke. Der Rauch riecht fremd, ein bisschen wie die Nelkenzigaretten unserer indonesischen Nachbarin früher. »There is always a little bit of heaven in a disaster area!«

»Haben wir noch eins von den Sauerteigbrötchen?«, frage ich Daan. Ich lege die Betonung deutlich auf das Wort »Sauerteig«, um sicher zu sein, dass unsere Nachbarn auf der Matratze nicht denken, dass wir dumme kleine Jungs vom Lande sind, denn Sauerteig ist gerade das ganz große Ding. Daan lächelt etwas glasig. Durch den Rauch sehe ich ein paar Armeehubschrauber heranfliegen, sie scheinen Essen zu bringen. Ein Grüppchen Hippies lädt die Ladung in einen Truck um, der in Richtung einer schier endlosen Schlange verschwindet.

In einem langsamen Schwenk zeigt die Kamera, wie Tausende Festivalbesucher auf der Wiese vor der Bühne Esspakete und Blumen weitergeben.

»Daan«, flüstere ich, »wärst du nicht auch gern dabei gewesen?«

Daan schweigt und guckt gebannt auf die Leinwand, auf der gerade nackte Hippies beim Baden in einem See zu sehen sind. So was gibt's nur hier, denke ich, ein Kino, in dem du rauchen darfst, und wo man auf dem Boden sitzt.

»So was gibt's bei euch in Maastricht nicht, he?«, versuche ich es noch mal.

»Bei euch in Zeist zeigen sie den Film frühestens in vier Jahren!«, kontert er.

Mein Freund Daan kommt aus dem katholischen Süden der Niederlande. Sein Vater ist ebenfalls Bildhauer und hat zusammen mit meinen Eltern ein kleines Grundstück im Herzen der Ardennen gekauft. Wir kennen uns schon seit unserer Kindheit.

Im Augenblick versuchen wir, das Geld, das er bei seinem Abschied als Messdiener bekommen hat, in gute Rockplatten umzusetzen, und der beste Ort dafür ist natürlich Amsterdam. Die Kabouter haben die Stadt zum »Oranjefrei-Staat« erklärt, eine ironische, weil antimonarchistische Anspielung auf den »Oranje-Freistaat«, die Burenrepublik im südlichen Afrika zur Zeit des Kriegs gegen die Briten. In der ganzen Stadt tauchen an den Wänden die konsumfeindlichen Parolen des neuen Staats auf und die *kabouter*, Heinzelmännchen, wie sie sich nennen, eröffnen in den von ihnen besetzten Häusern die ersten Bio-Läden und Tauschbörsen für Gebrauchtwaren.

Wir suchen den ganzen Mittag, bis wir endlich die alternativsten Ecken der Stadt finden – in der Hoffnung, wenigstens einen der aus den Zeitungen bekannten Kabouter in echt zu sehen.

Auf einem Gelände mitten in der Stadt, wo ein paar Häuser abgerissen worden sind, haben die Kabouter als Protestaktion einen Bauernhof angelegt.

»Geplant vom Amt für Stadtumformung und Bürgergesundheit, ausgeführt vom Bürgerbauteam des Oranjevrijstaat« ist auf einem großen Schild zu lesen. Jetzt im Winter macht der Garten einen eher kläglichen Eindruck. Im Tiergehege mit einem bunt bemalten Zaun spielen Kinder mit Kaninchen und Zwergziegen. Aus einem Schuppen muht es leise.

Das Plakat vom echten, großen Woodstock ...

»Die halten doch nicht etwa Kühe!?«, wundert sich Daan, da streckt schon eine Schwarzbunte den Kopf durch die Tür und wird von den Kindern begeistert begrüßt.

»Klara! Klara!«, rufen sie. Unterdessen ist ein Mann mit einem beeindruckenden Bart auf einen der wackligen Balkone getreten und winkt uns freundlich zu. »Ich bin hier der Bauer. Fragt ruhig, wenn ihr was wissen wollt.«

»Nein, alles klar!«, rufe ich hoch. Eigentlich ist nichts klar, und wir wollen alles wissen, aber auch auf gar keinen Fall als Touristen entlarvt werden. Schließlich hatte uns unsere Erkundungstour durchs alternative Amsterdam in dieses Kabouter-Kino geführt.

»Findest du das nicht auch eine gute Idee?«, frage ich Daan.

»Was meinst du? So was wie Woodstock?«

»Das auch, aber vor allem meinte ich, wie sie das Kochen organisieren.« Die Kamera schwenkt zum Anfang der Warteschlangen und zeigt, wie bunt gekleidete Hippies Essen austeilen. Dahinter sieht man lange Tische, an denen Leute Gemüse schneiden, Blechdosen öffnen, Brote verteilen. Dicke Dampfwolken verraten, wo gekocht wird. Und über allem erklingt laut »Good Morning, Volun-

... und meine eigene, etwas kleinere Variante: um 1975 mit Gitarre in Zeist.

teers of America.« Auf der Bühne fangen Jefferson Airplane an zu spielen. »So was will ich auch machen. Das muss herrlich sein, mit einem schönen Bus unterwegs und auf Festivals kochen.«

Von links kommt ein lautes Zischen, und ich halte für den Rest des Films den Mund, in unseren Provinzklamotten fallen wir schon genug auf.

Ein paar Monate nach dem kurzen Ausflug in die große Welt sehe ich auf unserem kleinen Schwarz-Weiß-Fernseher, wie berittene Polizei über den Stadtbauernhof galoppiert und Wasserwerfer die protestierenden Menschen über den Haufen spritzen. Vor lauter Tränengaswolken ist der Bildschirm ganz grau.

»Was wohl mit Klara passiert ist ...«, murmle ich vor mich hin.

»Wer ist denn Klara?«, fragt mein Vater von hinten.

Wie immer sitzt die ganze Familie nach dem Essen vor dem Fernseher, um die Nachrichten zu sehen, für den Rest des Abends bleibt die Glotze dann aus.

»Ich hatte doch von der Kuh in Amsterdam erzählt, weißt du noch? Dann hast du erzählt, dass im Krieg Menschen ihre Kühe auf dem Dachboden versteckt hatten. Schau, da ist sie!« Ich bin mir sicher, Klara in den Wolken auf dem Bildschirm zu sehen.

»Hoffentlich ist Alain nicht bei den Demonstranten dabei«, sagt meine Mutter, die sich um einen meiner Adoptivbrüder sorgt. Er studiert in Amsterdam und war schon aktiv in der den Kaboutern vorausgegangenen Provo-Bewegung.

»Keine Angst«, versucht mein Vater sie zu beruhigen, »wenn was passiert wäre, hätten die schon hier angerufen, die Aufnahmen sind doch von heute Mittag.«

»Weshalb kämpfen die eigentlich?«, fragt mein jüngerer Bruder. Aber das nächste Thema flackert schon auf, die Amerikaner haben angefangen, Kambodscha zu bombardieren.

Nach den Nachrichten tausche ich meine Spülschicht mit einem meiner Pflegebrüder und laufe zum einzigen besetzten Haus von Zeist, wo heute ein Diskussionsabend über lokale Kabouter-Aktionen stattfindet. Vor einigen Monaten nannten sich die Hausbesetzer noch *provos*, aber seitdem sich die Amsterdamer Szene mehr oder weniger geschlossen in *kabouter* umbenannt hat, zieht die Provinz schnell nach. Das in Provo-Farben schwarzweiß-psychedelisch angemalte Haus, ein echter Hingucker in der einheitsgrauen Einkaufsstraße, wird von den meisten Stadtbewohnern mit großem Misstrauen beäugt. Und auch ich hatte bei meinem ersten Besuch Angst, dass vielleicht ein Junkie mit Nadel im Arm aus dem Schrank fallen würde.

Im Korridor riecht es wieder mal heftig nach fremden Kräutern, aus einer offenen Tür kommen Sitarmusik und Rauchwolken, die mich an das Kino in Amsterdam erinnern.

»Am Samstag werden wir mit einem Sarg durch die Geschäftsstraße laufen, mitten auf der Fahrbahn, immer hin und her«, beginnt einer die Diskussion, nachdem wir uns im Kreis auf den Boden gesetzt haben. »Alle sollten in Schwarz kommen, wie bei einer Beerdigung. Die kleine Anlage vom offenen Jugendzentrum verstecken wir im Sarg und spielen die ganze Zeit ›This is the End‹ von den Doors, okay?« Ich begreife zwar nicht, wogegen wir protestieren wollen, bin aber begeistert.

»Du solltest ein paar Freunde organisieren«, sagt er zu mir, »die könnten Bio-Äpfel verteilen, meine Oma hat noch ein paar alte Äpfel im Keller liegen. Am Ende gehen wir dann zum neuen Kentucky Fried Chicken, um dort gegen die Amerikaner in Vietnam zu demonstrieren, verstehst du?«

Nicht wirklich, denke ich, aber es klingt klasse.

Die Hogfarm Community, die die »free kitchen« in Woodstock betrieben hat, kommt aus dem Süden der USA, der Heimat des Chilis. Chili ist ein einfaches Gericht, das sich vor allem eignet, Vorräte aus Dosen aufzubrauchen. Und da die US-Army Konserven in das zum »Katastrophengebiet« erklärte Woodstock Festival einfliegen ließ, ist das folgende Rezept meine Hommage an Wavy Gravy und seine Koch-Crew.

Woodstock

Vegetarisches Chili
mit buntem Salat

6	normale Tomaten
	(oder 4 Fleischtomaten)
3-4	Knoblauchzehen
2	Zwiebeln
2	grüne, 1 rote Paprika
¼	Kopf Weißkohl
1-2	Karotten
2	kleine Rote Bete
1	Apfel
1	Zitrone
2	kleine frische (oder 4
	getrocknete) rote Chilis
3	Tassen getrocknete
	Kidneybohnen
	(oder 1 große Dose)
5-6	gehackte Nüsse
½	Tasse Rosinen
4 EL	Sojamilch
-	Sonnenblumenöl
-	Olivenöl
-	Chilipulver
1 TL	Kreuzkümmel
1 TL	Fenchelsamen
1 TL	brauner Zucker

Woodstock

Achtung
Einweichzeit!

12 h

Immer wieder
prüfen, ob noch
genug Wasser im
Topf ist. Töpfe mit
eingebrannten
roten Bohnen
sauber zu machen,
ist ein Albtraum.

Chili sin carne

Die Kidneybohnen mindestens 12 Stunden in viel Wasser
(die vierfache Menge der Bohnen) einweichen, dann abschüt-
ten. Mit zwei Fingerbreit frischem Wasser über den Bohnen
aufkochen und auf kleinerer Flamme eine gute Stunde weiterköcheln lassen. Zwiebeln, Knoblauch und Peperoni klein
schneiden und in einem großen Topf in Öl andünsten. Wenn
du den etwas exotischen Geschmack von Kreuzkümmel
magst, kannst du ihn gleich darüber streuen. Sein Aroma
wird dann richtig intensiv.

Paprikaschoten und Tomaten in kleine Stücke schneiden.
Wenn die Zwiebeln anfangen zu bräunen, gibst du die Toma-
ten- und Paprikawürfel zusammen mit dem braunen Zucker,
Chilipulver (je nach gewünschter Schärfe), Salz und den gekochten Bohnen in den Topf, wo sie dann noch eine Viertelstunde weiterkochen. Das fertige Chili kann mit Mais aus
der Dose aufgepeppt werden und, wenn es nicht vegan
sein muss, mit saurer Sahne oder geraspeltem Käse. (Parmesan schmeckt gut dazu.)

Zum Chili Brot servieren – oder bereite das Fladenbrotre-
zept von S. 84 mit Maismehl zu anstatt mit Weizenmehl, und
du hast Tortillas.

Rainbow Salat

Zuerst wird ein Dressing angerührt aus Sojamilch und Sonnenblumenöl im Verhältnis 1 zu 2, d.h. auf die 4 Esslöffel Sojamilch kommt ungefähr ½ Tasse Öl. Wenn du das Gemisch kräftig durchrührst, wird es dickflüssig. Schmeck das Dressing mit dem Saft einer halben Zitrone ab. (Die Soße wird dadurch ein bisschen flockig, aber das macht gar nichts.) Nicht-Veganer können anstatt der Sojamilch-Öl-Mischung ½ Tasse saure Sahne nehmen.

Die Zutaten für den Salat werden alle geraspelt, und zwar getrennt: der Weißkohl (etwa 2 Tassen voll), die Karotten, die Rote Bete, der Apfel.

Den geraspelten Weißkohl zusammen mit den Rosinen unter das Dressing mengen und in die Mitte einer großen Salatschüssel häufen. Der nächste Kreis um den Kohlsalat besteht aus geraspelter Karotte, die nur mit ein bisschen Öl, eventuell etwas Zitronensaft abgeschmeckt wird. Der Apfel und die Rote Bete werden mit Fenchel, Öl, gehackten Nüssen sowie dem Saft einer halben Zitrone gewürzt. Dieser Salat wird um den Karottenkreis arrangiert. Noch ein paar grüne Salatblätter außenherum ... langsam wird klar, warum der Salat »Rainbow« heißt.

1 Teil Sojamilch auf 2 Teile Sonnenblumenöl sind auch die Basis für vegane Mayonnaise (siehe S. 188).

Vorsicht: Manche Menschen sind allergisch gegen Nüsse.

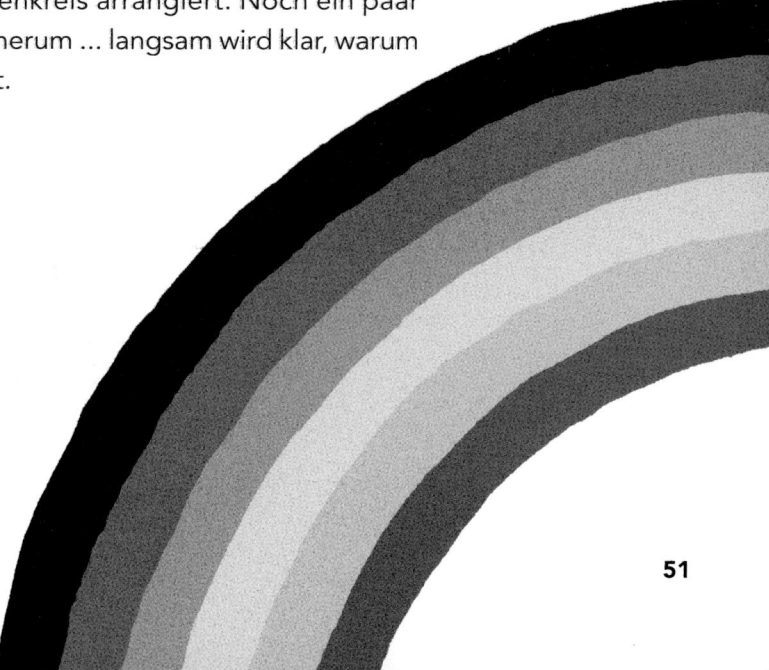

Feine Fleischwaren

Fünfzehn, sechzehn, siebzehn – wieder ein Spieß fertig. Von allen Leuten in diesem Laden habe ich den beknacktesten Job. Genau 17 Würste muss ich auf jede Stange hängen, dann 15 Stangen in die unterste Reihe des Wagens einsetzen, 16 Stangen darüber, und dann wieder 15, bis der Wagen voll ist, und ich ihn zur Räucherei schieben kann. Ich muss die ganze Zeit zählen, ich schaffe es einfach nicht, die genaue Anzahl pro Spieß zu schätzen. Es dauert Wochen, bis unser »Kontrolleur«, der Oberwurstmacher, auf meinem Wagen keine einzige Stange mehr entdeckt, bei der ich mich verzählt habe. Endlich werde ich zum »Wurstendenzuknüpfer« befördert, eine der vergnüglicheren Aufgaben in der Fabrikhalle, weil man nicht alleine vor sich hin arbeitet. Nach einem Tag Training hat man das drauf und könnte es eigentlich im Schlaf machen. Meine vier Arbeitskollegen sind sehr gesprächig, dumm ist nur, dass sie aus Marokko stammen und ich kaum ein Wort verstehe. Aber es ist trotzdem lustig, weil sie so subversiv vor sich hin lachen, wenn einer was erzählt. Das Unangenehme beim Wurstknüpfen ist das Arbeiten in der Nässe, denn nach ein paar Stunden Knüpfen ist die Haut so durchweicht, dass sich der Faden immer tiefer ins Fleisch meines kleinen Fingers schneidet. Bis sich genug Hornhaut auf meiner zarten »Studentenhand« gebildet hat, vergehen schmerzhafte Monate. Manchmal ist die Wunde an meinem Finger so tief, dass man mich vom Knüpfen abzieht. Dann darf ich tiefgefrorene Leber aus Polen in einer großen Wanne mit noch frischem, warm dampfendem Blut aus dem Schlachthaus vermengen. Das ist klasse, denn mit den Armen tief in der roten Masse ist mir einigermaßen warm – in der Halle ist die Temperatur nämlich auch im Sommer ständig knapp über dem Gefrierpunkt. Die schönsten und wärmsten Plätze sind in der Räucherei – um da arbeiten zu können, muss man aber richtig ausgebildet sein –, und in der Verpackungsabteilung – aber dort arbeiten nur Frauen. Kochtöpfe mit Schweineinnereien und anderem Schlachtabfall zu leeren, ist die scheußlichste Aufgabe. Die Topfwände sind etwas zu hoch, und beim Herausschöpfen, läuft einem ein Rinnsal warmes, fettiges, stinkendes Kochwasser in die Ärmel und den ganzen Körper entlang bis hinunter in die Gummistiefel. Einmal im Monat ist Alarm in der Fabrik. Anscheinend kündigt das Gesundheitsamt seine Kontrollen vorher an, denn plötzlich müssen wir mit höchster Geschwindigkeit dafür sorgen, dass in den Gefrier- und anderen Lagerräumen kein Fleisch mehr zu finden ist, mit dem es irgendwie Probleme geben könnte. Bei solchen Räumungsaktionen greifst du regelmäßig nach einem Stück Fleisch, das so weich ist, dass dir schon von der Berührung schlecht wird. Ob dieses »Fleisch« später in den Hunderten verschiedener Räucher- und Leberwürste verarbeitet wird, weiß ich nicht – wenn, dann in der Nachtschicht. Es würde jedenfalls erklären, warum ich nichts wegwerfen darf.

Ich habe von Anfang an klargestellt, dass ich kein Fleisch esse, aber meine Kollegen haben mit dem Verzehr unserer Ware kein Problem. In jeder Pause wird eine Handvoll weißer, noch ungeräucherter Würste kurz in den Töpfen mit dem Fleischabfall mitgekocht, und obwohl der größte Teil der Belegschaft muslimisch ist, stehen die weißen Schweinefleischwürste hoch im Kurs. Mit der ebenfalls marokkanischen Belegschaft der benachbarten Senf- und Konservenfabriken findet ein reger Tauschhandel statt, wodurch wir immer einen reich gedeckten Mittagstisch haben – auch wenn ich nichts davon esse. In unserer Abteilung ist der *running gag*, hin und wieder etwas »Spezielles« (tote Mäuse sind da noch harmlos) in der großen Fleischmühle mitzumahlen, und da kann ich mir gut vorstellen, was in den anderen Lebensmittelfabriken so passiert.

Von unserer winzigen Wohnung im Hoornwerk, einer kleinen Arbeitersiedlung, sieht man die Fabrik. Wenn Wim und ich von der Frühschicht nach Hause kommen, um den Gestank von totem Fleisch abzuduschen (der über dem ganzen Viertel hängt), werden wir schon von einem Haufen Kinder erwartet. Marokkanische, türkische, griechische, indische und sogar eine Handvoll niederländische Kinder singen: »Wim, Wam, Wim, Wam …!« Wir sind richtige Exoten. Außer einem Sozialarbeiter verirrt sich kaum jemand in dieses Viertel, der eine etwas bessere Schulbildung genossen hat.

Wir sind zusammen mit anderen Jugendlichen aus »intellektuellen« Familien hierher gezogen, weil wir die Erfahrung machen wollen, wie es ist, am Fließband oder in meinem Fall am »Fleischband« zu stehen. Außerdem hoffen wir, indem wir hier arbeiten, leichter das Vertrauen der Leute zu gewinnen. Das Hoornwerk ist eine farbenfrohe, aber auch explosive Mischung aus Gastarbeitergroßfamilien und Niederländern, die hier geboren oder vor Jahren hergezogen sind, als es noch genug Arbeit gab. Die meisten Niederländer, die jetzt noch hier leben, sind arbeitslos oder arbeitsunfähig und extrem neidisch auf die »Neuen«, die ihnen »die Arbeit weggenommen haben«.

Neben den zwanzig Stunden bezahlter Fabrikarbeit »arbeiten« wir jede Woche noch zwanzig Stunden »unbezahlt«. Rückblickend kann man wohl sagen, dass das ein bisschen naiv gedacht war, aber damals, im Jahr 1976, wollten wir unbedingt einen Beitrag zum friedlicheren Zusammenleben in den Städten leisten. Obwohl wir mitten im Viertel wohnen und auch immer wieder zum Essen eingeladen werden – Wim wird nach kürzester Zeit Vegetarier, weil uns regelmäßig die Delikatesse Ziegenkopf vorgesetzt wird –, bleiben wir Fremde aus einer völlig anderen Welt. Wir sehen, unter welchen Bedingungen die Familien leben, manchmal mit zehn Kindern auf einer Fläche, auf der wir zu zweit kaum genug Privatsphäre finden könnten.

Über die Kinder lernen wir Aarï kennen, den einzigen »echten« Studenten im Viertel. Aarï studiert tropische Landwirtschaft und ist ein Jahr zuvor in ein leer stehendes Haus gezogen. Mittlerweile nimmt er sein Studium nicht mehr so ernst. Die Vorstellung, irgendwo in einem Dritt-Welt-Land Monokulturen mit Pestiziden zu bearbeiten, bereitet ihm schlaflose Nächte. Aarï, sein Hund Ho Chi (Minh) und seine Gitarre sind bei den Kindern der absolute Hit.

Alle zusammen unterstützen wir den Sozialarbeiter, der die geplante Sanierung des Viertels vorbereiten soll. Mindestens dreißig Prozent der Bevölkerung müssen an der offiziellen Mitbestimmungsrunde teilnehmen, sonst bekommt die Stadt kein Geld vom Staat, um die dringend notwendige Sanierung der alten Häuser durchzuführen. Aber der Sozialarbeiter erreicht die Bewohner des Viertels nicht, seine Informationsabende muss er alleine absitzen.

Zusammen mit den Kindern organisieren wir deshalb Stadtteilfeste, und mit jedem Fest wollen mehr Leute über die Sanierung mitdiskutieren. Essen aus allen Kulturen im Viertel wird herangeschleppt, Piratensender übertragen live – und die Polizei drückt beide Augen zu. Bis tief in die Nacht finden Jam-Sessions statt: ein Mix aus Rock 'n' Roll, Blues und Volksmusik aus Marokko und der Türkei.

Beim dritten Fest taucht sogar das Kabelfernsehen von Deventer auf, dreht eine Dokumentation und strahlt sie eine Woche später aus. Obwohl eigentlich jeder genau weiß, was es zu sehen gibt, wird die Ausstrahlung zum absoluten Straßenfeger. Man sieht und hört Vorschläge, wie unsere Häuser nach einer Renovierung aussehen könnten – und das auf Türkisch, Arabisch und Niederländisch. Am Tag darauf kann sich der Sozialarbeiter vor Zuspruch kaum noch retten. Achtzig Prozent der Viertelbewohner wünschen jetzt die Sanierung und wollen sich aktiv daran beteiligen. Als sich der Minister für Wohnungswesen ankündigt, wird in Rekordzeit ein leer stehendes Haus zur Modellwohnung umgebaut, damit der Minister im Blitzlichtgewitter der Fotografen zwei Jahre

In Aarï hatte ich für alles Mögliche
einen Komplizen gefunden.

früher als geplant der Presse erklären kann, wie gut seine Politik in den Kommunen umgesetzt wird.

Als ich dreißig Jahre später noch mal an Deventer vorbeifahre, kann ich vom Zug aus sehen, dass der Schlachthof verschwunden ist. Bulldozer sind dabei, die letzten Reste der Häuser zusammenzuräumen, und eine große Werbetafel informiert darüber, dass meine kleine Wurstfabrik mittlerweile ein großer Spezialist für Rauch- und Delikatesstrockenwurst geworden ist, als Teil eines multinationalen Konzerns.

Viel später lese ich im Internet, dass das Viertel nach einer Blütezeit in den 80ern und Anfang der 90er in Folge von Massenentlassungen aufgrund der Automatisierung in den Fabriken in der zweiten Hälfte der 90er Jahre langsam wieder zur sozialen Problemzone wurde. Die Gemeinde beschloss daraufhin, das ganze Viertel abzureißen und ein Hochhaus für besser Verdienende zu bauen. Im Stillen hoffe ich, dass die neuen Bewohner nicht wissen, dass auch ihre italienische Trockenwurst aus dem Delikatessenladen in der Fabrik produziert wird, in der ich gearbeitet habe – und dass, sollte die Produktion inzwischen auch automatisiert sein, die wenigen Angestellten, die jetzt noch dort arbeiten, an der guten alten Tradition festhalten, hin und wieder was »Spezielles« zu Wurst zu vermahlen.

Reis à la Aarï

Reis mit Gemüse
& Wildkräutersalat

750 g Gemüse je nach
        Jahreszeit (kann alles
        sein: Pilze, Kürbis,
        Zucchini, Tomaten, Kohl,
        Bohnen, Paprika, Lauch
        und was es sonst noch
        so gibt im Gemüseladen)
        immer dabei:
  - ein paar Zwiebeln
  - ein paar Karotten
1 Schüssel Wildkräuter
2 Tassen Vollkornreis
  - Tamari

Reis à la Aarï

Aarï und ich wohnten jahrelang zusammen, und obwohl wir dieses Basisrezept fast drei- oder viermal pro Woche gekocht haben, wurde es jedesmal wieder anders.

Reis

... ist die Basis. Je größer die Menge ist, die du kochen willst, desto praktischer ist es, wenn du ihn nicht abgießen musst. Darum setz ihn am besten mit doppelt so viel Wasser wie Reis auf und bring ihn mit einer Prise Salz zum Kochen. Anschließend gleich die Flamme runterdrehen und etwa eine ¾ Stunde bei ganz kleiner Hitze weiter kochen lassen. Alternativ kannst du den Reis auch nach einer ½ Stunde ohne Hitzezufuhr im geschlossenen Topf weiterziehen lassen (noch ca. 15-20 Minuten).

Auch ein Esslöffel Currypulver im Kochwasser ergibt interessante Resultate.

Und wenn du richtig viel Strom, Gas oder Feuerholz sparen willst, nimm den Topf direkt nach dem Aufkochen vom Herd und pack ihn in eine Decke ein: Der Reis gart ganz alleine weiter.

Buntes Gemüse

Dazu gibt es geschmortes Gemüse. Schneide alles in ungefähr gleich große Stücke, Ringe oder Scheibchen, wie es am besten zusammen passt. Anschließend gibst du einen kräftigen Schuss Öl in einen Topf und nacheinander die Gemüse dazu.

Zuerst die Zwiebeln, dann die Karotten und den Rest in der Reihenfolge der Garzeiten: festeres Gemüse wie Sellerie oder Kohlrabi braucht länger als z.B. Zucchini. Grüne Bohnen sollten mindestens 15 Minuten kochen, während Tomaten dann schon anfangen zu zerfallen. Mit der Zeit bekommst du ein Gefühl dafür, was dir wie »durch« am besten schmeckt. Geschmort wird auf ganz kleiner Flamme. Durch die Hitze sammelt sich Feuchtigkeit vom Gemüse unten im Topf und verhindert dadurch, dass das Ganze anbrennt – wenn nicht, ein bißchen Wasser dazugeben.

Am Schluss kannst du nach Geschmack würzen. Einfach mit Salz, dann hast du am meisten vom Eigengeschmack der Gemüse, aber auch Curry, Koriander, Kräuter der Provence etc. lohnen einen Versuch. Probier selber aus.

Wildkräutersalat

Die Zutaten dafür sind nicht besonders kompliziert zu finden, das meiste, was so auf der Wiese wächst, kann man essen. Und ist sogar gesund – wenn du es nicht gerade an einer Autobahn, auf einem frisch gedüngten Feld oder neben einem Hundehaufen gepflückt hast. Auch viele Blüten können gegessen werden und sehen einfach schön aus auf einem Salat, z.B. die von Gänseblümchen oder die gelborangenen von Kapuzinerkresse. Die noch nicht geöffneten Knospen von Löwenzahn im Frühjahr sind nicht giftig und schmecken sehr gut, vor allem, wenn du sie kurz anbrätst.

Einfach alles gut waschen, kleinschneiden oder -rupfen und mit Öl, Salz, Zitronensaft und einer Prise Pfeffer aromatisieren.

Auf S. 164 findest du eine Übersicht feiner, ungiftiger Gewächse.

Gemüsetümelei

Nach den Erlebnissen in der Fleischfabrik habe ich die Nase endgültig voll von Nahrungsmittelfabriken. Inspiriert durch immer mehr »Städter«, die aufs »Land« ziehen, um näher an der Natur zu leben und ihr eigenes Obst und Gemüse anzubauen, mache ich mich auf die Suche nach einem Bauern, um das »Handwerk« des Bio-Landwirts zu erlernen. Die meisten Bauern, die ich anschreibe, können aber nichts mit einem Studenten aus der Stadt anfangen, dessen einzige praktische Erfahrung im Umgang mit Lebensmitteln das Zubinden von Wurstdärmen ist. Ich besuche Bio-Höfe im ganzen Land, um meinen Lehrmeister zu finden, und fühle mich bald wie Hesses Siddharta.

Der erste Bio-Laden in Deventer ist ein dunkler Kellerraum, in den sich nur wenige Eingeweihte verirren – Normalsterbliche würden sich nie hierher trauen. Betrieben wird er von einem Typen, der aussieht als wäre er dem dunklen Mittelalter entsprungen: über Jahre nicht gewaschene lange Haare, verfilzter Bart, total verdreckte Latzhose und ein offensichtlich selbst gesponnener und selbst gestrickter löchriger Pullover; seine Füße stecken in Holzschuhen, und seine Zehen sind so schwarz, als hätte er gerade fünf Zentner Kartoffeln geerntet. Meistens sitzt er mit triefender Nase in der dunkelsten Ecke seiner Grotte auf einem Sperrmüllsofa, trinkt Kräutertee und arbeitet im Licht zweier großer Kerzen mit Bleistift an einem Buch. Jedenfalls sagen das die Kellerbesucher. Da er im zurückliegenden Jahr immer weniger Gemüsesorten angeboten hat, warten einige gespannt auf sein Buch, in der Hoffnung, dort vielleicht eine Antwort darauf zu finden.

Wenn man ihn etwas fragt, kommt ein dunkles Gebrummel unter seinen Haaren hervor, in einem Dialekt, den kaum jemand versteht.

Catweazle, wie wir ihn nach einer damals populären Fernsehserie nennen, hat die Kilopreise mit Kreide auf Gemüsekisten und Getreidesäcke geschrieben. Auf einer alten Handwaage müssen die Kunden ihre Einkäufe selbst abwiegen und das Geld anschließend in eine alte Zigarrenkiste legen. Tüten oder Taschen hat er nicht, die muss man selbst mitbringen. Nur selten unterbricht Catweazle seine Arbeit, hebt den Kopf und sieht sich im Laden um. Es kommt auch vor, dass er tagelang gar nicht da ist, der »Laden« aber trotzdem geöffnet hat. Obwohl ich gehört habe, dass ein Großteil des Gemüses aus seinem eigenen Garten stammt, komme ich nicht auf die Idee, ihn zu fragen, ob ich bei ihm arbeiten darf. Stattdessen suche ich in den alternativen Blättern, die bei ihm im Laden herumliegen, schon leicht verzweifelt nach Adressen von weiteren Bauern. Als ich mich bei ihm beklage, dass ich wieder nichts gefunden habe, bin ich völlig überrascht, ein Gebrummel zu hören, das ich sogar verstehen kann: »Du ... mmm ... bei mir ... mmm ... anfangen ... mmm.«

Eine Woche später solle ich bei ihm vorbeikommen, und wenn ich einen Schlafplatz benötige, sei das auch kein Problem. Er wohnt in einem kleinen Dörfchen an der Ijssel, eine Stunde mit Pferd und Wagen (seinem Transportmittel) außerhalb von Deventer. Kunden seines Bio-Ladens haben mir erzählt, dass er der einzige Sohn eines reichen Anwalts im Dorf sei und dass er seinen Gemüsegarten im Park des Gutshofs seiner Eltern angelegt habe. Mehr Informationen gibt es nicht über Catweazle.

Obwohl der örtliche Dialekt fast wie eine Fremdsprache klingt, ist es nicht schwer, mich in dem kleinen Ort zurechtzufinden: Die Dorfbewohner weisen mir, auch ohne dass ich sie fragen muss, den Weg. Für Langhaarige scheint es hier nur ein mögliches Ziel zu geben.

Der Garten liegt tatsächlich im Park eines herrschaftlichen Anwesens. Später erfahre ich, dass Catweazles Eltern gehofft hatten, die Gartenarbeit würde sich stabilisierend auf seine Persönlichkeit auswirken, doch das Gegenteil war der Fall.

Als ich ankomme, steht Catweazle auf einem Hügel und redet sichtbar aufgebracht mit einem gelben Strauch. Plötzlich fängt er an, wie ein Verrückter die Pflanzen aus dem Boden zu reißen, und es dauert nicht lange, bis alle auf einem großen Haufen liegen. Anschließend steckt er sie in Brand und brüllt ihnen noch einige Verwünschungen hinterher. Zufriedenheit kehrt ein. Er stützt sich auf seine Heugabel und stiert in die Flammen. Erst da wage ich, mich bemerkbar zu machen. Als ich den Hügel hochsteige, ruft er mir entgegen: »Das ist Topinambur, der hat in meinem Garten nichts zu suchen!«

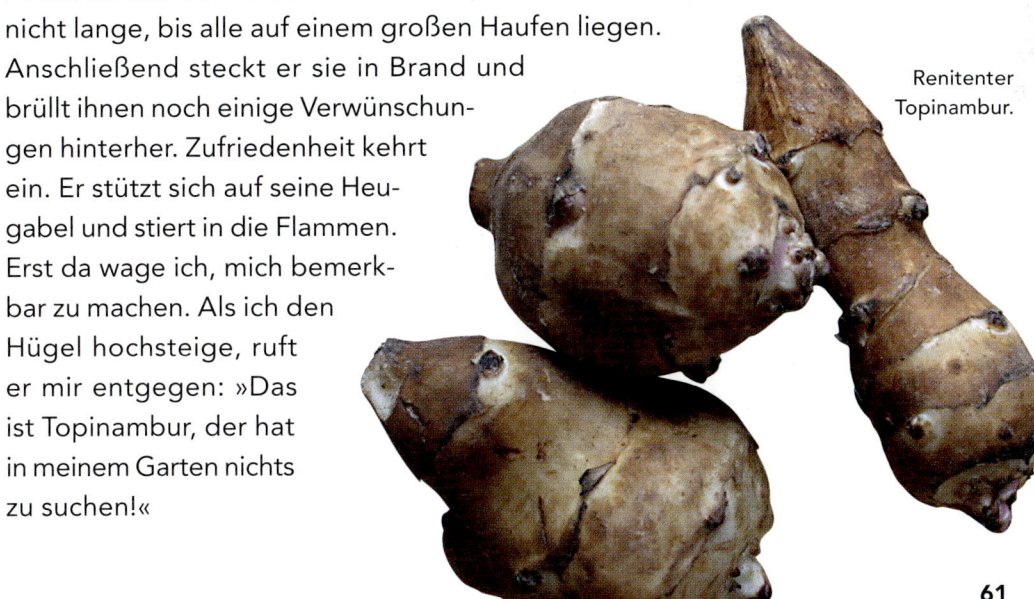

Renitenter Topinambur.

»Wieso nicht?«, frage ich, weil ich Topinambur als eine Art »Süßkartoffel« kenne, die ganz gut schmeckt und deren einziger Nachteil darin besteht, dass es viel Arbeit macht, die seltsam geformten Knollen zu säubern.

»Komm mit!« Catweazle marschiert den Hügel hinunter und ist auf einmal wie vom Erdboden verschluckt. Ich laufe ihm hinterher und entdecke am Fuß des Hügels eine Holztür. Er wohnt tatsächlich in diesem Hügel, wie ein Hobbit aus *Herr der Ringe*. Und irgendwie hat er auch was von Gandalf, denke ich. Wenn die Tür nicht offen steht, dringt kein Tageslicht in diese Wohngrotte; die künstliche Beleuchtung besteht aus einer alten Sturmlaterne (»brennt mit Salatöl«) und einem Haufen Kerzen.

Catweazle sitzt am Küchentisch, schenkt sich eine Tasse Kräutertee ein und erklärt mir ohne Umschweife, dass er einen sauberen Garten haben will, und sauber ist für ihn ein Garten nur dann, wenn ausschließlich Pflanzen darin wachsen, die schon im Mittelalter hier bekannt waren – und nicht etwa Pflanzen, die »die vielen Immigranten aus dem Südamerika von Columbus hier eingeschleppt haben.« Topinambur ist böse, weil die Knolle aus Mexiko kommt. Letztes Jahr habe er noch Kürbis, Tomaten, Süßkartoffeln, Zucchini, Gurken, Mais, Pok Choi und Paprika angebaut, aber damit sei jetzt Schluss. Er achte bei jeder dieser Pflanzen darauf, dass sie sich nicht – wie alle anderen in seinem Garten – »wild« aussäen. Eigentlich hasse er es, Pflanzen zu verbrennen, aber der Topinambur habe sich nicht an die Absprache gehalten und sei wild gewachsen.

In den folgenden Monaten lerne ich von ihm die Grundprinzipien der Gartenarbeit. Seine Vision ist ein europäischer, naturbelassener Garten. Ich weiß nicht, ob damals, Mitte der 70er Jahre, Permakultur schon ein geläufiger Begriff war, aber wenn ja, dann war Catweazles Garten ein Paradebeispiel dafür – jedenfalls in dem Sinn, dass er der Natur freien Lauf ließ. Wir säen und pflanzen Pastinaken, Meerrettich, Mangold, Hafer, Roggen, Buchweizen, Lauch, Zwiebeln (da ist er sich nicht ganz sicher, ob die eventuell aus der Türkei kommen), Wirsing, Rosen-, Weiß-, Rot-, Grün- und Schwarzkohl, gelbe, weiße, dunkelviolette Rüben, wir versuchen sogar herauszufinden, ob Spargel und Chicorée in der »freien« Natur wachsen wollen. Wenn wir nicht gerade mit Pferd und Wagen unterwegs sind, um Gemüse zu verkaufen oder im Laden nach dem Rechten zu sehen, erklärt er mir sein Weltbild. Während Catweazle unten in seinem Hügel schläft, habe ich mein Zelt auf dem »Dach« seiner Behausung aufgestellt.

Er klärt mich auf über die Literatur, die von Regierungen und Kirchen verboten wird, weil dort das »absolute Wissen« drinsteht, über Geheimbünde, die über

Jahrhunderte hinweg die Menschheit steuern, über die magischen Rituale der alten Druiden, über die ökonomische und ökologische Weltkatastrophe, die zwangsläufig stattfinden wird. Er erzählt auch, dass er gut ohne Elektrizität auskommt und dass er seinen Wasserverbrauch auf ein Minimum reduziert hat, weil er schon mal das Überleben in der Zukunft üben will. Nach ein paar Monaten kenne ich eine lange Liste von Namen: Gurus, Philosophen und heilige Männer, aber ich kann nicht auseinanderhalten, wer weshalb was zu welchem Thema gesagt oder geschrieben hat.

In seinem Buch will er das Wissen aus vielen tausend Büchern zusammentragen, und mit der Sammlung Bücher, die er in seine Grotte geschleppt hat, könnte man ohne Weiteres einen mittelgroßen esoterischen Buchladen ausstatten. Seiner Philosophie zufolge hat Mutter Erde ihre Haut in verschiedene Biotope eingeteilt, und in jeder Region sollen nur die Pflanzen wachsen, die dort auch durch die Evolution entstanden sind. Alles, was der Mensch danach verbockt hat durch das Verpflanzen der Samen einer Flora in eine andere, soll rückgängig gemacht werden. Ansonsten wird das Gleichgewicht in der Natur nicht wiederkehren. Und was für Pflanzen gilt, gilt auch für Tiere.

Nach der Erläuterung über die Tiere fange ich an, mir ernsthaft Sorgen zu machen, wo das hinführen soll. Am Ende des Sommers erkläre ich mein »Praktikum« für beendet. Ich teile ihm mit, dass ich wegen meiner Gesundheit, vor allem wegen meiner Allergien, leider nicht mehr bei ihm arbeiten kann. Mit all den Ziegen und Hasen, die im Winter bei ihm wohnen, (wenn das Pferd durch die schmale Tür gekommen wäre, hätte es wahrscheinlich auch dort geschlafen), wäre ich tatsächlich an einem Asthmaanfall erstickt.

So kommen wir nie auf das Thema »Menschen« zu sprechen. Ich kann mir aber gut vorstellen, was er zu sagen gehabt hätte über das sich immer schneller ändernde Multikulti-Straßenbild, das in diesen Jahren auch außerhalb der großen Städte der Niederlande entsteht. Ich glaube nicht, dass ich große Lust gehabt hätte, seine Gedanken dazu kennenzulernen, vor allem nicht, nachdem er mir erklärt hatte, dass die gesündeste Ernährungsperiode im letzten Jahrhundert von 1933 bist 1945 stattgefunden hatte: unter dem Einfluss von Saturn. Deshalb sei Hitler auch Vegetarier gewesen.

Catweazles Buch wurde vermutlich nie fertig, ich habe es jedenfalls nie in einem Buchladen gesehen. In der Küche ist es trotzdem ein spannendes Experiment, einmal nur mit den Speisepflanzen des Mittelalters zu kochen.

Präkolumbus

Buchweizenbrei mit
Wurzelgemüse & Kompott

- 36 Rosenköhlchen (etwa ¾ kg)
- 10 Karotten
- 4 Pastinaken
- 4 Birnen (Backbirnen oder eine andere feste Sorte)
- 4 große säuerliche Äpfel
- 1 große Stange Lauch
- 1 Zwiebel
- 2 Tassen Buchweizen
- 1 Stange Zimt
- 2 EL Honig
- Gemüsebrühpulver
- Olivenöl

Präkolumbus

Bevor Reis aus Asien, Kartoffeln und Tomaten aus Südamerika auf dem europäischen Teller landeten, bildeten verschiedene Sorten Getreide die Ernährungsgrundlage. Neben Weizen, Roggen und Dinkel wurde Buchweizen mit Abstand am meisten verwendet. Er ist kein echtes Getreide und enthält deshalb kein Gluten.

Buchweizen

Die Zubereitung ist einfach: Doppelt so viel Wasser wie Buchweizen, in diesem Fall also 4 Tassen Wasser auf 2 Tassen Buchweizen zusammen zum Kochen bringen und auf niedriger Flamme eine Viertelstunde köcheln lassen. 1 Esslöffel Gemüsebrühpulver (obwohl es das bestimmt nicht gab im Mittelalter) oder etwas Salz (war bestimmt auch nicht billig) machen sich gut im Kochwasser. Buchweizen nimmt sehr viel Wasser auf, darum immer wieder nachsehen, ob noch genug Flüssigkeit im Topf ist, sodass die Masse nicht anbrennt, bevor sie gar ist.

Gekochte Birnen und Äpfel

Das Obst schälen, vierteln und das Kerngehäuse entfernen. Die Birne mit Zimtstange und Honig in großzügig Wasser aufsetzen und bei kleiner Hitze eine Stunde vor sich hin kochen lassen. Jetzt erst kommt der Apfel dazu, (der anders völlig zerkochen würde) eine weitere halbe Stunde bei geschlossenem Topfdeckel köcheln lassen. Wasser abgießen, aber aufheben! Als Kind war ich verrückt nach dem Kochwasser – schmeckt kalt auch gut.

Rosenkohl

Viel Kochwasser wirkt der berüchtigten Rosenkohlluft entgegen ... etwas Kümmel am Essen hat eine ähnliche Wirkung.

Rosenkohl sauber machen, das heißt die Außenblätter abpellen, bis sich nur noch hellgrüne Blätter am Köhlchen befinden. Mit reichlich Wasser und 1 Teelöffel Salz ungefähr in einer Viertelstunde gar kochen. Der Rosenkohl kann dann raus aus dem Wasser; wegschütten brauchst du es aber nicht: ist prima als Basis für Suppen oder Soßen zu verwenden.

Gebackene Karotten und Pastinaken

Pastinaken sind auch so ein Urgericht, genau wie Karotten. Es gibt sie in allerhand Farben und Geschmäckern, wenn du Glück und einen guten Gemüsehändler hast, kauf verschiedene Sorten, dadurch wird das Essen farbiger. Schließlich isst das Auge auch mit.

Wasch alle Karotten bis auf eine gut ab und schneide sie in Längsstreifen – so ungefähr kleinfingerdick und mittelfingerlang. In einer Pfanne mit einem ordentlichen Schuss Öl oder Butter auf mittelheißer Flamme backen, dabei natürlich aufpassen, dass nichts schwarz wird. Mit anderen Worten: immer wieder umrühren. Wenn die Karottenstreifen nicht mehr steif sind, sondern beweglich, ist es fertig.

Lecker dazu: gebackene Zwiebelringe. Gab es vor sechshundert Jahren auch schon.

Lauch-Zwiebel-Karotten-Soße

Es gab im Mittelalter kaum kräftige Gewürze, jedenfalls nicht für das einfache Volk. Eine leckere Bouillonsoße, die extra Geschmack gibt, läßt sich aber einfach herstellen aus kleinen Lauchringen, gehackten Zwiebeln und der letzten, in kleine Würfel geschnittenen Karotte. Das alles wird in etwas Rosenkohlkochwasser aufgesetzt (nur so viel, dass alles von Flüssigkeit bedeckt ist) und ein Viertelstündchen köcheln gelassen.

Bis zur Eroberung von Stadt und Land durch die Fastfood-Ketten waren die Pommesbuden in jeder niederländischen Stadt wichtige soziale Treffpunkte.

Offensichtlichste Besonderheit so einer *patatzaak* ist bis heute die »muur«, eine Wand voller Fächer mit Fensterchen, in denen die meist frittierten Köstlichkeiten warm bereitgestellt und durch Einwurf von Kleingeld ausgelöst werden: »kroket« (längliches, mit undefinierbarem Ragout gefülltes Etwas), »frikandel« (eine lange, frittierte Wurst aus Schlachtabfällen wie zum Beispiel Euter), »gehaktbal« (frittierter Fleischklops), »sauzijnenbroodje« (Würstchen in Blätterteig) sowie »broodje haring« (weiches, mit rohem Hering und Zwiebeln belegtes Brötchen) und Russische Eier – selbstverständlich unfrittiert.

Aber das Wichtigste an einer *patatzaak* sind natürlich die Pommes. Die Niederländer verdrücken davon erheblich mehr als die Belgier, über deren Frittenkonsum man sich gerne lustig macht, und die die Pommes im 19. Jahrhundert nachweislich erfunden haben. Es heißt, Flussfischer hätten irgendwann angefangen, unter ihre frittierten Fischlein Imitate aus Kartoffeln zu mischen, wenn der Fang mager ausgefallen war. Und irgendwann verkauften sich die gefälschten Fische besser als die echten.

Die Inhaber einer guten alten Pommesbude kämen nie im Leben auf die Idee, die Pommes nicht selber herzustellen. Allerdings werden gute alte Pommesbuden immer seltener.

Die Frittenbäckerin fing morgens schon früh mit dem Kartoffelschälen an. Bei großen *patatzaken* wurde die Arbeit beim Rest der Familie oder bei Bekannten in Auftrag gegeben. Eine Tante von mir saß jeden Mittag mit ihren Freundinnen Kartoffeln schälend um eine große Zinkwanne, während sie nebenbei Kaffee und Kuchen sowie den neuesten Klatsch genossen.

In der niederländischen Küchen-Ausstattung findet sich unter dem Geschirr immer noch hin und wieder ein Pommesschneider, mit dem sich Kartoffeln von Hand in gleichmäßige Stäbchen schneiden lassen. In der Frittenbude sahen die Geräte dann etwas professioneller aus, funktionierten aber nach dem gleichen Prinzip. Eine elektrische Alternative hatte sich nie so richtig durchgesetzt. Pommes gibt es nicht aus der Vitrinenwand, die müssen an der gläsernen Theke bestellt werden. Warmgehaltene Pommes schmecken im Vergleich zu frisch frittierten einfach nicht besonders. Außerdem sind die Vorlieben für Soßen sehr individuell und nur schwer vorherzusehen – das geht von eher harmlosen »Pommes mit« (Mayonnaise), »Pommes Spezial« (Mayo, Ketchup und Zwiebeln) bis »Pommes Pinda« (mit Erdnusssoße).

Einige sind schon leer, werden aber sicher bald nachgefüllt: Snackfächer, Amsterdam 2008

Im Süden der Niederlande und bei den belgischen Nachbarn gibt es auch »Pommes mit saurem Fleisch«, und für den Verbraucher mit Entscheidungsschwierigkeiten sind überall »Pommes Krieg« im Angebot: mit Mayo, Ketchup, Zwiebeln, Curry- und Erdnusssoße. Pommes wurden früher in Papiertüten verkauft, die manchmal auf ziemlich professionelle Weise von den Verkäuferinnen vergrößert wurden, wenn man eine extra große Portion bestellte. Aber irgendwann wurde der Trick mit der Zeitung verboten, Druckerschwärze ist ja nicht besonders gesund. Und irgendwann verschwand auch die letzte Papiertüte und wurde durch Wegwerfgeschirr aus Plastik ersetzt. Auch das Sortiment der Pommesbuden änderte sich: Neue Snacks kamen dazu, die sich langsam über das Land verbreiteten, kolonial anmutende Spezialitäten und irgendwann sogar vegetarische. Mittlerweile ist die Auswahl groß, doch es gibt kaum noch eine Pommesbude, die ihre Produkte selber herstellt. Alles wird tiefgekühlt angeliefert. Die deutsche Currywurst jedoch hat sich nie durchgesetzt in meinem Heimatland. Nur in Regionen, wo es sehr viele deutsche Touristen gibt, wirst du sie finden.

Another Day in Paradise

»Geh du doch die Band abholen«, sagt der andere Praktikant zu mir. Als Soziologie-Student sammle ich Erfahrungen in verschiedenen autonomen Jugendzentren. Zur Zeit bin ich im Paradiso, einem der ältesten der Niederlande, das 1968 in einer ehemaligen Kirche eröffnet wurde. In knapp zehn Jahren ist es zu einem der wichtigsten Tempel der Musik- und Gegenkultur geworden – und das nicht nur in Amsterdam. Vor allem der Teeraum im zweiten Stock ist legendär: Es ist der erste Ort, an dem Cannabis-Produkte frei verkäuflich sind.

Hier Praktikant zu sein klingt aufregend, bedeutet aber auch, einen Haufen Drecksarbeit zu erledigen, zum Beispiel mitten in der Nacht die letzten besoffenen und bekifften Besucher hinauszukomplementieren, um den großen Raum zu putzen, was meistens dauert, bis die Sonne durch die Fenster scheint. Die Leute, die den Raum am Tag benutzen, Theatergruppen oder politische Diskussionsrunden zum Beispiel, sollen nicht über leere Flaschen und kaputte Gläser stolpern.

Deshalb bin ich ganz froh, mal einen »coolen« Job zu machen und mich um die Band zu kümmern, auch wenn es eine Band ist, die erst eine Single gemacht hat und in den Niederlanden noch gar nicht richtig wahrgenommen wird. Bei einem kurzen Besuch in London vor ein paar Monaten waren sie uns aufgefallen, weil der Pub, in dem sie spielten, so brechend voll war. Als wir endlich drin waren, war das Konzert zwar schon vorbei, aber wenn sie in London die Säle füllten, konnten sie so schlecht nicht sein. Also luden wir sie ein.

Es ist die Zeit »großer« Bands wie Pink Floyd und Genesis, aber im Paradiso steht die Bühne des avantgardistischen Undergrounds. Vor kurzem hat Kraftwerk »Autobahn« hier aufgeführt und Patti Smith die Bude zum Wackeln gebracht.

Zusammen mit Jaap, dem Roadie unseres Zentrums, fahr ich raus nach Schiphol, wo die Band gegen Abend landen soll. Obwohl der Flug von London nach Amsterdam kaum mehr als ein großer Sprung ist, hat der Flieger mehr als eine Stunde Verspätung. Und als er endlich gelandet ist und die meisten Passagiere schon zu Hause oder im Hotel sind, stehen wir immer noch da und warten.

»Ja, die Band war an Bord«, teilt uns eine freundliche Lady von British Airways mit, »aber in Heathrow hat es ein paar kleinere Probleme gegeben.« Deshalb sollen wir uns doch bitte noch etwas gedulden.

Schließlich öffnet sich die Tür, und inmitten eines Trosses von Polizisten und Zöllnern kommen vier scheue, magere, bleiche Jungs heraus.

»Sind Sie vom Paradiso?«, fragt der ranghöchste Polizist, und als Jaap nickt, bekommen wir unsere Band offiziell ausgehändigt.

»Jaap.«

»Wam.«

»Steve.«

»Glen.«

»Paul.«

»John.«

Im Unterschied zu uns beiden haben sie kurze Haare, sonst sind sie so gekleidet wie wir, mit Jeans und T-Shirt. Als sie sehen, dass ich Holzschuhe trage, kriegen sie sich kaum noch ein vor Lachen.

»For us?«, fragt Glen.

»No, I wear them all the time.«

»Fucking great!«

Wir laden Gitarre, Bass, ein paar alte Vox-Verstärker, ein kleines Schlagzeug und die vier Jungs in unseren Bus und fahren zurück ins Zentrum von Amsterdam.

»Hungry?«, frage ich.

»Yeah, fish 'n' chips!«

»Without the fucking fish!«, kommt es irgendwo von der Rückbank.

Wir entscheiden uns, sie zu einer echten niederländischen *patatzaak* mitzunehmen – so heißen die traditionellen Pommesbuden. Das Gelächter ist groß, als die Engländer den langen Korridor sehen, mit den Hunderten von kleinen Fenstern zu beiden Seiten, aus denen uns allerhand landestypische Spezialitäten anlächeln. Steve zerrt ungeduldig an einem Türchen, hinter dem er einen großen Fleischkloß ausgemacht hat.

»Wait, you need coins!« Ich drücke jedem eine Handvoll *kwartjes* in die Hand. Paul hängt schon eine lange, dünne, braun frittierte niederländische Frikandel aus dem Mund.

Für ein *kwartje* ...

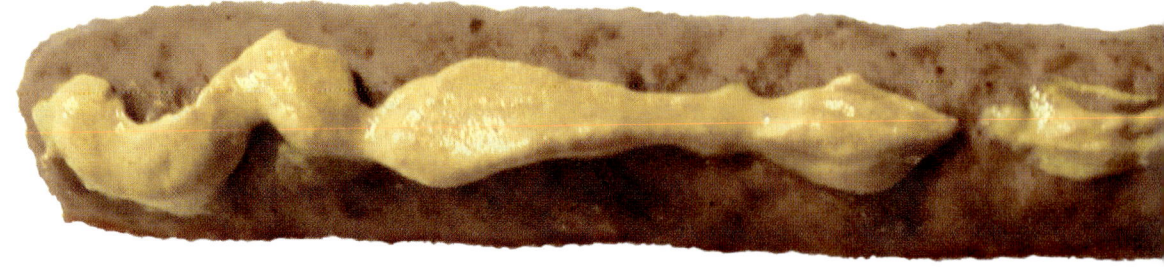

»What's that?«, fragt er mich, und die »Spezialität«, die man am ehesten mit einer frittierten Currywurst vergleichen kann, fällt ihm dabei fast aus dem Mund.

»You don't wanna know.« Auch in der Wurstfabrik hatten wir ein paar Jahre zuvor diese »Fleischschwänze« hergestellt.

»Veggie?«, fragt John und zeigt auf eine Fleischkrokette.

»No, that's made of the rest of pigs, you want veggie food?« Ich zeige ihm die Fensterchen mit den wenigen vegetarischen Sachen, die man damals in einer niederländischen Pommesbude finden konnte. Er entscheidet sich für ein frittiertes Käsesoufflé. Mit einem Soufflé hat dieses Stück panierter Käse allerdings wenig zu tun. John ist begeistert: »Good stuff!«, meint er. »Really greasy!«

»What about the chips?«, will Glen wissen.

»Chips, Chips!«, fangen die anderen an zu schreien. Am Ende des Korridors steht ein dicker kahler Mann hinter einer Glastheke. Seine weiße Schürze ist voller Fettflecken.

»Was darf's sein?«, fragt er mich, und ich fange an, die verschiedenen Pommesvarianten zu übersetzen: normal, doppelt, extragroß, mit Mayo, mit Remoulade, mit Erdnusssoße, »Spezial« oder »Krieg«.

»War?«, fragt Steve.

»Yes, ›war‹. It is with mayo, ketchup, onions, curry and peanut sauce.«

»War! War! War! War!«

»Viermal Krieg und eine mit«, übersetze ich für den Frittenbäcker.

Langsam füllt sich der Korridor, ein Teil der Nachbarschaft kommt das Abendessen holen. »Amsterdam Noord« war damals ein Stadtteil, in dem noch viele tough aussehende Hafenarbeiter wohnten. Meine vier Briten drängen sich im-

mer mehr in einer Ecke zusammen und sind froh, als unsere Bestellung endlich kommt. Weil es draußen eiskalt ist, genießen wir unser Abendessen im Bus bei laufendem Motor. Bevor wir die Jungs am Hotel absetzen, verabrede ich mich mit John für den nächsten Tag, um vegetarisch essen zu gehen.

Als ich ihn so gegen Mittag abhole, kommt er ziemlich verschlafen die Treppe runter und ist noch dabei, sich die Jeans anzuziehen. Die Taschen seiner Jacke hängen nach außen, was ihn aber nicht zu stören scheint. Wir gehen zusammen im »The Garden« essen, einem damals ziemlich populären vegetarischen Restaurant, nicht weit vom Paradiso. Es wird von einer Gruppe amerikanischer Kriegsdienstverweigerer geführt, die wegen des Vietnamkriegs hergekommen sind und endlos Dylans »Desire« und ähnliche Musik aus der Zeit laufen lassen.

»Not bad«, sagt John. Vermutlich meint er nicht die Musik, sondern die Spezialität des Hauses »Banana Creampie«. Er erzählt, dass sie letzte Nacht noch eine Runde durchs Rotlichtviertel gedreht hätten. Er weiß nicht, ob die anderen bis heute Abend fit sein werden. In England würden sie laufend Gigs absagen oder verschieben. Seit ein paar Tagen hatten sie aber einen Plattenvertrag. »So maybe it's getting better now.«

Wir unterhalten uns über vegetarisches Essen. Ein Freund von ihm, Captain Sensible, habe ihn davon überzeugt. Das sei aber nicht so leicht, die ganze Szene lebe eigentlich nur von Fish 'n' Chips, fettigen Fleischklößen und natürlich Hamburger und Cola. »On the road, you eat what you get, you know.« Trotzdem gibt es auch viele andere Bands, die kein Fleisch mehr essen wollen, auch von denen haben manche im Schlachthof gejobbt.

»What am I telling you, you know.« Es ist eine schlechte Zeit, jetzt in England in einer Band zu spielen. Auf jeden Fall für kleine Bands, die großen wie Genesis, Yes und Pink Floyd kriegen alles. »No fucking future«, langsam wird er wach. Zeit, ins Paradiso rüberzugehen und nachzuschauen, ob die anderen drei mittlerweile zu gebrauchen sind.

»They fucking fired us!«, ruft Paul hinterm Schlagzeug. »Fucking Heathrow!« Glen und John schreien sich an. Worum es geht, weiß ich nicht, weil ich ihren Cockney-Slang nicht verstehe. Ich gehe den Umkleideraum fertig machen und frage mich, wofür sie so viel Zucker, rohe Eier, Haarlack und Sicherheitsnadeln

Hier sehe ich nicht unbedingt aus, als würde ich gleich Punks abfüttern gehn: 1977 auf dem Dam in Amsterdam.

brauchen. Eine Stunde später kommen sie runter in den Keller. Jetzt streiten sie sich über Musik. Zwischen viel »fucking!« höre ich Bandnamen wie Beatles, Rolling Stones und The Who, aber wer wen liebt oder hasst, kann ich nicht feststellen.

»Great!«, ruft John und steckt sich eine Sicherheitsnadel durchs Ohrläppchen. Paul behandelt seine hellblonden Haare mit Eigelb, bis sie von selbst in die Höhe stehen.

»Tha' mayo fro' yesterday would've been great, too!« Langsam wird die Luft in dem kleinen Raum vor lauter Haarspray so dick, dass ich wegen meines Asthmas Probleme kriege. Ich hoffe nur, dass keiner auf die Idee kommt, sich eine Zigarette anzustecken, weil uns sonst die Bude um die Ohren fliegt.

»Do you have scissors?«, fragt John und versucht, sich ein Loch ins T-Shirt zu reißen. Das ist die erste Gruppe, die ihre Kleidung im Umkleideraum ruiniert, statt sie zu reparieren, denke ich verblüfft und bin gespannt auf ihren Auftritt. Aber es dauert noch: Der große Raum ist nicht einmal halb voll. Wir hoffen, dass noch mehr Leute kommen, wenn wir ein bisschen warten. Ein paar Leute vom Paradiso haben die Kneipen am Leidseplein abgeklappert, um schnell noch Werbung für das Konzert zu machen.

John sitzt schweigend vorm Spiegel und übt Grimassen. Seine schüchterne Haltung weicht langsam einer zornigen. Wild blickt er in die Gegend, man sieht ihm an, dass er nicht lange fackelt, und so wage ich es auch nicht, dumme Fragen zu stellen. In der Ecke geht die rote Lampe an, die Band soll auf die Bühne.

Der Saal ist immer noch halb leer. Ich suche mir einen Platz bei den wenigen Hippies, die wahrscheinlich vom Melkweg, einem anderen Konzertveranstalter, rübergekommen sind, um mitzukriegen, was derzeit an neuer Musik aus England kommt.

Wütend stiert John in den Saal und brüllt »ONE – TWO – THREE!« Dann scheint das Paradiso mit einem Mal auseinanderzubersten. Von der Bühne kommt ein Höllenlärm aus schnellen Stakkato-Rhythmen: »God save the queen and her fascist regime!«

Gut. Hier also noch der Nachtrag für die, die nicht wissen, was diese schüchternen Jungs am Flughafen in London angestellt haben. Ich weiß es ja auch nicht. Und Wikipedia kann auch nur dies kolportieren: »Nach Abschluss der 1976er Tour arrangierte EMI im Januar 1977 eine Reihe von Konzerten im Paradiso in Amsterdam. Bevor die Band jedoch in Heathrow das Flugzeug bestieg, spuckten sich die Musiker gegenseitig an und beleidigten Mitarbeiter des Flughafens. ›Eine Augenzeugin will sogar gesehen haben, dass die Pistols etwas so Ekelerregendes taten, dass sie es gegenüber der Presse nicht wiederholen wollte. Heute geht man davon aus, dass Jones in der Abflughalle absichtlich ein paar alte Ladies vollkotzte‹, so wiederum steht es im *Rolling Stone*. EMI entließ die Band zwei Tage später aus ihrem Vertrag. ›Ich kapier's nicht‹, sagte Rotten seinerzeit. ›Wir wollten doch nur alles kaputt machen‹« (http://en.wikipedia.org/wiki/sex_pistols)

Kleiner Punker

Pommes, Pakora & Falafel
- 10 große Kartoffeln
- 1 Blumenkohl
- 2 Zwiebeln
- 3 Knoblauchzehen
- 3 EL geschnittene Petersilie
- 1 ½ Tassen getrocknete Kichererbsen
- ½ Tasse Besanmehl (Kichererbsenmehl)
- - Pinienkerne
- 2 EL Mehl
- - Sonnenblumenöl
- 2 ½ TL Korianderpulver
- 2 TL Kreuzkümmelpulver
- - Kurkuma
- - Chilipulver
- - Curry oder Garam Masala
- - schwarzer Pfeffer

Salat
- 1 große Gurke
- 1 Zwiebel
- - Olivenöl
- 1-2 EL Mayonnaise
- - frischer Dill

Ketchup
- 5 große Tomaten
- 1 kleine Zwiebel
- ½ rote oder grüne Paprika
- 1 Knoblauchzehe
- 1 Schuss Essig
- 2 EL Zucker oder Honig
- ½ TL Salz
- - Ingwer
- - Paprikapulver
- - Muskatnuss
- - Nelkenpulver
- - Pfeffer

Kleiner Punker

Wenn die Friteuse kein Thermometer hat oder einfach nur ein Topf auf einem Herd ist, kannst du die Temperatur des Fetts kontrollieren, indem du ein Stückchen Brot hineinwirfst: Wird es schön langsam hellbraun, ist die Hitze richtig. Fängt es gleich an zu brodeln und wird schnell braun, ist das Fett schon zu heiß. – Du kannst Pommes, Pakoras und Falafel im gleichen Öl fritieren.

Der Teig hat die richtige Konsistenz, wenn er langsam vom Löffel läuft, ungefähr wie Pfannkuchenteig.

Pommes

Schrubb die Kartoffeln gründlich mit einer Bürste ab oder schäl sie und schneide sie in fingerdicke Stifte. Das Sonnenblumenöl in der Friteuse auf 130 °C erhitzen. Kartoffelstifte in einem ersten Durchgang 7-8 Minuten fritieren. Dann mit einem Schaumlöffel herausnehmen und auf Küchenpapier abtropfen und eine gute halbe Stunde abkühlen lassen. Für den zweiten Durchgang das Öl auf 180 °C erhitzen und die Pommes darin schön goldbraun ausbacken. Nicht zu viele auf einmal hineintun, dann kühlt das Öl zu sehr ab und sie nehmen zu viel Fett auf. Qualmen sollte es auch nicht, bei zu hohen Temperaturen entstehen giftige Stoffe. Die Pommes frites am Schluss gut abtropfen lassen und salzen.

Pakora

½ Tasse Besanmehl, ½ Teelöffel Korianderpulver, ½ Teelöffel Kurkuma, ½ Teelöffel Garam Masala, 1 Teelöffel (Kräuter-) Salz, ½ Teelöffel Chilipulver und 2 ausgepresste Knoblauchzehen vermischen. Nach und nach ½ Tasse Wasser unterrühren, bis ein dicker Teig entsteht. Wenn er zu zähflüssig ist, einfach vorsichtig etwas mehr Wasser dazugießen, zu dünn soll er auch nicht werden. Schneid den Blumenkohl in kleine Röschen und 2 Zwiebeln in dicke Ringe. Tauch das Gemüse in den Teig und fritiere es dann ca. 4-5 Minuten in 180 °C heißem Öl goldbraun. Auf einem Stück Küchenpapier abtropfen lassen.

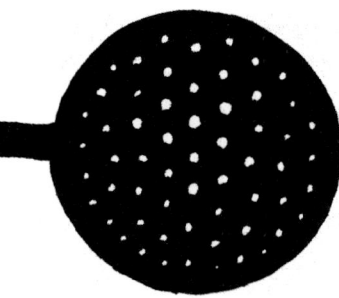

Falafel

Die Kichererbsen sollen 16 Stunden in mindestens der doppelten Menge Wasser einweichen. Knapp bedeckt mit frischem Wasser bringst du die Erbsen in einem Topf zum Kochen und lässt sie eine ¾ Stunde im geöffneten Topf köcheln. Anschließend müssen sie zu Brei verarbeitet werden, wofür sich ein Pürierstab oder ein Fleischwolf eignen. Misch 1 kleingehackte Knoblauchzehe, je 1 Esslöffel gehackte Zwiebeln, Mehl und Salz, je 2 Teelöffel Kreuzkümmel- und Korianderpulver sowie 1 Handvoll kleingeschnittene Petersilie gut darunter und forme aus der Masse tischtennisballgroße Kugeln. Diese werden in 180 °C heißem Öl frittiert.

Achtung, Einweichzeit!

16 h

Gurkensalat

Zu so viel Fettigem schmeckt etwas Frisches gut. Schneide eine Gurke in dünne Scheiben und bereite ein Dressing aus 1-2 Esslöffeln vegetarischer Mayonnaise, einem Schuss Öl, einer gewürfelten Zwiebel, Salz und Pfeffer und vielleicht etwas frischem Dill. Falls was vom Blumenkohl übrig ist, kann es natürlich auch als Rohkost mitserviert werden.

Rezept für vegane Mayonnaise siehe S. 188

Ketchup

Tomaten und Paprika in Stückchen schneiden, Knoblauch und 1 Zwiebel klein hacken. Gib alles in einen hochwandigen Topf und lass es auf niedriger Flamme ein Stündchen leise köcheln. Danach kannst du das weiche Gemüse mit dem Mixer pürieren. Mit Essig, Zucker, ½ Teelöffel Salz und den Gewürzen (probier selber, wie viel davon dir schmeckt) weitere 1½ Stunden einkochen lassen, bis die Soße gut eingedickt ist. Abkühlen lassen. Abgefüllt z.B. in ein Schraubglas hält sich dieses Ketchup im Kühlschrank ein paar Tage.

Falls noch Tomaten- oder Paprikakerne zu sehen sind, kannst du sie vor dem Würzen mit einem groben Sieb herausfiltern.

Der Reis-Krieg

Der Raum ist frisch renoviert und wird von zwei Neonröhren über einem langen Holztisch gut ausgeleuchtet. Nichts erinnert mehr an die dunkle Bruchbude, in der ich vor zehn Jahren zum ersten Mal in meinem Leben ein Kilo Bio-Äpfel gekauft habe – mit der Garantie des lebendigen Wurms. An einer langen Seite des Tischs sitzt der Typ, der damals hinter der Theke stand. Sein Haar ist kürzer und lichter geworden, und anstelle der lila Latzhose trägt er jetzt eine dunkelviolette Weste über einem bunten Hemd. Cordhose, Socken aus Ziegenhaar und Sandalen runden das Bild ab. Der Mann neben ihm hat auch schon graue Strähnen, in den zusammengebundenen Haaren und in seinem wilden Bart. Mit Arbeitsoverall und schwarzen Händen fällt er ein bisschen aus dem Rahmen. Ihm gegenüber sitzt ein etwa gleichaltriger Mann in einem weißen Satingewand mit einem orangefarbenen Turban auf dem Kopf; neben ihm ein glattrasierter Typ in dreiteiligem Anzug, der nach Sekretär aussieht, und schließlich, ein paar Stühle weiter, ein Endsechziger mit weißen Haaren in einem perfekt passenden Cordanzug der Sorte, die ein Leben lang hält (mit Flicken an den Ellbogen).

Heute Morgen bin ich »vor Tag und Tau«, wie wir in den Niederlanden sagen, also sehr früh, zusammen mit Bram, dem Typ im Overall, in Boxtel aufgebrochen. Sieben Bio-Läden und Bio-Bauernhöfe haben wir auf unserer Liefertour abgeklappert und unterwegs noch einen Reifen an seinem Lastwagen gewechselt.

»Was anderes als der kleine Renault 4, den wir damals hatten, nicht wahr?« Er spielt an auf meinen Besuch vor sechs Jahren in seinem damals brandneuen Verteilerzentrum für Bio-Lebensmittel, über die ich für die Zeitschrift *Waterman* eine Story geschrieben hatte. *Aards en on-aards* (»Irdisches und Nicht-Irdisches«) stand auf dem Titel des Blatts, einer bunten Mischung von Themen: Gurus, Hausbesetzungen, alternative und bio-dynamische Landwirtschaft, Astrologie, Frieden für Nepal, Anti-Atomkraft-Aktionen. Bram war der erste, der anfing, Bio-Bauern, Produzenten und Läden in seiner Region zu vernetzen. Vorher hatte es da nur Demeter gegeben, und die waren nicht nur bio, die waren auch noch »dynamisch«. Die neuen Bio-Bauern hatten es oft nicht so mit Rudolf Steiner und der Wurstelei mit Planeten und Mondständen. Unter den neuen Bauern gab es viele Städter, die als Widerstand gegen die »Giftlandwirtschaft« aufs Land zogen, um sich und allen anderen zu beweisen, dass es auch anders geht. Ihre Wurzeln waren eher politisch als spirituell. Und genau das interessierte die Redaktion des *Waterman*.

Der *Waterman*
– das Sprachrohr
der Alternativen
zwischen 1974
und 1982.

Mittlerweile haben sich die Zeiten geändert. Brams Großhandel ist zu einem Hauptknotenpunkt in einem dichten Netz von regionalen Vertrieben herangewachsen. Schon vor Jahren haben sie den idyllischen Schuppen auf dem Versuchs-Biohof »De kleine aarde«, die kleine Erde, verlassen und eine riesige Lagerhalle im Industriegebiet von Boxtel bauen lassen. Von außen ist nur an einem kleinen Windrad und ein paar Sonnenkollektoren auf dem Dach zu erkennen, dass sich dort kein normaler Großhändler niedergelassen hat. In der Halle steht eine Flotte aus acht kleineren Lastwagen und einem 18-Tonner. Überall stehen Caddies voller Bio-Waren, und Menschen sind mit Be- und Entladen beschäftigt.

»Durch diese Halle gehen fünfzig Prozent aller Bio-Waren der Niederlande und hundert Prozent von allem, was aus dem Ausland kommt«, erzählt er.

»Wow, ich bin beeindruckt.«

»Nicht wahr?« Bram erklärt mir, dass in den letzten Jahren mit dem Big Business auch der Stress kam. Der Betrieb setzt im Jahr zig Millionen um, und die kleinen regionalen Zentren sowie die lokalen Bio-Läden sind nicht die schnellsten, wenn's ums Bezahlen geht. Deshalb liegt er nachts oft wach und träumt von den Tagen, als er noch mit seinem ›Kleinen‹ herumgefahren ist. »Damals gab es mehr Kontakt mit unseren Bauern«, sagt er ein bisschen wehmütig.

Jetzt sitzt auch er an dem langen Tisch, trinkt schwarzen Kaffee und hört dem Ziegenwollsockenträger und dem Turban zu. Die beiden kennen sich aus »Kabouter«-Zeiten, als sie ihre Bio-Läden eröffneten. Ziegensocke verteidigt sich. Er sagt, er sei ihrer politischen Sache treu geblieben. Auch sein kleiner Laden ist gewachsen und besitzt heute das zweitgrößte lokale Netzwerk von Läden, Bäckern, Pastamachern und anderen Bio-Produzenten in Amsterdam. Er betont, dass das immer noch ein »Kollektiv« ist.

Der Turban ist Besitzer der größten Amsterdamer Bio-Firma. Seine Manna GmbH hat vor einigen Jahren in einer der teuersten Geschäftsstraßen den ersten Bio-Supermarkt eröffnet und hat außerdem den Exklusivvertrieb des belgischen makrobiotischen Betriebs Lima, der wiederum das Monopol für Reiswaffeln und Sojamilch besitzt. Er wirft in die Runde, dass Oshawa deutlich gesagt habe, dass wir ein langes und gesundes Leben haben, wenn wir nicht nur bio essen, sondern auch der Ernährungslehre der Makrobiotik folgen.

»Nein«, widerspricht der Alte im Cordanzug, »das stimmt überhaupt nicht. Die Makrobiotik wurde für Japaner entwickelt, nicht für Europäer. Außerdem können die japanischen Meeresalgen radioaktive Isotope enthalten. Steiner hat geschrieben, dass so viel frisches regionales Gemüse in der Küche verwendet werden muss wie möglich, am besten aus biologisch-dynamischen Betrieben.« Natürlich vertritt er Demeter und den dazu gehörigen Großhandel Aquarius. Ihr Betrieb ist mit Abstand der älteste im Bunde, fast ein halbes Jahrhundert beliefern sie schon die Reformhäuser.

Es geht um Reis. Im Süden der Camargue wird im Rahmen eines von der EU subventionierten Großprojekts Bio-Reis angebaut. Der Teil der Ernte, der exportiert werden soll, entspricht genau dem, was die Niederlande im nächsten Winter benötigen werden. Jeder der drei will den gesamten Reis für sich haben – es geht um einige Millionen, und der Gewinn durch Weiterverkauf an die anderen Netzwerke wäre sicher beträchtlich. Die beiden jüngeren Großhändler stehen unter finanziellem Druck, denn obwohl der Bio-Markt angesichts der Lebensmittelskandale im konventionellen Anbau dauerhaft boomt, kaufen die meisten Menschen ihre Lebensmittel nach wie vor im Supermarkt – und auch dort halten immer mehr Bio-Marken Einzug. Aquarius hat durch seine traditionell etwas wohlhabendere anthroposophische Kundschaft ein etwas größeres Finanzpolster. Fest steht, dass sich derjenige, der im nächsten Jahr den Preis für Bio-Reis bestimmen kann, etwas weniger Sorgen machen muss.

Die Diskussion droht zu einem Richtungsstreit zwischen Landwirtschafts- und Ernährungsphilosophien zu werden. Der Turban hat schon gedroht, das Treffen zu verlassen, und auch der Alte wird immer unruhiger in seinem Sessel.

»Wir lösen das auf die alte Art«, brummt Bram. Die anderen hören auf sich zu streiten und sehen ihn an.

»Wenn wir hören, dass geerntet wird, versammeln wir uns um Mitternacht mit unseren schnellsten 8-Tonnern auf dem Damplatz. Wer als erster bei dem Hof in der Camargue ankommt, kriegt die ganze Ernte. Er erstattet den anderen ihre

Fahrtkosten, und die nehmen den Reis auf dem Rückweg nach Holland mit. *Capisce?*« Dann lacht er das Lachen eines Mafiabosses. Die anderen am Tisch sehen ihn etwas ungläubig an, aber bald wird – aus Rücksicht auf den Makrobiotiker, der keinen Alkohol trinkt – aus dem Lager eine Flasche Sprudel geholt, um auf den Deal anzustoßen. Der Turban verlässt mit gefalteten Händen und gesenktem Kopf den Raum, der Sekretär hinterher.

Während auch der Alte seine Sachen zusammensucht und alles in eine alte Schultasche steckt, füllt sich der Raum langsam mit einer bunten Gesellschaft von Alternativen aus dem ganzen Land, die über die Bürokraten in Brüssel schimpfen, die absolut keine Ahnung von biologischer Landwirtschaft haben.

»Bio ist scheiße«, eröffnet Bram die nächste Versammlung. »Hinz und Kunz nennen ihre Produkte jetzt bio, um an dem Markt, den wir aufgebaut haben, mitzuverdienen.«

»Ja«, ergänzt Ziegensocke, »so viel Bio-Produkte wie im letzten Jahr in diesem Land verkauft wurden, gibt es überhaupt nicht. Die verkaufen einfach ihre etwas schlechter aussehende Ernte als bio!«

Die Versammlung wurde einberufen, um ein Gütezeichen für ökologische Produkte zu entwickeln. Bauern, Produzenten und Zwischenhändler wollen zusammen die Minimalauflagen für ökologische Produkte festlegen. Ökologisch wirtschaften bedeutet mehr, als einfach nur kein Gift zu verwenden, finden sie. Schon schreien alle ihre Wünsche durcheinander.

»Nur aus kollektiven Betrieben!«

»Nur aus regionalem Anbau.«

»Bei Import nur aus Betrieben, die gerechte Löhne zahlen.«

»Mit einer Ökosteuer auf weite Transportwege.«

»Und natürlich ohne giftige Zutaten.«

Auf dem Rückweg abends frage ich Bram, ob er glaubt, dass all die Wünsche auch Eingang in die Statuten des Bio-Siegels finden werden.

»Weißt du«, seufzt er, »ich glaube eher, dass der Bio-Markt weiter boomen wird. Immer mehr Großbetriebe werden sich dafür interessieren. Jetzt sind wir noch eine relativ kleine Gruppe, aber es kommen immer mehr Bauern und Hersteller dazu, die nicht von politischen Idealen geleitet werden, sondern ihr Stück vom Kuchen haben wollen.«

Es dauerte noch sieben Jahre, bis das niederländische Öko-Gütezeichen eingeführt wurde. In der Zwischenzeit wurden alle Vorschläge, die nicht direkt etwas mit »Gift in der Nahrung« zu tun haben, abgeschmettert.

Golden Temple

Indisches Buffet mit Spinat & Dhal

- 1 kg frischer Spinat
  (oder etwa 400 g
  Tiefkühlware)
- 2 Zwiebeln
- 2 Tassen Reis
- 300 g rote Linsen
- 300 g braune Linsen
- 6 Knoblauchzehen
- 1 Zitrone
- - frischer Ingwer
  (ca. daumengroßes Stück)
- 1 ½ Tassen Vollkornmehl
- 250 g Tofu
- - Margarine oder Butter
- - Sojasoße
- - Sambal Oelek
- - Garam Masala
- - Sesamsamen
- - Kurkuma
- - Zimt
- - Kümmel
- - Cayennepfeffer

Golden Temple

Rotes Dhal

Rote Linsen brauchst du nicht einzuweichen. Bring sie mit 2 ½ Tassen Wasser, 1 Teelöffel Zimt, 1 Teelöffel Kurkuma und etwas Salz zum Kochen und lass sie auf niedriger Flamme weiterbrodeln. Immer wieder rühren und aufpassen, dass sie nicht anbrennen. In der Zwischenzeit eine Zwiebel kleinschneiden und in einer Pfanne mit 2 Esslöffeln Margarine oder Butter sowie 1 Teelöffel Garam Masala andünsten, bis sie schön gelb und glasig sind. Das alles mit 1 Esslöffel fein geraspeltem Ingwer unter die Linsen rühren. Noch 2 gepresste Knoblauchzehen dazu und auf kleiner Flamme weiterkochen lassen, bis die Linsen auseinanderfallen. Wer den Geschmack mag: ein paar Esslöffel Tomatenmark machen die Mischung noch roter.

Braunes Dhal

Dieselbe Zubereitungsweise wie beim Roten Dhal, es dauert nur ein bisschen länger, bis die braunen Linsen auseinanderfallen. Braunes Dhal lässt sich mit unterschiedlichen Gewürzen endlos variieren (siehe links). Kurz vor dem Servieren kannst du auch rote oder grüne Paprikastückchen untermischen: Du brauchst sie nicht mitzukochen, sie garen durch die Hitze des Dhal, bleiben dabei aber schön bissfest.

Gebackene Tofuwürfel

Schneide den Tofu in Würfel. Bereite aus 1 Tasse Wasser, einem Schuss Sojasoße, etwas Salz und 1 Teelöffel Sambal eine würzige Marinade und lass die Sojawürfel darin mindestens ½ Stunde durchziehen. Dann in einer Pfanne und etwas Öl anbraten. So bekommen sie von allen Seiten eine schöne braune Farbe.

Eigentlich ist Dhal das Hindi-Wort für gespaltene Hülsenfrüchte und nicht, wie die meisten denken, für Linsen. Das Wort dafür ist *Masoor*. Im Volksmund werden aber auch alle Gerichte mit Linsen Dhal genannt.

Scharf
1 TL Ingwerpulver,
1 TL schwarze Senfsamen,
2 EL Koriander,
1 EL Garam Masala,
1 EL Kumin,
½ EL Chili

Mild
1 TL Zimt,
½ TL Kurkuma,
1 EL Koriander,
1 TL getrockneter Thymian, 1 EL Falafelgewürz oder Ras el-Hanout
(siehe S. 224)

Reis
Zubereiten wie in »Reis à la Aarï«, S. 58

Chapatis
Du bereitest einen Teig aus 1 ½ Tassen Mehl, 1 Teelöffel Salz, 1 Esslöffel Öl und 1 Tasse warmem Wasser. Mit den Händen klappt das eigentlich am besten. So lange kneten, bis der Teig nicht mehr klebt, nimm im Zweifelsfall etwas mehr Mehl. Daraus werden ca. 20 kleine Teigbällchen geformt, die du auf einem mit Mehl bestäubten Untergrund jeweils ganz dünn ausrollst. Erhitze eine Pfanne mit dickem Boden und back die Küchlein darin aus. Ohne Öl oder anderes Fett! Nach ungefähr 1 Minute sollten sie auf einer Seite schön braun werden. Du kannst beim Backen ruhig den Rand der Chapatis etwas andrücken. Wenn du die Hälfte des Mehls mit Maismehl ersetzt, hast du Tortillas. Auch ein Grundnahrungsmittel – aber das der Indianer, nicht der Inder.

Mit Buchweizenmehl gemacht, sind die Chapatis glutenfrei.

Aufpassen, Maismehl klebt wie verrückt!

Bhaji Spinat
Spinat waschen, gut abtropfen lassen und klein schneiden. Die Blätter können ruhig groß bleiben, der Spinat verliert sowieso an Volumen. Dünste ½ kleingeschnittene Zwiebel, 2 gepresste oder sehr klein geschnittene Knoblauchzehen und ½ Teelöffel Kümmelpulver in etwas Öl an, bis die Zwiebel langsam braun wird. Jetzt vorsichtig den kleingeschnittenen Spinat dazurühren und mit etwas Salz und Cayennepfeffer abschmecken. Der Spinat fällt schnell in sich zusammen, nach 5 bis 6 Minuten fängt er an, dunkel zu werden. Dann vom Herd nehmen, noch etwas Zitronensaft darüberträufeln und servieren.

Katastrophenplan, Phase I

»Ich komme zum Treffen der Vogelbeobachter«, sage ich so neutral wie möglich an der Rezeption der Jugendherberge. Seit Stunden bin ich jetzt schon mit verschiedenen Zügen und Bussen unterwegs, die letzten sechs Kilometer sogar zu Fuß. Unser Sammelplatz liegt weit entfernt von der bewohnten Welt.

»Ach ja, die Vogelbeobachter«, sagt der Mann hinterm Schalter mit einem konspirativen Lächeln, »die treffen sich gerade auf der großen Wiese hinten.«

Schon von Weitem höre ich lautes Geschrei, es klingt wie die Krawalle zur Krönung von Königin Beatrix vor ein paar Wochen in Amsterdam. Als ich die Wiese erreiche, löst sich gerade ein Körperknoten aus circa 100 Menschen auf, und zwei Bekannte winken mich rüber, »mach bei uns mit!« Eine Hälfte der Gruppe hat Zeitungen zu Knüppeln zusammengerollt und versammelt sich am Rand des Rasens. Sie spielen in diesem Training die Polizeikräfte. Ich befinde mich in der Gruppe, die die Sitzblockade simuliert, ich soll mich auf den Boden setzen und meine Arme fest in die der Sitznachbarn einhaken.

»Sie kommen nicht durch«, flüstert die Frau neben mir, »glaube einfach fest daran, dass sie nicht durchkommen!«

Die Polizei hat sich mittlerweile in Formation aufgestellt und kommt langsam auf uns zu. Hinter mir fangen einige an, Protestlieder zu singen. »Nicht so laut!«, geht ein Zischen durch die Menge. Jetzt hat sich die Kolonne schlagbereit vor uns aufgestellt.

»Hier spricht die Polizei«, sagt ihr Kommandant mehr oder weniger im Flüsterton, und ein Kichern geht durch unsere Reihen.

»Was sagt er?«, kommt es von hinten.

»Hier spricht die Polizei«, versucht er es aufs Neue, diesmal halblaut, und blickt dabei auf eine Reihe Menschen, die vor ihm auf dem Boden sitzen und mit der Hand hinterm Ohr versuchen, ihn zu verstehen. Die ersten »Knüppler« fangen an zu prusten. Die Polizeikolonne kommt in Unordnung, immer mehr haben offensichtlich vollen Körpereinsatz nötig, um ihr Lachen zu unterdrücken.

»Stopp, so wird das nichts«, greift jemand von der Seite ein. »Erst mal Pause, vielleicht wiederholen wir die Übung später noch mal.«

Beim Abendessen wird heftig über ein paar Polizeibusse diskutiert, die wohl am Mittag ein paarmal an der Jugendherberge vorbeigefahren sind. Andere erzählen, dass sie von PKWs verfolgt wurden, die sie erst nach stundenlangem Herumfahren losgeworden sind. Eigentlich soll niemand wissen, dass wir hier sind. Zur Tarnung haben manche sogar deutlich sichtbar Fernrohre und Vogelbücher in ihren Kleinbussen drapiert.

Nach dem Essen beschließen wir, die Aktion um eine Stunde vorzuverlegen. Bis zur Abfahrt soll sicherheitshalber niemand mehr von hier aus telefonieren. Danach verliert sich die Diskussion in immer ausschweifenderen Überlegungen zur Strategie und zu der Frage, wie unsere Unternehmung noch effektiver werden könnte. Immer mehr Leute verschwinden in den Schlafsälen. Am Schluss sind wir nur noch zehn, die herumsitzen und sich vornehmen, den Rest der Nacht bis zur Stunde X wach zu bleiben. Um uns die Zeit zu vertreiben, machen wir also noch einen Nachtspaziergang durch die Dünen und beobachten bei Mondlicht die Jagd einer Eule – keiner kann sagen, wir wären nicht wegen der Vögel hier!

Jetzt schimmert die Sonne durch den Morgennebel. Schweigend fahren wir durch die nordholländische Dünenlandschaft; es ist ein herrlicher Morgen, und unsere Story, dass wir eine Jugendgruppe auf Orientierungstour sind, klingt auch plausibel. Aus dem Nebel tauchen immer mehr bekannte Kleinbusse auf, am Sammelpunkt stehen sogar schon einige auf den letzten Drücker alarmierte Fotojournalisten. Über der Düne zeichnet sich der dünne weiße Schornstein gegen den blauen Himmel ab, wie ein riesiger »Hier ist es!«-Pfeil. Unsere Kolonne aus bunten Bussen fährt langsam auf den Turm zu. Weichgezeichnet leuchtet das Ei des Reaktors durch den Nebel. Das kleine Atomkraftwerk ist der ganze Stolz des niederländischen Energieforschungszentrums (ECN). Auf dem Gelände strahlt es jetzt ein bisschen mehr als normal. Aus dem ganzen Land und sogar aus dem Ausland wurde in den letzten Monaten hier der sogenannte schwachradioaktive Abfall von Untersuchungszentren und Krankenhäusern gesammelt. Die ersten Busse stoppen vor dem Haupttor. Von hier sollen die Schwertransporte heute losfahren, um den Abfall, der im ECN in große Betonzylinder gegossen wurde, zum Verklappungsschiff »Andrea Smits« zu bringen, das, wenn es ihm gelingt, den Hafen zu verlassen, diese Zylinder irgendwo vor der spanischen Küste im Atlantik versenken wird – in der Hoffnung, dass die nächsten tausend Jahre oder so nichts mit ihnen passiert. Doch genau darüber gehen die Meinungen auseinander, seit mehrere Zeitungen Fotos vom Meeresboden veröffentlicht haben, die aufgeschlagene und aufgeplatzte Fässer

Alter Bekannter – kurz vor dem Comeback?

Der erste Rampenplan-Bus
(zusammengehalten von Aufklebern).

mit deutlich erkennbaren Warnzeichen für Radioaktivität zeigen. Um die LKWs an der Ausfahrt zu hindern, wird eine große dicke Stahlkette quer über die Straße gespannt und an zwei Laternenmasten befestigt. Wir ketten uns an ihr fest und geben den Schlüssel ab. Mein Freund Jodokus hat in Amsterdam ein paar schöne starke Ketten gekauft und mit Fahrradschlauch umwickelt: »Damit es nicht so weh tut, wenn sie dich an deiner Kette wegschleifen.«

Wenige Augenblicke später sitzen 100 Blockierer laut singend vor uns auf der Straße, die Umgebung wird mit bunten Transparenten dekoriert, Flugblätter werden an Journalisten und Pförtner verteilt, die ersten Fernsehkameras gehen in Position und hinter dem Zaun tauchen ein paar Leute vom Sicherheitsdienst auf. Arg überrascht scheinen sie nicht zu sein. Es dauert nicht lange, und eine Kolonne blauer Busse kommt den Deich entlang. Kurz darauf begehen ein paar Spezialisten unsere Blockade und begutachten die Ketten. Sie verschwinden in einem ihrer Polizeibusse und kehren kurz darauf mit der größten tragbaren Diamantsäge wieder, die ich je gesehen habe. Zwei müssen das Ungetüm tragen und ein dritter ist nötig, um es zu bedienen. Der Stolz, mal zeigen zu können, was sie so alles an schwerem Gerät besitzen, ist ihnen anzusehen. Von ihren Kollegen mit deutlich kleinerem Werkzeug werden bereits einige Blockierer losgeschnitten, um Platz rund um die Laterne zu schaffen.

Die Polizei braucht kaum fünf Minuten mit ihrem Superschneider, bis unsere schöne Ankerkette durch ist. Danach werden wir, immer noch aneinandergekettet, an den Straßenrand geschoben. Wir sehen zu, wie die Laster, beladen mit den Betonzylindern, fröhlich hupend an uns vorbeifahren. Alles in allem hat die Aktion keine 15 Minuten gedauert, und viel länger haben wir den Transport auch nicht blockiert.

Wir vereinbaren, so zu tun, als ob sich alle frustriert auf den Heimweg machen würden, und verabreden einen Treffpunkt auf halbem Weg nach Ijmuiden, weit weg von der Autobahn, auf der der Transport stattfindet. Eine Stunde nach dem vereinbarten Zeitpunkt sind nur noch fünf Busse übrig. Nicht besonders viel, um die Autobahn effektiv zu blockieren. Von den anderen Bussen kommt die Nachricht, dass eine Fahrspur der Autobahn von Petten bis Ijmuiden von der Polizei gesperrt ist und alle Autobahnbrücken und Auffahrten überwacht werden.

»Schaut mal«, sagt jemand und legt eine große Landkarte der nördlichen Niederlande auf den Boden. »Hier verläuft die Straße einige Kilometer parallel zur Autobahn, dazwischen ist nur ein kleiner Wassergraben. Von dort könnten wir doch ungesehen ...« Von der Landstraße aus wollen wir in Grüppchen von fünf über den Graben springen, über die Mauer an der Autobahn klettern und uns nebeneinander auf die Fahrbahn setzen. Um sicherzustellen, dass uns nichts passiert, müssen die Polizisten ihr Begleitfahrzeug verlassen und uns von der Straße schaffen. In dem Augenblick, in dem sie wieder einsteigen, soll die nächste Gruppe sich 100 Meter weiter auf die Fahrbahn setzen. Wir rechnen damit, dass die Polizei dann dorthin rennt, anstatt wieder einzusteigen.

So weit der Plan. Manchmal jedoch gibt es Pläne, die in der Umsetzung noch besser funktionieren als in der Theorie. Die Polizisten vergessen, die Blockierer zu verhaften, und so kann jeder von uns nach seiner Aktion einfach wieder in den wartenden Kleinbus einsteigen, einen halben Kilometer weiterfahren und dasselbe noch mal machen.

Den Polizisten hängt schon die Zunge aus dem Hals, der Konvoi ist mittlerweile auf das Tempo der vor ihm her rennenden Polizisten heruntergebremst, und zum vierten Mal setze ich mich mitten in den Weg. Ich sitze im Schneidersitz auf dem Asphalt und sehe von Weitem, wie der erste Laster des Konvois rasch auf mich zu rollt. Vor ihm rennen vier Polizisten, der fünfte, derjenige, der mich von

Wie so ziemlich alle in den 80ern auf Demonstrationen verkauften Buttons ist auch dieser Klassiker ...

der Straße zerren soll, steht keuchend mit den Händen auf den Knien am Straßenrand und wird von dem Transporter überholt. Ich schließe die Augen und höre noch, wie die Menschen neben mir von der Straße gezerrt werden. Um zu schauen, wo »mein« Polizist bleibt, öffne ich kurz die Augen und sehe, wie der erste Laster schon fast bei mir ist – Zeit um aufzuspringen ist nicht mehr. Genauso wenig kann der Fahrer die vierzig Tonnen Atommüll zum Stillstand bringen, was er mit aufgeregtem Gehupe kompensiert. Ich lasse also meinen Oberkörper nach hinten kippen und presse mich so flach wie möglich auf die Straße. Einen Moment später donnert der erste Laster über mich hinweg. Minutenlang halte ich den Atem an, bewege mich nicht und versuche, mit geschlossenen Augen zu zählen, wie viele Laster über mich hinwegdröhnen.

Dicht hinter dem Konvoi mit den Lastern fahren Polizeibusse, die, bereits alarmiert, auf die andere Spur ausscheren. Einer hält mit quietschenden Reifen neben mir. Ich höre, wie ein Fenster heruntergekurbelt wird und von ganz weit weg die Frage, ob ich noch lebe. Ich bin wie festgeklebt am Asphalt, zittere am ganzen Körper und kann nur kurz den Kopf drehen um zu zeigen, dass alles o.k. ist. Von der Seite kommen schon die anderen Blockierer angerannt, und der Polizeibus verlässt mit quietschenden Reifen wieder die Szene. Vier Leute tragen mich von der Autobahn und erzählen mir alle gleichzeitig, was sie gesehen und gedacht haben. Schlagartig ist ihnen die Lust an der Aktion vergangen, und als mein Gehirn so langsam alle Körperteile wiedergefunden hat, merke ich, dass auch ich vom Autobahnsitzen erst mal die Nase voll habe.

Unser Bus fährt nach Den Haag zurück, aber Judokus und ich wollen uns das Schiff anschauen, um das sich alles dreht. Wir waren noch nie im Hafen von Velsen und wissen nicht genau, wie wir fahren müssen, aber Polizeisirenen, schwelende Autoreifen am Straßenrand, Steine auf der Fahrbahn und ein immer höheres Polizeiaufkommen weisen uns den Weg. Im Hafen liegt das Verklappungsschiff »Andrea Smits«, hermetisch abgesichert von einer Spezialeinheit der Polizei. Fünfzig Meter weiter liegt eine bunte Mischung aus Rheinkähnen, Hausbooten, einem kleinen Kanalschlepper und in der Mitte die Segelschiffe »Fri« und »Orca«. Sie blockieren gemeinsam den Hafenausgang.

Mit der »Fri« und der »Orca« beteiligen sich zwei prominente Schiffe an der Blockade. Die »Fri«, vom Typ baltischer Küstensegler, hat eine lange Geschichte

Papierschlacht im Restaurant »Regenboog«

... vermutlich auf unserer guten Rampenplan-Buttonmaschine entstanden. Insgesamt haben wir über eine Million Stück produziert – in Handarbeit.

Flughafenblockade. Ganz links, neben mir, Lylette.

Utrecht, 1981: Rampenplan-Aktion mit Ballons beim No-Nukes-Festival.

KERNWAPENS WEG

NL

47·EL·03

Noch ein Klassiker.

Ruhe vor dem Sturm der ersten Rampen-planaktion: Ostern 1981 in Geilenkirchen.

des Widerstands hinter sich und war maßgeblich bei den Protestaktionen gegen die französischen Atomwaffentests auf Mururoa beteiligt, die schließlich zu deren Einstellung führen sollten. Die »Orca« ist ein historisches Kanalschiff, das in den Niederlanden ebenfalls jeder kennt. Beide Schiffe beteiligen sich im Namen von Greenpeace an der Protestaktion.

Da die Schiffe für uns unerreichbar sind, fragen wir uns nach einem Schlafplatz durch. Im Norden des Hafengebiets mitten im Nirgendwo soll ein Plattenbau stehen, der seit einigen Monaten besetzt ist. Das Hafengelände ist größer, als wir gedacht haben, stundenlang laufen wir durch die Dunkelheit, bis wir von irgendwo Punkmusik hören ...

Mitten in der Nacht wird das ganze Gebäude von ein paar Verrückten aufgeschreckt, die an alle Türen hämmern und rufen, dass Greenpeace uns verraten habe. Als sie sich ein bisschen beruhigt haben, stellt sich heraus, dass Greenpeace beschlossen hat, »ihr« Blockadeschiff abzuziehen, weil das Innenministerium versprochen hat, innerhalb der nächsten drei Jahre eine Alternative zu den Verklappungen zu prüfen. Andere behaupten, dass Greenpeace einfach zu viel Angst um die Schiffe hatte und davor, die Kosten der Räumung zahlen zu müssen. Die meisten anderen Schiffer hätten aber weitermachen wollen, doch dann wäre der verdammte Kanalschlepper der Order der Greenpeace-Leute gefolgt und hätte die Blockade aufgelöst.

Etwas durcheinander und frustriert verlassen wir das Gebäude. Der Weg zurück zum Hafen ist in den Sonnenstrahlen viel kürzer. Vor unseren Augen wird die »Andrea Smits« Richtung Hafenausgang geschleppt. Die »Orca« und die »Fri« sind schon verschwunden, als eines der letzten Blockadeschiffe liegt noch ein orange angemaltes kleines Rheinschiff am Kai. Auf der Deckluke steht »Stoppt Atomdumping«, der Name des Schiffs ist »Poona Zwei« und der Kapitän ein frisch aus Indien zurückgekehrter Sannyasin. Er lädt uns ein, mit seinem zum Hausboot umgebauten Schiff zurück nach Amsterdam zu schippern, doch wir entscheiden uns, mit dem Zug nach Hause zu fahren, um nachts wieder in unserem Kloster zu sein.

»Wir sollten uns einen Namen für unsere Gruppe überlegen«, sagt Judokus, als wir uns in einem Sechserabteil so breit gemacht haben, dass uns wahrscheinlich in den ersten Stunden außer dem Schaffner niemand stören wird. »Unser Abzeichen wird ein weißer Button«, schlägt Judokus vor. Seit Monaten fantasieren wir schon über unsere neue Aktionsgemeinschaft. Seit wir vor einigen Wochen Nigel kennengelernt haben, der Pläne für einen Wanderzirkus gegen Atomkraft schmiedet, überlegen wir, in welche Weise wir zusammenarbeiten können. Sittard in Süd-Limburg liegt nicht weit entfernt von unserem Kloster in Nord-Limburg, und seit bei uns fließend Wasser installiert ist und die Elektrizität funktioniert, wird es ohnehin Zeit, sich nach einem neuen Wohnort umzuschauen.

»Aber es soll sich nicht doof anhören. Am besten sollen die Leute erst mal lachen«, entgegne ich.

»Und auch nicht zu spirituell oder alternativ«, kriege ich zurück. Unsere Blicke streifen im Abteil umher und bleiben an der Rückseite einer Zeitung hängen, die jemand zurückgelassen hat. »Jede Gemeinde braucht ihren eigenen Katastrophen(schutz)plan« steht dort über einem Artikel – wobei Katastrophe auf niederländisch *ramp* heißt, das ganze Wort dementsprechend *rampenplan*.

»Rampenplan!«, rufen wir beide. Aber wofür steht »R.A.M.P.E.N.P.L.A.N«?

»Revolutionär-anarchistischer Mensch und umwelt-freundlich pazifistisch …«, fange ich an. Unser Zug rollt in den Hauptbahnhof von Utrecht, ein paar Passagiere stecken ihre Köpfe durch die Abteiltür, verschwinden aber sofort wieder, als sie die von uns angerichtete Unordnung sehen.

»E steht für *ekologisch* und N für neo-magisch«, sinniert Judokus auf Höhe des Bahnhofs Driebergen-Zeist, wo es früher den besten Kaffee gab. »Das zweite A steht für Assoziation, das klingt gut, und das letzte N für Niederlande.«

Wir donnern an Ede-Wagening vorbei, und als der Zug eine halbe Stunde später in den Bahnhof von Arnheim fährt, haben wir das zweite P: *plannenmakers* (Plänemacher). Als wir eine Viertelstunde später nach Nijmwegen hineinfahren, wissen wir allerdings immer noch nicht, wofür das L steht. Im Bus Richtung Gennep gehen wir im Kopf das ganze Wörterbuch durch und finden trotzdem nichts. Von der Bushaltestelle bis zum Kloster sind es, wenn wir Pech haben und uns niemand mitnimmt, noch etwa fünf Kilometer zu Fuß, zum größten Teil über einen schmalen Weg, wo der Wind immer von der falschen Seite bläst.

»*Ludiek!*« (»spielerisch«), brülle ich Judokus zu.

»*Labberkak!*« (»Angsthase«), kommt es zurück. Die Zeitung, die hinten in seinem Rucksack steckt, wird von einer Bö erfasst und weggeweht.

»Unsere Zeitung!«, ruf ich ihm zu und sehe, wie die Zeitung vom Wind davongetragen wird.

»*Lamaarwaien.*«* ruft Judokus. »Das ist es!!« Dafür steht das L.

Ein Jahr vor dieser Aktion bin ich mal mit David Moodies »Fri« über das Skagerrak mitgesegelt. Dort habe ich gelernt, dass Fisch essen auch vegetarisch geht …

Festessen mit Heringssalat
ohne Hering

15 große Kartoffeln
4-5 Rote Bete
8 Chicorée
1 Apfel
2 rote Zwiebeln
2 normale Zwiebeln
2 Knoblauchzehen
1 Zitrone
- frischer Dill
1-2 Essiggurken
1 ½ Tassen getrocknete
    Sojabohnen
4 EL Buchweizenmehl
2 ½ Tassen Sojamilch
    (oder 1 Tasse Sahne
    und 1 ½ Tassen Milch)
½ Tasse saure Sahne
    (oder eine Mischung aus
    Sojamilch und Öl)
- Öl
2 EL Margarine (oder Butter)
2 ½ Tassen Gemüsewasser
    (z.B. das Kochwasser
    des Chicorée)
- Gemüsebrühpulver
- Zucker
- Muskat
- Pfeffer

Fri

Achtung,
lange Einweichzeit!

8 h

Das Anbraten erst
mit einem kleinen
Sojasteak auspro-
bieren. Wenn es
zerfällt, noch etwas
mehr Mehl zur
Mischung geben.

Wer die Kartoffeln
nicht schälen will,
sollte sie gut
abschrubben.

Sojasteak

Mindestens 8 Stunden vor dem eigentlichen Kochen geht
es schon los: Die Sojabohnen werden mit 6 Tassen Wasser
eingeweicht. Dann mit frischem Wasser (zwei Fingerbreit
über den Bohnen) aufsetzen, zum Kochen bringen und ungefähr 3 Stunden auf kleiner Flamme weitergaren lassen.
Am besten kontrollierst du immer wieder, ob noch genug
Wasser im Topf ist. Schäle 1 Kartoffel und lass sie die letzte
Viertelstunde mitkochen. Wenn die Bohnen weich sind,
das Ganze abgießen und kräftig durchkneten. Wer einen
Fleischwolf hat, kann auch den benutzen.
Eine Zwiebel klein schneiden, leicht andünsten und mit 2 Ess-
löffeln Buchweizenmehl, Salz sowie 1 Teelöffel schwarzem
Pfeffer unter die Sojabohnenmasse mischen. Aus dem Teig
werden fingerdicke Steaks geformt und mit etwas Öl in einer
Pfanne langsam gebraten, bis sie schön braun sind.

Kartoffelgratin

Schneide 10 Kartoffeln und 2 Zwiebeln in ganz dünne Scheiben. Dann eine Auflaufform oder einen backofenfesten Topf
mit Margarine oder Butter einfetten. Den Boden mit einer
Lage Kartoffelscheiben auslegen, etwas salzen und pfeffern,
mit Zwiebeln bedecken. Als Nächstes wieder Kartoffelscheiben, Gewürze, Zwiebeln usw. Ganz zuoberst kommt als Abschluss eine Lage Kartoffeln.
Die Sojamilch wird mit etwas Muskatnuss, Pfeffer, Salz und
zwei ausgepressten Knoblauchzehen gewürzt, zwei Drittel
dieser Soße über das Gratin gießen. Dann die Form in einen
ca. 200 °C heißen Ofen stellen und backen. Eine Stunde
später die restliche Sojamilch darübergeben.
Nach 2 Stunden kannst du probeweise in das Gratin hineinstechen: Wenn die Kartoffeln weich sind, ist es fertig.

Vegetarischer Heringssalat

Die letzten 4 Kartoffeln und die Rote Bete schälen und in kleine Würfel schneiden. Koch beides zusammen, bis es durch ist, was bei den kleinen Stücken schnell geht. Schneide den Apfel, 1 rote Zwiebel und die Essiggurken klein und vermische alles zusammen mit dem Saft einer Zitrone, 2 Esslöffeln Zucker, einer Prise Salz und der sauren Sahne bzw. der Sojamilchvariante davon. Du kannst den Salat mit Gurkenscheiben garnieren – wenn die richtige Jahreszeit dafür ist, auch mit Ringelblumenblüten: die sind ebenfalls essbar!

Gekochter Chicorée

Entferne die äußersten, braunen oder beschädigten Blätter vom Chicorée. Den harten Boden der Knospe abschneiden und das harte, bittere Herz herausschneiden, aber so viel wie möglich von den Blättern dranlassen – die Knospen sollen beim Kochen nicht auseinanderfallen. Dann die Chicorées auf kleiner Flamme mit gerade soviel Wasser, dass sie bedeckt sind, ein Viertelstündchen garen.

Wenn du sicher gehen willst, dass die Chicoréekolben beim Kochen ganz bleiben, kannst du sie mit einem Zahnstocher durchspießen.

Dillsoße

1-2 Esslöffel Buchweizenmehl in ca. ½ Tasse kalter Flüssigkeit anrühren, sodass keine Klümpchen übrig bleiben. Dann bring 2 ½ Tassen Chicoréekochwasser nochmal zum Kochen und rühr die Mehlmischung langsam mit dem Schneebesen hinein. Mit ein wenig Gemüsebrühpulver 10 Minuten köcheln lassen. Am Schluss 3-4 Esslöffel kleingeschnittenen Dill hinzufügen. Schmeckt gut zu den Steaks und dem Gratin!

Etwas Geduld beim Soßenbinden: Der Eindickeffekt kommt erst beim Aufkochen.

Hotel Moskva

Es hat eine geflieste Fassade, ein grasgrünes Dach, zwei schöne kleine Türmchen und wahrscheinlich die schönste Lobby der Welt. Es hat mindestens fünf politische Systeme, vier Länder, drei Bombardierungen, zwei Weltkriege und einen Bürgerkrieg überlebt und strahlt noch denselben Charme aus wie zur Zeit des Orientexpress. Als ich es 1980 kennenlerne, hat es von heute aus betrachtet noch zwei politische Umwälzungen und eine Bombardierung vor sich.

Der Star, der hier, gekleidet in seine schöne weiße Marschallsuniform, regelmäßig seinen Kaffee trank, war einige Monate zuvor gestorben, und jetzt hing sein Foto mit einem schwarzen Trauerflor über der verspiegelten Theke. Das ganze Land konnte noch nicht so richtig begreifen, dass der Vater von Jugoslawien gestorben war. Hier war seine große Bühne gewesen. Hier im Hotel Moskva in Belgrad gingen die Großen der Welt ein und aus.

Heute erweisen sie ihm die letzte Ehre an seinem gläsernen Sarg. Die trauernden Jugoslawen, die in einer kilometerlangen Schlange am *Kua cvea* (»Haus der Blumen«), wo er aufgebahrt liegt, anstehen, müssen sich noch einen Moment gedulden.

Ich gehöre als offizieller niederländischer Jugendvertreter zur UNESCO und damit zu der ausländischen Elite. Seit 1968 sind die Niederlande eines der wenigen Länder, die einen UN-Delegierten für die Jugend wählen, meistens jemanden aus der Jugendorganisation einer der etablierten Parteien, der eine politische Karriere anstrebt. Diesmal bin ich hingeschickt worden, einfach weil die Pazifistische Partei noch nie jemanden gestellt hat.

Für die Dauer der mehrmonatigen Konferenz ist das Hotel nur für Leute mit einem blauen Pass zugänglich, und den kriegen normalerweise nur Minister und hohe Beamte. Dem Portier fällt es dementsprechend auch schwer zu glauben, dass ein Jugendlicher in Jeans und T-Shirt mit so einem »Sesam-öffne-dich«-Dokument rumläuft. Jeans und T-Shirt hat unsere Delegationsvorsitzende Marga Klompé persönlich für mich eingekauft, nachdem sie mich im Dreiteiler mit Schlips gesehen hatte. Ich musste ihr hoch und heilig versprechen, nie wieder so einen Affen aus mir zu machen.

Marga – von allen nur Ma genannt – ist ein Urgestein der niederländischen Politik. Sie war, glaube ich, schon Ministerin für irgendein soziales Ressort, als ich geboren wurde. In der Männerwelt der Politik war sie die absolute Königin.

Nicht nur bei niederländischen Politikern war ihr Ansehen enorm, auch im Ausland genoss sie große Autorität. Angeblich hörte sogar Königin Beatrix auf ihren Rat. Tatsache ist, dass sie die Bibel hielt, auf die Beatrix bei der Krönungsfeier vereidigt wurde. Dass ich zur selben Zeit draußen in einer Tränengaswolke stand, weil ich an der Demonstration gegen die Krönung teilnahm, erzählt sie hier gerne, um mich ihren Kollegen aus dem Ausland vorzustellen.

Von unserer Delegation sind nur Ma, als niederländische UNESCO-Botschafterin, und die Minister, die aber immer nur für ein paar Tage eingeflogen werden, im Moskva einquartiert. Wir anderen 25 Mitglieder der Abordnung sind im etwas bescheideneren Hotel Beograd gleich um die Ecke untergebracht. Auch mein Tagessatz zur Selbstversorgung ist wahrscheinlich etwas niedriger als ihrer. Trotzdem ist er immer noch höher als das monatliche Einkommen eines Musikers einer der vielen Roma-Kapellen, die in den Restaurants spielen, in die wir Diplomaten immer eingeladen werden. Ma will, dass ich mit so vielen Diplomaten wie möglich essen gehe, um die Tricks und Kniffe der internationalen Politik zu lernen. Vor allem lerne ich dabei alle Varianten gegrillter Forelle kennen – das einzige »fleischlose« Gericht auf den Belgrader Speisekarten.

Ma könnte meine Großmutter sein, aber sie wirkt zeit- und alterslos. Sie schleppt Tonnen von Akten in ihren unendlich großen Taschen mit sich herum, während ich Mühe habe, Schritt zu halten. Sie braucht offenbar auch keinen Schlaf – oft klingelt sie mich mitten in der Nacht aus dem Bett und bittet mich, kurz vorbeizukommen, um mit ihr Unterlagen für den nächsten Sitzungstag zusammenzustellen. Da sie die Angewohnheit hat, jedes Stück Papier, das auch nur im Entferntesten mit ihrem Ressort zu tun hat, aufzubewahren – möglichst noch in sieben Amtssprachen – bedeutet das in der Regel, bis zum Morgengrauen in meterhohen Papierstapeln zu wühlen. Manchmal muss noch eine weitere Person aus dem Bett geholt werden, um ein extrem dringliches Telex in die Niederlande zu schicken, wo es in einem schwarzen Loch verschwindet; eine Antwort auf unsere nächtlichen Telexe kriegen wir jedenfalls nie.

Pro Nachtschicht trinkt Ma eine Flasche Whiskey und raucht dazu teure kubanische Zigarren. Das dritte Laster teile ich mit ihr: Zusammen fressen wir Tonnen der niederländischen Nationalsüßigkeit namens *drop*. Als sich unser von zu Hause mitgebrachter Vorrat dem Ende neigt und auch Tage, nachdem Ma ein Telex

drop(jes) = Lakritz!

mit Bitte um Nachschub verschickt hat, noch nichts passiert ist, ruft sie den Verbindungsoffizier der Botschaft an. Er muss sofort ein kodiertes Telex mit dem Status »höchste Dringlichkeitsstufe« nach Den Haag schicken: »Dropjes alle, Ma«. Nur wenige Stunden später trifft mit dem ersten Linienflug eine Kiste mit den schwarzen Süßigkeiten bei uns ein. Ihnen liegt auch ein böser Brief des Staatssekretärs bei: Ein Beamter hatte ihn wegen des Telex' aus dem Bett geklingelt. Unser Verbindungsoffizier hatte versehentlich den Code für allerhöchste Regierungsangelegenheiten verwendet. Die Vorstellung des Staatssekretärs von guten Dropjes war zudem eine ganz andere als unsere, aber in diesem Fall traut sich nicht mal Ma, sie zum Umtausch zurückzuschicken.

Nachdem wir ein paar Tage später wieder eine Nacht durchgearbeitet haben, meint sie, ich könne direkt zum Plenarsaal vorgehen, ohne zum Briefing in die Botschaft mitzukommen. Das ist mir sehr recht, denn an diesem Morgen ist Arafat angekündigt, den ich ungern verpassen möchte. Es ist kalt, und ich habe mir den Schal, den ich zu Hause auch immer trage, um den Hals geschlungen. Im großen Plenarsaal sitzt unsere Delegation auf der letzten oberen Reihe der Mitgliedsstaaten. Hinter uns befinden sich ein paar Reihen für verschiedene Befreiungsbewegungen, die meist leer sind – aber heute ist alles bis auf den letzten Platz besetzt. Zumindest hier oben.

Arafat erscheint, umringt von einem Kordon von Sicherheitsleuten, stellt sich ans Rednerpult und beginnt eine dreistündige Rede. Nach und nach wird mir bewusst, dass alle Delegationen der NATO-Staaten und von Israel fehlen und ich der einzige westeuropäische Diplomat im ganzen Plenarsaal bin. Als Arafat endlich fertig ist, kommt er die Treppe vom Rednerpult direkt auf mich zu und schüttelt über meinen Kopf hinweg die Hände von einigen Delegierten, begleitet vom Blitzlichtgewitter der Fotografen.

Am nächsten Morgen klingelt in aller Frühe das Telefon. Ma ist dran, und sie ist sauer. Ich soll mich unverzüglich in ihr Büro begeben. Als ich dort bin, hält sie mir Zeitungen aus aller Welt unter die Nase. Überall das gleiche Foto: Arafat schüttelt die Hand des PLO-Botschafters bei der UNO. Dazwischen deutlich sichtbar: Ich hinter einem Schild mit der Aufschrift »Netherlands« – und mit einem Palästinenserschal um den Hals!

Dieses Mal gibt es einen noch böseren Brief, direkt vom Außenminister: Ob der Jugendvertreter jetzt völlig übergeschnappt sei, so der Inhalt des Briefs, allerdings in formvollendeter diplomatischer Diktion. Obwohl ich merke, dass Ma die Geschichte amüsiert, belehrt sie mich, das nächste Mal gefälligst auf meine

Kleider zu achten. Dass sie mir nicht gesagt hat, dass alle westlichen Diplomaten Arafats Rede boykottieren sollen, nimmt sie auf ihre Kappe.

Als ich das Moskva verlasse, um in meinem Hotel zu frühstücken, werde ich von einem Tisch voller Araber gebeten, mich zu ihnen zu setzen. Und auch der Portier kennt mich auf einmal, man hält mir sogar die Tür auf.

25 Jahre, eine politische Umwälzung, einen Bürgerkrieg und eine Bombardierung später stehe ich wieder vor dem Hotel Moskva, zusammen mit Lakatus, einem Sinti, der seit 15 Jahren zum ersten Mal wieder in Belgrad ist und die sieben Jahre davor als Flüchtling in Belzig gelebt hat – bis der deutsche Staat ihn und seine Familie rauswerfen wollte. Die Flugtickets zurück sollte er selber bezahlen. Um ihm den Neuanfang dort zu erleichtern, haben wir zusammen mit dem Infocafé in Belzig organisiert, dass er stattdessen mit einem Wohnwagen in die alte Heimat reisen kann. Ich zeige ihm Belgrad, ein Sinti aus der Vojvodina verirrte sich auch früher nicht hierher. Und dazu gehören selbstverständlich ein Kaffee und ein Stück Torte im Moskva. Als wir auf die Tür zulaufen, kommt wieder der Portier herbeigeeilt. Allerdings nicht, um sie uns aufzuhalten: Für Zigeuner ist der Zutritt im Hotel Moskva verboten.

Mein Arbeitsplatz bei der UNESCO – acht Wochen lang war das meine Perspektive.

Shutka

Auberginenauflauf
& Weißkrautsalat

  6 Paprikaschoten (grüne,
    rote und gelbe gemischt,
    am liebsten Spitzpaprika)
16 Tomaten
  2 große Auberginen
  3 große Zwiebeln
  1 kleine Zwiebel
½ Weißkohl
1-2 Knoblauchzehen
  - Basilikum
  - Schnittlauch
  - Petersilie
  - Thymian
  2 Tassen Reis
  1 Tasse Sojagranulat
2 EL Sojamilch
  - evtl. Parmesan
  - Olivenöl und
    Sonnenblumenöl
  1 Handvoll schwarze Oliven
  - Senf
  - Essig
  - Gemüsebrühpulver
  - Cayennepfeffer
  - mildes Paprikapulver
  - Zucker

Shutka

Auberginenauflauf

Obwohl ich vegetarisch koche, hab ich bei diesem Rezept irgendwann mal mit Steakgewürz experimentiert. Steak ist da schließlich nicht drin! Wenn du welches ohne Glutamat findest: Passt sehr gut!

Weiche als Erstes das Sojagranulat ein in 1½ Tasse warmem Wasser, in der du 1 Esslöffel Gemüsebrühe aufgelöst hast (ca. ¼ Stunde). Eine große Zwiebel würfeln und mit 1-2 kleingehackten Knoblauchzehen andünsten. 10 Tomaten werden auch in kleine Würfel geschnitten und zu den Zwiebeln gegeben. Das eingeweichte Granulat dazu und ein bisschen Basilikum hinzufügen – wenn du willst, auch noch eine Handvoll entkernte und kleingeschnittene Oliven. Lass es leise weiterköcheln, während du die Aubergine wäschst und in fingerdicke Scheiben schneidest. Sie werden von beiden Seiten in etwas Olivenöl kurz goldbraun angebacken.

Eine ofenfeste Pfanne oder Form mit Margarine/Butter einfetten und den Boden mit einer Schicht gebackener Auberginen auslegen, dann etwas Tomatensoße auftragen. Wenn du gerne Käse essen möchtest, streu noch eine Schicht Parmesan darüber. Anschließend wieder eine Lage Auberginen, schön in dieser Reihenfolge weiterschichten, bis die Form voll ist. Sie kommt dann ¼ Stunde, bevor das Essen aufgetischt werden soll will, in den auf 180 °C vorgeheizten Backofen.

Parmesan ist nicht so leicht vegan zu imitieren. Du kannst es mit einer Mischung aus zerkleinertem Seitan-Tofu, veganer Mayonnaise und Gewürzen probieren.

Tomaten-Paprika-Gemüse

Beim Putzen von Paprikaschoten immer auch ihre Kerne entfernen.

Wasch die Paprikaschoten und schneide sie in dünne Streifen. Zwei der großen Zwiebeln schälen, kleinwürfeln und in einer Pfanne mit einem Schuss Olivenöl und zwei kleingehackten Knoblauchzehen andünsten. Eine Prise Cayennepfeffer sowie 1 Teelöffel Paprikapulver dazugeben und bei niedriger Flamme immer wieder rühren. Die Zwiebeln sollten nicht braun werden, nur glasig. Gib die Paprika nach und nach dazu und lass sie mitdünsten. Die 6 Tomaten vierteln (wenn sie groß sind: achteln) und ebenfalls dazugeben. Jetzt dreh die Hitze etwas höher und brate alles unter Rühren an. Mit einem Teelöffel Essig, Salz, Zucker und Cayennepfeffer abschmecken. Lass das ganze dann noch 10 Minuten mit Deckel auf kleiner Flamme weiterköcheln.

Reis
Kochen wie in »Reis à la Aarï« (S. 56).

Weißkrautsalat
Den Weißkohl brauchen wir in ziemlich feinen Streifen, nimm dazu einen Küchenhobel, wenn du einen hast. Knete die Streifen mit 1 Teelöffel Salz gut durch, dadurch wird der Kohl weicher und bekömmlicher. Als Salatsoße machst du eine Mayonnaise aus folgenden Zutaten: 2 Esslöffel Soja-milch, 4 Esslöffel Sonnenblumenöl, 1 Esslöffel Senf, klein-geschnittener Schnittlauch und etwas Thymian werden mit dem Küchenstab gut verrührt. Die kleine Zwiebel hacken und mit den Kohlstreifen und der Soße in einer Salatschüs-sel vermischen. Kalt stellen und kurz vor dem Servieren noch frische Petersilie darüberstreuen.

Hier am liebsten Kräutersalz verwenden!

Freistaat Eenhorn

Die Straßenkämpfe dauern den ganzen Tag, der Schlachtruf lautete »Geen woning, geen kroning« (keine Wohnung, keine Krönung). Aber die rechte Regierung will beweisen, wer die Macht im Land hat, und so stehen den Hunderten von Besuchern, die in der Nieuwe Kerk zusehen, wie Königin Beatrix gekrönt wird, nicht nur vor Rührung die Tränen in den Augen, sondern auch wegen der Tränengaswolken in der Innenstadt, die bis in die Kirche hineinwehen.

Es ist die Zeit der Hausbesetzungen in den Niederlanden. Erst sieben Wochen zuvor war es den »Krakern«, wie die Hausbesetzer hier heißen, gelungen, in der Vondelstraat ein Räumkommando der Polizei in die Flucht zu schlagen – allerdings kehrte die Staatsgewalt nach drei Tagen zurück, um umso härter durchzugreifen.

Am Abend im Paradiso bei einer Party »Von Oranje nach Rot« fragt mich ein Journalist, was ich von den Straßenschlachten halte. Obwohl ich den ganzen Tag keinen einzigen Stein geworfen habe, sage ich, ich hätte Verständnis für die Aktionen. Am nächsten Morgen steht in der Zeitung, der Vorsitzende der Pazifistischen Jugend befürworte die Gewalt vom Vortag, worauf Zeitungen und Fernsehteams meine Wohnungstür belagern und die Telefonleitung blockieren. Es ist so unerträglich, dass ich umziehe, möglichst weit weg von dem *randstad* genannten Ballungsgebiet, in ein besetztes Kloster an der deutschen Grenze.

Aber nach zehn Monaten ist auch hier, *in the middle of nowhere*, die Ruhe vorbei. In Nijmegen, etwa zehn Kilometer nördlich von uns, soll das »Eenhorn« geräumt werden, und die Besetzer und andere Leute aus der Stadt wollen das nicht sang- und klanglos hinnehmen. Das Eenhorn ist ein Lagerhauskomplex in der Innenstadt inklusive Arbeiterhäuschensiedlung, der plattgemacht werden soll, um einem Parkhaus zu weichen.

Drei meiner Brüder wohnen in Nijmegen. Mein jüngerer Bruder Rik hat gerade sein Elternhaus gegen eine besetzte Fabrik getauscht und einer der älteren, Jan, besetzt mit Freunden ein Haus in der Innenstadt und engagiert sich beim Piratensender »Rataplan«. Nur Luuk wohnt mit seiner Familie in der Vorstadt. Er sitzt für die PSP im Stadtrat.

Die PSP (*Pacifistisch Socialistische Partij*) ist für uns eine Art Familienpartei. Mein Vater war in den 60er Jahren einer ihrer ersten Abgeordneten, und jahrelang fanden die Parteisitzungen bei uns im Wohnzimmer statt. Die restliche Verwandt-

GEEN WONING

GEEN KRONING

So nah dran an der Revolution
waren wir noch nie!

schaft, meine echten Onkel und Tanten, war konservativer eingestellt. Mit der anti-monarchistischen Politik der PSP wollten sie nichts zu tun haben. Ein angeheirateter Onkel war sogar aktiv in der sogenannten »Anti-Revolutionären Partei«, nachdem er zuvor Kommandeur des einzigen niederländischen Flugzeugträgers und anschließend Verteidigungsminister gewesen war. Mein Vater und er konnten endlose Diskussionen führen: der eine im Glauben, dass der Mensch Freiheit und Demokratie mit Waffen verteidigen muss, der andere, dass die Waffen selbst der Feind von Freiheit und Demokratie sind.

Nun führe ich mit meinen Brüdern ganz ähnliche Diskussionen. Rik, der die Krawalle in Zürich und Basel rund um das AJZ mitgekriegt hat, ist sich nicht mehr so sicher, dass gewaltfreier Widerstand was bringt. Jan hingegen, der in einem Gebäude wohnt, das mit lauter Verteidigungsanlagen ausgestattet ist, will selber keine Steine werfen. Zusammen mit Luuk versuchen wir, Rik davon zu überzeugen, dass keine Form der Gewalt Sinn macht, aber leider erreichen wir das Gegenteil. Rik wirkt immer entschlossener, sich zur Not auch mit Gewalt gegen die Staatsmacht zu behaupten.

Abends gehen wir zusammen auf die Demo gegen den Parkhausbau und den Abriss der Wohnhäuser. Zum ersten Mal sind auch Bürger aus der Innenstadt auf der Seite der Demonstranten. Auch sie hatten sich seit Jahren gegen die Bebauungspläne gewehrt, waren dem langhaarigen Gesindel, das auf ihre Kosten (nicht) studierte, aber bisher mit Misstrauen begegnet.

Es überrascht niemanden, als die Demonstration gleich von einem Kordon Polizisten mit Schilden und Helmen eingeschlossen wird. Nachdem wir eine halbe Stunde so ganz friedlich zusammen durch die Stadt gezogen sind, begreift die Polizei, dass unsere Demo nur ein Ablenkungsmanöver ist. In der Zwischenzeit hat die »Baugruppe« der Hausbesetzer das Eenhorn in eine Festung verwandelt und die Zugänge mit improvisierten Barrikaden abgeriegelt: mit Autowracks und einem großen Teil des Dachstuhls aus einem der Nebengebäude.

Als der Polizeikommandant daraufhin entscheidet, seine Truppe erst einmal abzuziehen, ist der Jubel groß. Nachts wird der Freistaat »Eenhorn« ausgerufen, während an den Barrikaden vorsichtshalber weitergebaut wird und große Panzergräben ausgehoben werden. Jan und das Rataplan-Kollektiv haben innerhalb des Freistaats einen Radiosender eingerichtet, Rik steht in schwarzer Kleidung, Helm und Anarchofahne auf dem Dach des Eenhoorn, wo sich bereits ein enormes Arsenal an Wurfmaterial angesammelt hat. Spannung liegt in der Luft, und die ganze Stadt wartet auf ihre Entladung. In der Innenstadt nageln verschiedene größere Ladenketten schon mal ihre Schaufenster zu.

Kein Sichtschutz zum Nachbargrundstück, sondern Barrikaden.

Nach einigen Tagen Besetzung schlägt die Stimmung in der Stadt plötzlich um: Wollte die Bevölkerung zunächst nichts von den *krakers* wissen, solidarisiert sie sich jetzt immer mehr mit ihnen. Das zeigt sich vor allem daran, dass keine Jugendlichen mehr die Menschen auf den Blockaden mit Eiern bewerfen. Stattdessen kommen immer mehr »normale« Nijmegener Bürger, um Lebensmittel abzugeben und die Besetzer durchzufüttern. Auch Besitzer von Kneipen, Restaurants und Snackbars – Nijmegen ist eine echte Studentenstadt – bringen Verpflegung zu den Blockaden, wo sie ohnehin einen Großteil ihrer Stammgäste antreffen. Nachts herrscht Volksfeststimmung auf den Blockaden innerhalb des Freistaats. Radio »Rataplan«, das mit seinen Sendungen die Aktion begleitet, wird plötzlich landesweit gesendet, und so wächst in den ganzen Niederlanden die Unterstützung für die Besetzer. Als Luuk hoffnungsvolle Nachrichten aus dem Gemeinderat bringt, glaubt niemand mehr, dass es zu einer gewalttätigen Räumung kommen wird.

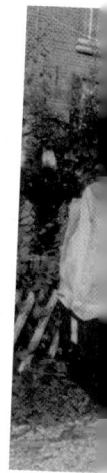

Doch dann ändert sich die Stimmung. Radio »Rataplan« verstummt, weil das Studio von maskierten Beamten gestürmt wird, die mit Äxten alles kurz und klein schlagen. Aus tieffliegenden Hubschraubern segeln Flugblätter zu Boden: »Die Kolonne, einmal in Bewegung gesetzt, kann nicht gestoppt werden, im Notfall darf von der Schusswaffe Gebrauch gemacht werden.« Vor den Blockierern, die sich untergehakt vor die Barrikaden gesetzt haben, baut sich eine Reihe Polizisten in voller Kampfmontur auf. Einen Augenblick später prügeln sie auf Kommando auf die am Boden sitzenden Leute ein. Wer noch aus den hinteren Reihen mit dem Ruf »Keine Gewalt!« zu deeskalieren versucht, bekommt schon einen Augenblick später den Gummiknüppel zu spüren. Auch der einzige Fluchtweg ist von prügelnden Polizisten gesäumt. Anrollende Schaufelpanzer schütten den Aushub der Panzergräben einfach wieder zu, während Hubschrauber Tränengas in die Menge sprühen. Die Staatsmacht kennt kein Erbarmen und greift in aller Härte durch.

Am Abend kommt es erneut zu einer Demonstration. 15.000 Menschen gehen auf die Straße, um zu zeigen, dass sie mit dem brutalen Vorgehen der Polizei nicht einverstanden sind. Viele lassen ihren Frust an den Schaufenstern der Banken und Immobilienbüros aus, von denen in dieser Nacht keines heil bleibt. Was meine Brüder in dieser Nacht gemacht haben, erfahre ich erst Jahre später, als wir alle selbst schon Kinder haben.

Erschöpft und traurig kehre ich in unser besetztes Kloster zurück. Auch hier ist die Stimmung niederschmetternd. Durch die Ereignisse in Nijmegen drängt sich die Frage auf, wie wir mit einer angedrohten oder tatsächlichen Räumung umgehen. Viele entschließen sich, zu bleiben und im Zweifelsfall zu kämpfen. Zu meinen Vorstellungen eines offenen, menschen- und umweltfreundlichen Lebens in einer Gemeinschaft passt es nicht, mich in einer Festung zu verkriechen. Für mich wird es Zeit, weiterzuziehen.

Nach der Räumung vom Eenhorn lebe ich einige Monate auf dem Bauernhof eines Freundes, der selber Käse herstellt. Jeden Morgen nach dem Melken gibt es ein gesundes Frühstück mit frischer Milch ...

Jahrelang mein (sehr praktisches) Fahrzeug: ein motorisiertes Dreirad mit Ladefläche.

Morgenrot

Basismüsli
1 ½ Tassen Weizenflocken
1 Tasse Roggenflocken
1 Tasse Haferflocken
1 Tasse Sesamsamen
  (oder Hirseflocken)
¾ Tasse Weizenkleie
½ Tasse Sonnenblumenkerne
½ Tasse Cashewnüsse
  (oder Haselnüsse)
1 Tasse Rosinen
1 Tasse Datteln
½ Tasse getrocknete
  Aprikosen

Vegane Pfannkuchen
1 Tasse Vollkornmehl
1 ¼ Tasse Sojamilch
1 EL Sojamehl
2 EL Wasser
1 Prise Salz
1 Prise Vanillezucker

Haferbrei Spezial
½ Tasse Haferflocken
½ Tasse Hirse (oder Couscous)
½ Tasse kleingehackte Nüsse
  (z.B. Hasel-, Cashew-
  und/oder Walnüsse)
1 Tasse getrocknete Früchte,
  Sonnenblumenkerne u.ä.
1 l (Soja)milch oder Wasser
- Salz

Morgenrot

Basismüsli

Die Läden sind voller »Frühstücks-Cerealien«, die meistens nicht halb so gesund sind wie sie behaupten und dabei ziemlich überteuert. Besser und auch billiger kann man sie selbst zusammenmischen. Und deine eigene Fantasie bestimmt dann deine Lieblingsmischung.

Vermeng die Flocken, die Sesamsamen, die Weizenkleie und die Sonnenblumenkerne. Aprikosen, Rosinen und Datteln gut waschen (bei Bio-Ware nicht nötig) und wieder richtig trocknen lassen. Schneide sie dann in kleine Stücke und misch sie zusammen mit den grobgehackten Nüssen unter den Rest. In einem luftdichten Behälter kannst du das Müsli gut aufbewahren. Schmeckt lecker mit Joghurt, Milch oder Apfelsaft (als vegane Alternative) und besonders mit frischem, klein geschnittenem Obst.

Haferbrei Spezial

Luxuriöse Variante eines Gerichts, das Oma wahrscheinlich auch lecker zubereiten konnte und das den wenig appetitlichen Namen »Haferschleim« nicht verdient ...

8 h

Weiche die Haferflocken, die Hirse, die Nüsse und was du sonst noch dazu ausgewählt hast am Abend zuvor in der Hälfte der Flüssigkeit ein. Die andere Hälfte am nächsten Morgen zum Kochen bringen und die eingeweichte Masse vorsichtig darunterrühren. Auf kleiner Flamme noch ¼ Stunde weiterköcheln lassen und dabei immer wieder gut umrühren, auch am Boden des Topfes, sonst brennt der Brei leicht an. Er ist fertig, wenn die Hirse weich ist. Wenn es dir nicht süß genug ist, kannst du noch ein paar Löffel Honig drunterrühren.

Vegane Pfannkuchen

Das Sojamehl und das Wasser verrührst du, das ist der Ersatz für die Eier. Dann werden die restlichen Zutaten dazugegeben und wie bei einem klassischen Pfannkuchenteig gut verrührt, bis keine Klümpchen mehr da sind. Es sollte ein glatter Teig entstehen, der noch gut fließt.

Etwas Öl in einer Pfanne erhitzen, nicht zu heiß (ich würde sagen »mittelheiß«) und mit einer großen Schöpfkelle eine Portion Teig darin verteilen. Bewege die Pfanne, sodass sich der Teig schön dünn über die ganze Fläche verteilt. Wenn die Oberseite langsam trocken wird, wenden und die andere Seite backen.

Ein tolles Frühstück mit Marmelade, Honig oder Apfelkraut (einem Sirup). Mit einer warmen, süßen Füllung aus z.B. Kirschenkompott wird ein feiner Nachtisch daraus.

Das Wenden geht gut mit einem Holzschippchen – mit etwas Übung kriegst du sie auch in der Luft umgedreht. Was mehr Spaß macht!

Auch sehr lecker: die herzhafte Variante. Zum Beispiel mit einer Mischung aus angedünsteten Pilzen, Zwiebeln und Lauch, die man in die Pfannkuchen einrollt. Wer will, kann die Röllchen kurz im Ofen mit Käse überbacken. (In diesem Fall lässt man natürlich den Vanillezucker weg beim Teig.)

Pfannkuchen sind ein fester Bestandteil der niederländischen Küche und für mein Heimatland, was die Pizza für Italien ist: Wir belegen ihn mit so ziemlich allem Essbaren. Oder braten z.B. Apfelscheiben erst in der Pfanne an und gießen dann den Teig darüber. Nicht-Veganer sind oft für mitgebackenen Käse zu begeistern.

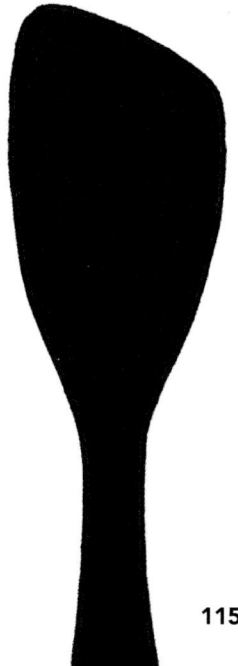

SOJAMILCH SELBER MACHEN

Für etwa 1 l Sojamilch

1 Tasse Sojabohnen
1 l Wasser

Achtung,
Einweichzeit!

12 h

Wenn die Häutchen
entfernt sind, lässt
sich mehr Milch aus
den Sojabohnen
holen.

Abgekochte
Sojamilch hält
sich etwa 4 Tage
im Kühlschrank.

Sojamilch

Sojabohnen waschen und ungefähr 12 Stunden in der doppelten Menge Wasser einweichen. (Wer will und sich die Zeit nimmt, kann die Häutchen durch Kneten der Bohnen und Abspülen mit Wasser entfernen.) Jetzt die Bohnen mit ein bisschen Wasser für etwa 15 Sekunden zum Kochen bringen. Abgießen und die Bohnen mit etwa 1 Liter frischem Wasser mit einem Pürierstab oder in einem Mixer zerkleinern, bis du einen geschmeidigen »Brei« ohne größere Stückchen hast. Füll die Masse in ein sauberes Tuch, z.B. ein Geschirrtuch; ein sogenanntes Käsetuch ist natürlich noch besser. Das Tuch oben zudrehen, eine Schüssel unterstellen und dann kräftig an diesem »Ball« drücken – was herauskommt, ist Sojamilch. Wenn sich keine Feuchtigkeit mehr herauspressen lässt, hast du's geschafft. Was jetzt noch im Tuch übrig bleibt, heißt *Okara,* und man kann es gut unter eine Soße oder zu Teig dazumengen. Die aufgefangene Flüssigkeit unter Rühren zum Kochen bringen (aufpassen, dass sie nicht anbrennt) und etwa 10 Minuten kochen. Abkühlen lassen und die Sojamilch ist fertig.

TOFU SELBER MACHEN

Für etwa 400 g Tofu

2 l Sojamilch
2 EL Calciumsulfat
(oder
1-2 Zitronen)

Tofu

Koch die Sojamilch unter Rühren auf und lass sie etwa 7 Minuten kochen, dann auf etwa 70° C abkühlen. 2 Esslöffel Calciumsulfat werden mit einer Tasse warmem Wasser vermischt. Gib diese Mischung (oder alternativ den Zitronensaft) zur Milch und rühre vorsichtig. Die Sojamilch gerinnt jetzt und wird langsam bernsteinfarben. Diese Masse in eine Form mit kleinen Löchern füllen – z.B. eine zu diesem Zweck durchlöcherte Margarinepackung oder alte Plastikschüssel, ein Sieb geht natürlich auch – die du vor dem Einfüllen innen mit einem kleinmaschigen Tuch ausgelegt hast. Ein Käse- oder Nesseltuch ist ideal, ein Geschirrtuch funktioniert notfalls auch. Falte den Rest des Tuches über der Masse zusammen und lege etwas Schweres drauf, damit auch die letzte Feuchtigkeit aus der Masse gepresst wird. Du kannst das auch mit deinen Händen machen, musst aber mindestens 20 Minuten kräftig drücken. Wenn du das Tuch wieder auffaltest, siehst du: Tofu.

Tofu lässt sich »unter Wasser« etwa ein Woche im Kühlschrank aufbewahren. Einfach jeden Tag das Wasser erneuern.

Mit weniger Calciumsulfat wird das Tofu weicher.

»Gerinnen«: Kleine weiße Teilchen treiben in der Flüssigkeit. Wenn nicht die ganze Sojamilch gerinnt, noch etwas Calciumsulfat oder Zitronensaft dazu geben.

Katastrophenplan, Phase II

Am Anfang steht also ein Name: »Rampenplan«. Der Name einer Aktionsgruppe gegen von Menschen gemachte Katastrophen: Atomwaffen und Kernkraftwerke, Chemiefabriken, Militäranlagen, Arbeitslosigkeit. Wir können es uns aussuchen – in unserer Region um Sittard gibt es von all dem mehr als genug. Nur einen Katastrophenplan für den Fall, dass mal was schiefgeht, gibt es nicht. »Wir sind der *rampenplan*, wir sorgen dafür, dass nichts schiefgehen kann!«, sagt Nigel mit seinem schönen britischen Akzent. Wir haben ihn auf einer Anti-Atom-Demo kennengelernt, wo er mit Flugblättern für einen »Widerstandszirkus« warb, den er noch aufbauen wollte: viel Information, viele Clowns, viel Spaß – das klang gut, und seit Monaten stehen wir nun in regem Briefwechsel und schmieden Pläne. Ich bin gerade ein paar Tage bei ihm zu Besuch, in dem vegetarischen Restaurant und New Age-Zentrum »De Nieuwe Horizon« (Der Neue Horizont) in Sittard, in dem er lebt.

Ein befreundeter Drucker hat uns gerade 40.000 Flugblätter gegen Atomstrom geliefert, die wir in langen Nachtschichten aufs richtige Format falten. Wer vorbeikommt, kriegt einen Stapel in die Hand gedrückt. Beim Zettelfalten haben wir genug Zeit, um weitere Ideen zu entwickeln.

»Wir sollten das Maaswasser untersuchen!«

»Wir sollten einen alternativen Flächennutzungsplan für die Erweiterung der Chemiefabrik entwickeln!«

»Wir sollten einen Atomfreistaat ausrufen und Pässe verkaufen!«

»Vom Erlös sollten wir Gelände neben Atomkraftwerken kaufen und dort permanente Aktionszentren einrichten, wo die Polizei uns nicht räumen kann!«

»Wir sollten einen Buchladen mit alternativen politischen Büchern in Sittard eröffnen!«

»Und eine Siebdruckerei!«

»Und eine Kneipe!«

»Wir sollten unsere eigenen Anstecker herstellen – jetzt kommen alle von kommerziellen Anbietern, die auch für die großen Firmen Buttons herstellen!«

Ans Kochen hat zunächst niemand gedacht.

Als ich zwei Wochen später auf das große Vorbereitungstreffen für die Blockade einer atomaren Wiederaufbereitungsanlage in Utrecht gehe, habe ich gar nicht vor, irgendetwas im Namen unserer kleinen Gruppe zu sagen, und doch bin ich es, der plötzlich in die große Runde fragt: »Hat sich eigentlich jemand Gedanken über das Essen gemacht?«

Außer der Streik-Wurstbude einer linken Splitterpartei ist für die erwarteten 5.000 Demonstranten nämlich nichts organisiert. Und schon gar nichts für Vegetarier, diese noch als ziemlich radikal verpönte Gruppe aus dem Umfeld der Kabouter und Hippies. Ich weiß nicht, was ich mir dabei denke, als ich sage, dass wir von Rampenplan die ganze Versorgung, inklusive großem Zelt, übernehmen werden. Alles aus biologischem Anbau und natürlich mit Solidaritäts-Kaffee. Die Runde schaut mich mit einem Ausdruck überraschter Belustigung an – eben so, wie man einen Verrückten anschaut.

Genauso sehen mich am Abend auch meine Rampenplan-Freunde in Sittard an – nur nicht so belustigt. Die letzten Flugblätter sind gerade erst gefaltet worden, und einen Augenblick später werde ich stapelweise mit dem Resultat der mühevollen Faltarbeit beworfen. Als wir nach dieser Papierschlacht gemeinsam aufräumen, versuchen sie, mir noch einmal klarzumachen, dass ich einfach zu viel versprochen habe.

Wir sind doch nur vier Menschen mit großen Plänen, aber ohne Geld. Wo sollen wir – Nigel, Jopie, Judokus und ich – ein Zelt, Töpfe, Brenner und Geschirr hernehmen? Und dann gibt es noch eine klitzekleine Frage zu klären: Wer soll eigentlich kochen? »Ich«, höre ich mich sagen, ohne dass ich je für mehr Personen als eine Pfadfindergrup-

Atomfreistaat,
Passausgabe
(mit Marjolein).

pe gekocht hätte. »Kann ja wohl nicht so schwer sein, oder? Die Töpfe sind halt 'n bisschen größer.«

»Und ich«, sagt Jopie, Nigels Freundin, die im Restaurant des New Age-Zentrums in der Küche steht, wohin außer den sechs Bewohnern allerdings kaum jemand geht.

In den nächsten zwei Wochen telefonieren wir wild durch die Gegend. Gemüse und andere Zutaten wie Nudeln und Reis sind relativ einfach aufzutreiben, ich kenne die Szene der Bio-Bauern und Bio-Großhändler ganz gut. Kochgeschirr ist da schon ein größeres Problem, aber über Pfadfinder, Naturfreunde und Studentenvereine kriegen wir genug zusammen. Das Zelt bereitet uns das meiste Kopfzerbrechen. Schließlich schaffen wir es, einen Zirkusdirektor zu überzeugen. Keine Ahnung, wieso – ihm gefällt einfach unsere Geschichte, glaube ich. Zum Aufbau des Zirkuszelts schickt er uns sogar sechs seiner Arbeiter mit. Das erste Essen bei der Blockade, eine Art wässrige Gemüsesuppe, ist sicher nicht das Leckerste aus Rampenplans langer Verpflegungsgeschichte. Trotzdem ist Rampenplan für einen Großteil der Bewegung hinterher »Die Küche«.

Die Gruppe wächst. Im Zentrum von Sittard mieten wir eine alte Druckerei und verwirklichen die Träume, die wir von Anfang an hatten: vom »Atomfreistaat«bis zum Buchladen »Katastrofe« und der Herstellung von Buttons unter dem Label »Geet njet« (limburgisch für »geht nicht«).

Das finanzielle Verlustergebnis unserer ersten Kochaktion versuchen wir monatelang, durch den Verkauf von Buttons und anderem Aktionsmaterial auf Märkten in den ganzen Niederlanden auszugleichen. Eine Menge Geschirr war kaputt gegangen, durch die Räumung der Polizei waren Vorräte im Regen liegen geblieben und verdorben, und wir mussten eine gewaltige Telefonrechnung von 7.000 Gulden abstottern. Aber trotzdem melden wir uns wieder an, als ein paar Monate später bei Dodewaard ein Atomkraftwerk blockiert wird. Dieses Mal ist der Glaube an das Küchenteam da, und die Spendenkasse füllt sich.

Der nächste Anlass, bei dem wir als Kochtrupp angefragt werden, ist die Tour der Anti-Atom-Karawane, eines politischen Zirkus'. Langsam wird das Kochen selber immer wichtiger, jedenfalls für mich und Lylette, die schon als Schülerin mit der Küche mitfährt (und mittlerweile seit mehr als einem Vierteljahrhundert dabei ist).

Immer mehr Gruppen, Camps und Demos rufen an, weil sie gehört haben, dass wir kochen können, und doch haben wir nach zwei Jahren noch immer keine eigenen Küchengeräte. Die werden erst Anfang 1983 gebaut.

Frau Antje goes öko!

Wenn »die Töpfe halt bisschen größer« sind, müssen auch die Kochlöffel größer sein.

Zum Gemüseschnippeln finden sich immer Helfer.

Viel Rotkraut.

Etikett unseres Rampenplan-Biers. Zehntausend Flaschen hatte die Brauerei Raab extra für uns gebraut.

inh.30cl ~ 5%vol.alc cat.1 bier

BARRIKA BIER

Gebrouwen uit biologisch geteelde gerst. hop en gist
BROUWERIJ "RAAF" HEUMEN - STATIEGELDFLES
Rampenplan: Gaarkeuken "DEN TROAG" P.B. 780 Sittard

Tenminste houdbaar tot einde: |01|02|03|04|05|06|07|08|09|10|11|12|84|85|86|

Vor dem Demonstrieren ...

... wird lecker gegessen. Das hält friedlich.

Wer keinen großen Topf hat, braucht viele kleine.

Wiedersehen nach langer Zeit mit einem alten, von Sjaak, Wim, Rund und mir persönlich geschweißten Gasbrenner.

Fassungsvermögen: 5 Liter.

Die Erfahrung hat uns gezeigt, dass normale 50- oder 80-Liter-Töpfe verdammt unhandlich zu transportieren sind, wenn man zehn oder mehr davon hat, und dass selbst der beste im Handel erhältliche Propangasbrenner länger als eine Stunde braucht, um 50 Liter Wasser zum Kochen zu bringen. Was wir brauchten, war ein mobiles Topfset nach dem Vorbild von Campinggeschirr, nur deutlich größer. Der kleinste Topf sollte 50 Liter fassen, der größte mindestens 300. Den Durchmesser des größten Topfs haben wir so berechnet, dass er gerade noch durch die Tür unseres alten Mercedes 407 passte. Sjaak, der bei Rampenplan ein Büro für nachhaltige Energie aufbaut, entwirft auch die Töpfe und unseren ersten Brenner. Dank seiner Beziehungen zu Arbeitern in der örtlichen Autofabrik – ich glaube, damals war es Volvo, aber sie hat oft den Besitzer gewechselt – kann er von der Nachtschicht große Edelstahlplatten walzen lassen. Als der erste Brenner fertig ist, hält er sogar der Sicherheitsprüfung durch den Kommandanten der Freiwilligen Feuerwehr von Sjaaks kleinem Heimatdorf stand. Und bis heute staunen regelmäßig Leute angesichts der Technik, die mit so beeindruckender Geschwindigkeit 100 Liter Wasser zum Kochen bringt.

Nur das Anzünden ist zu Anfang ein Problem. Im ersten Jahr hat keiner der Köche mehr Haare auf den Armen, da es immer wieder Stichflammen gibt – und jeder, der mitkocht, bekommt auch heute noch eine ausführliche Einweisung in die Benutzung des Brenners, bevor er oder sie loslegen darf.

Über die Jahre werden immer neue Systeme entwickelt und gebaut. Immer größer werden die Konstruktionen, und wenn auch das erste Set seit Jahren nicht mehr in Sittard ist, weil es an eine andere Gruppe, die auch eine Volksküche haben wollte, veschenkt wurde, basieren die Nachfolgemodelle noch immer auf dieser ersten mobilen Küche von Rampenplan. Bis zu tausend Leute können damit bekocht werden.

Mit den neuen Töpfen müssen auch wir erst lernen umzugehen. Die ersten Versuche mit Nudeln und Reis, die wir genauso zuzubereiten versuchen wie eh und je, scheitern kläglich: Durch ihr Eigengewicht verkleben die Nudeln zu einer ungenießbaren, festen Masse, der Reis brennt an. Aber zum Glück passiert das auf einem Festival, wo wesentlich weniger Besucher kommen als erwartet. Jemand, der uns mit unseren Geräten herumstümpern sieht und selber mal in einer Großküche mitgeholfen hat, erklärt uns, dass wir viel mehr Wasser benutzen müssen und die Sachen nicht ganz fertig garen lassen dürfen. Reis und Pasta werden mit kaltem Wasser abgespült und immer nur in der gerade benötigten Menge fertig gekocht. Aber darauf muss man erst mal kommen!

Rampetto

<u>Tofu-Eis</u>

150 g Tofu
  ½ Tasse Zucker
    oder andere Süße
    (das, was du am
    liebsten magst)
  - eine Prise Salz
  - Früchte, Vanille oder
    etwas anderes für
    Extra-Aroma

<u>Milch-Eis</u>
Tofu ersetzen durch:
  ¼ l Reismilch, Hafermilch
    oder Kuhmilch,
    evtl. Sahne
  2 Eigelb
  oder vegan:
2 EL Sojalecithinpulver
REST SIEHE TOFU-EIS

Rampetto

Selbstgemachtes Eis braucht eine lange Kühlzeit, bis es fertig ist, darum rechtzeitig damit anfangen!

12 h

Alternativ zu Rohrohrzucker kann mit Apfel- oder Birnendick- saft, Guavendick- saft, Ahornsirup, Zuckerrübensirup oder Honig gesüßt werden – das Eis schmeckt dann jeweils etwas anders.

Tofu-Eis

Die Zutaten in eine Schüssel geben und mit einem Schnee- besen, Pürierstab oder in der Küchenmaschine zu einer gleichmäßigen Masse vermischen. Die Schüssel unabge- deckt in das sehr kalte Tiefkühlfach oder in eine Kühltruhe stellen. (Vielleicht muss die Kühlstufe hochgedreht werden.) Nach einer Stunde kräftig durchrühren, und das noch zwei- mal wiederholen, immer mit einer Stunde Pause dazwischen. Nach ca. 12 Stunden ist das Eis Eis, das heißt, man kann es gut über Nacht kalt stellen. (Nicht vergessen, anschließend den Gefrierschrank wieder runterzudrehen.)
Weil es nicht so viel Fett enthält wie industriell gefertigtes Eis, sollte man es eine halbe Stunde vor dem Servieren aus dem Kühlschrank holen – sonst ist es zu hart zum Essen.

Milch-Eis

Wenn du das Eis mit Reis(Hafer-, Soja-, etc.)Milch machst an- statt mit Tofu, kannst du ein paar Löffel Sojalecithinpulver untermischen, damit es schön cremig wird. Wenn es nicht vegan sein muss, und du das Eis aus Sahne oder Kuhmilch machst, kannst du natürlich Eigelb zum Binden hineinrüh- ren. In dem Fall sollte die Mischung vor dem Einfrieren leicht erhitzt werden: nicht bis sie kocht (dann stockt das Eigelb und wird zu kleinen, von der Milch getrennten Flöckchen), nur so, dass der eigenen Hand zu heiß darin würde. Bei der Temperatur verbinden sich die fetthaltige Flüssigkeit und das Eigelb gut miteinander.

Das Prinzip ist immer das gleiche. Entscheidend ist, dass die Rohmasse kräftig und regelmäßig umgerührt wird, wenn du keine Eiskristalle essen willst.

Das »Grund«-Eismaterial lässt sich leicht auf natürliche Art aromatisieren, z.B. mit Fruchtpüree oder Vanille (s. rechts). Sogar pulverisierter grüner Tee schmeckt gut darin. Weil er einen etwas herben Eigengeschmack hat, sollte er jedoch vorsichtig dosiert und mit etwas mehr Süße abgeschmeckt werden. Man kann das Aromatisieren mit so ziemlich allem ausprobieren.

Eine leckere und besonders hübsche Variante:

Eisorangen
Man schneidet das obere Viertel einer Orange ab und höhlt die Orange aus. Das Fruchtfleisch wird der Grundmasse beigemischt. Nach dem dritten Mal Umrühren wird das Eis in die hohlen Orangen gefüllt und so noch mal ins Tiefkühlfach gestellt.

In der Rampenplan-Küche lässt sich Eis übrigens einfach ohne Kühlschrank und hohen Energieaufwand herstellen – als Nebenprodukt von Hitze. Da mit Propangas gekocht und den Flaschen in kurzer Zeit Gas in großen Mengen entzogen wird, werden die Flaschen sehr kalt. Wasser gefriert sofort, und zwischen den Flaschen entstehen regelrechte Eisskulpturen. Der ideale Ort, um dort nebenbei ein Gefäß mit den Eis-Zutaten hineinzustellen und im Vorbeigehen gelegentlich umzurühren ...

Selbstgemachter Vanillezucker geht so: Vanilleschote aufschneiden und in einem geschlossenen Gefäß in Zucker einlegen. Nach ca. 1 Woche nimmt der Zucker den Geschmack der Schote an. Wer dafür keine Zeit mehr hat, kauft einfach getrocknete Vanille im Geschäft – als schwarzes, nicht ganz billiges Pulver.

Noch vor ca. 100 Jahren holte man Eis zum Kühlen aus dem Gebirge oder »erntete« es im Winter. Es gab in jeder Stadt tiefe Eiskeller, in denen das Natureis in Blöcken gelagert wurde. Richtig niedrige Temperaturen erreicht man aber erst, indem man Salpeter beimischt.

Zu Besuch bei einer alten Rampenplan-Ausstattung: die Maulwurfküche in Freiburg, vorgeführt von einem D.I.Y.-Küchen-Team.

Die meisten VoKüs, Volksküchen oder – in Abgrenzung zu allem, was an National-sozialismus erinnert: »Volk-küchen« – gehen zurück auf die Hausbesetzer-Szene der 80er Jahre. Ähnliche Formen alternativer Küchen, die Kochen und Essen mit sozialen Aspekten verbinden, gab es allerdings schon vorher: Die Provos im Amsterdam der 60er kochten gratis, und auch die Hogfarm-Community in den USA war damals bereits mit ihrer *free kitchen* unterwegs. In Christiania in Kopenhagen wurde 1971 sofort nach der Gründung der Freistadt eine Küche eingerichtet, die die Gemeinschaft versorgte. Und irgendwann fing man dann auch in den Hinterhöfen von Berlin-Kreuzberg damit an.

Die meisten dieser Küchen entstanden als Reaktion auf den von den großen Nahrungsmittelkonzernen stetig ange-heizten Konsum und die Politik der Überproduktion. Einige VoKüs kaufen deshalb auch keine Lebensmittel ein, sondern benutzen nur das, was Super-märkte wegwerfen.

Die Armenspeisung hat natürlich eine viel ältere Tradition. Schon im alten Rom gab es Essen umsonst für die ganz Bedürftigen, später waren es vor allem die Kirchen, die Suppenküchen betrieben, wie zum Beispiel die Heils-armee oder die von Abbé Pierre An-fang der 1950er Jahre in Paris gegrün-deten Emmaus-Gruppen. Und ab dem späten 19. Jahrhundert, vor allem in den Krisenjahren des beginnenden 20. Jahrhunderts, wurden Millionen verarmte Arbeiter und Arbeitslose von privaten Vereinen oder staatlichen Ein-richtungen durchgefüttert. (Dass einem mit dem Essen oft ungefragt eine Welt-anschauung aufgetischt wurde, ist eine andere Angelegenheit.)

Auch jetzt tauchen soziale Küchen wie-der vermehrt in den Wohlstandsländern auf. Die »Tafel«-Projekte und ähnliche Initiativen spielen in einer Gesellschaft, die von immer gnadenloseren Vertei-lungskämpfen geprägt ist, eine zuneh-mend wichtige Rolle.

In der Tradition der Armenspeisung sehen VoKüs sich jedoch nicht. Meistens wird nicht für Leute gekocht, die ohne diese günstige, auf Spendenbasis funktionierende oder ganz kostenlose Essensausgabe verhungern würden. Es geht vielmehr darum, politisch kon-sequent zu sein: Mit einem Hamburger in der Hand kämpft es sich nun mal schlecht gegen die Vernichtung des tropischen Regenwalds. Gekocht wird oft vegetarisch oder sogar vegan.

In Europa gibt es Hunderte von VoKüs. Manche gibt es schon ganz lange, ande-re entstehen, funktionieren eine Zeit lang und verschwinden dann wieder. Alle VoKüs sind völlig selbstständig, sie unterstützen sich jedoch gegenseitig.

Es gibt ziemlich viele VoKüs ...

Viele kochen regelmäßig an einem festen Ort, oft im Rahmen einer politischen Veranstaltung, zur Unterstützung einer bestimmten Aktion oder einfach nur als soziale Runde. Es gibt auch mobile Voküs, die normalerweise regional arbeiten und zu größeren Veranstaltungen angereist kommen.

Für jedes Camp Kochgruppen aus allen Ecken ein paar Tausend Kilometer anfahren zu lassen, wäre jedoch nicht sehr ökologisch. Darum sind inzwischen etwa ein halbes Dutzend VoKüs in Europa so ausgestattet, dass jede von ihnen allein mehrere Hundert Menschen versorgen kann – und mit vereinten Kräften und Kapazitäten können auf diese Art sogar sehr große Veranstaltungen bekocht werden. In Heiligendamm zum Beispiel waren 16 VoKüs aus ganz Europa da. Es ist also ziemlich wahrscheinlich, dass es auch in deiner Nähe eine VoKü gibt. Und wenn nicht, kannst du ja eine gründen ...

Was wollen wir trinken ...

»Was ist denn das?«, fragt eine Frau mit einem Klemmbrett in der Hand und zeigt auf ein Dutzend Flaschen auf dem Tisch unseres Marktstandes. »Was verkaufen Sie da?«

Wir stehen mit unserem von Anti-Atomkraft-Aufklebern zusammengehaltenen Minibus auf einem Jahrmarkt. Eigentlich sollte die gesellschaftliche Diskussion über Atomenergie in vollem Gang sein. Nachdem sich Hunderttausende geweigert hatten, eine zusätzliche Steuer in Form einer erhöhten Elektrizitätsrechnung unter anderem für den Bau eines Kernreaktors in Kalkar zu zahlen, hatte der zuständige Minister angekündigt, das ganze Land an der Entscheidung über die Zukunft der Energieproduktion zu beteiligen. Tatsächlich aber spürt man wenig von der ersten öffentlichen landesweiten Befragung der Bevölkerung. Wir von Rampenplan wollen etwas dafür tun, dass die Debatten nicht nur in verrauchten Hinterzimmern von Kneipen und Gemeindezentren stattfinden, wo eine Handvoll engagierter Atomgegner auf die professionelle PR-Maschinerie der staatlichen Energiewerke und der Atomlobby trifft.

»Mitreden, wie man Krebs bekommt!«, steht sinngemäß auf dem Transparent über unserem Stand. Auf unserem Tisch liegen Poster, Anstecker, T-Shirts, Flugblätter, Aufkleber und anderes Aktionsmaterial. Viel Interesse zeigen die Jahrmarktbesucher nicht für unsere Sache. Eine Gruppe Teenies sucht zwischen den vielen Anstecker vergebens nach Buttons ihrer Lieblingsbands, ein Typ kauft einen Aufkleber einer neuen Aktionsgruppe namens »Greenpeace«, auf dem ein kleiner Seehund mit ängstlichen Augen dazu aufruft, nicht länger sein Fell zu tragen. Sonst ist nichts los. Unser Stand erregt einfach nicht genug Aufmerksamkeit inmitten der Fressstände, Händler, die billigen Tand verkaufen, einem lärmenden Autoscooter und dem blinkenden Riesenrad.

»Was meinst du damit?«, fragt Jopie, meine Freundin, total überrascht, überhaupt angesprochen zu werden.

»Die Flaschen dort, was ist da drin? Werden die verkauft?«, fragt die Frau mit dem Klemmbrett.

»Ach das, das ist Wasser aus der Maas.«

»Sie verkaufen Wasser aus der Maas?« Die Frau guckt uns an, als kämen wir von einem anderen Planeten: Welcher Idiot versucht ein Produkt zu verkaufen, von dem sich jeder Mensch in unbegrenzter Menge ganz umsonst bedienen kann?

»Und weshalb verkaufen Sie das?«

»Weil es schwer giftig ist«, sage ich, reiche ihr eine Flasche und zeige auf das Etikett. Da sind fein säuberlich alle Inhaltsstoffe aufgelistet. Sie liest es bis zum Ende durch, nimmt ein Buch aus der Tasche und fängt an zu blättern. Nach einiger Zeit scheint sie zu finden, wonach sie gesucht hat.

»Wissen Sie, dass es verboten ist, diese Gifte zu verkaufen?«

»Was sagst du dazu! Wir dürfen nicht verkaufen, was der Hälfte der Bevölkerung unseres Landes von den Wasserwerken als Trinkwasser frei Haus geliefert wird.«

Im Ballungsraum der sogenannten randstad, zu der unter anderem Amsterdam, Den Haag und Rotterdam gehören, stellt die Maas die wichtigste Trinkwasserquelle dar.

Nigel, der einzige in unserem neu gegründeten Kollektiv, der »normal« Geld verdienen muss, weil er als Brite in den Niederlanden kein Anrecht auf Sozialhilfe hat, arbeitet als Übersetzer für DSM, ein aus staatlichen Steinkohleminen entstandenes Superchemiewerk in Geleen, einer Nachbarstadt von Sittard, der Heimat von Rampenplan. Er ist darum mit dem Fachchinesisch der Chemie vertraut und findet so heraus, dass selbst die besten Filteranlagen der Wasserwerke bestimmte »Zutaten« nicht aus dem Maaswasser herausfiltern können. Zusammen mit ei-

Unsere Giftbuchführung war tadellos ...

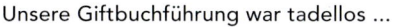

ner Organisation namens »Rheinwasser«, die den Rhein hoch- und runterfährt auf der Suche nach der Herkunft der Gifte im Fluss, hat unser Kollektiv einige Monate zuvor eine Fahrt über die Maas gemacht. Direkt hinter der belgischen Grenze in Nordfrankreich finden wir Fische mit Löchern im Bauch, Frösche mit fünf Beinen und Flusskrebse mit zwei Köpfen.

Es dauert eine Weile, bis uns ein Verdacht kommt, was für diese neuartigen Geschöpfe »verantwortlich« sein könnte. Wir vermuten, dass es etwas mit dem alten Atomkraftwerk von Tihange zu tun hat, doch zunächst bleibt unklar, was genau. Das einzige, was wir immer wieder finden, ist sogenanntes schweres Wasser, H_3O. Tritium gilt eigentlich als relativ ungefährlich, hat eine Halbwertszeit von nicht mal fünfzig Jahren und ist mit dem Geigerzähler kaum messbar. Deshalb wird es zum Beispiel für die Herstellung von grünen Leuchtstäben verwendet. In vielen Atomkraftwerken entsteht es als Abfallprodukt im Kühlsystem.

Ich weiß nicht, ob sich diesbezüglich im letzten Vierteljahrhundert viel geändert hat, damals jedoch war es gang und gäbe, dieses Kühlwasser einfach wieder in den Fluss zu leiten. Auch die Auswirkungen des heißen Wassers sind kaum zu übersehen, im Bereich der Abflussrohre sind einige fast subtropische Biotope entstanden. Verglichen mit den Effekten des »schweren Wassers« erscheinen diese nahezu harmlos.

Als Nigel anfängt, über diese in der Öffentlichkeit noch unbekannte Substanz nachzuforschen – man erinnere sich kurz: damals noch ohne Internet – wird schnell deutlich, dass es sich hier um ein Isotop handelt, das sich mit Vorliebe an DNA-Moleküle heftet und diese durcheinanderbringt. Obwohl viele Wasserwerke den Fund von Tritium in ihrem Wasser bestätigen, passiert nichts. Die Informationen trägt Nigel in einem dicken Dokument zusammen und reicht es als Klageschrift beim zweiten internationalen Wassertribunal ein.

Parallel dazu kaufen wir eine alte Kronkorkenmaschine und Flaschen, für die Nigel ein schönes Etikett entwirft: »Leuchtet im Dunkeln«, mit Totenkopf und Zutatenliste.

Und nun hält die Dame vom Gesundheitsamt eine der am Morgen zuvor abgefüllten, verschlossenen und mit Nigels Etikett beklebten Flaschen in der Hand. Sie fordert uns auf, die Flaschen sofort zu entfernen. Wir wiederholen, dass wir nicht verstehen: Warum soll das, was wir tun, verboten sein, wenn andere in großem Maßstab dasselbe tun? Und das, wohlgemerkt, ohne auf die gefährlichen Substanzen hinzuweisen.

Die Diskussion wird immer lebhafter, sodass jetzt mehr Menschen an unserem Stand stehen bleiben. Jopie verkauft mittlerweile eine Flasche Maaswasser nach der anderen. Mütter wenden sich ängstlich an die Kontrolleurin und fragen, ob es wahr ist, was ich sage, mit den Löchern in der DNA und so. Die arme Frau verlässt überfordert die Szene, an unserem Stand aber geht die Diskussion munter weiter. Der Verkauf läuft so gut, dass ich sogar kurz Nachschub holen muss – aus dem Fluss, der schließlich direkt hinterm Jahrmarkt vorbeifließt. Als ich gerade voller Stolz die Kronkorkenmaschine aus dem Bus hole, kommt unsere Kontrolleurin zurück, in Begleitung von zwei Polizisten und voller Genugtuung – sie glaubt schließlich, mich »auf frischer Tat ertappt« zu haben. Es ist ihrer Meinung nach verboten, unter derart unhyghienischen Umständen »Lebensmittel« für den Verkauf herzustellen.

»Lebensmittel? Bist du verrückt? Warum denkst du, haben wir einen Totenkopf auf dem Etikett abgebildet?«

Auch der Humor ihrer Begleiter lässt stark zu wünschen übrig. Sie beschlagnahmen die noch nicht verkauften Flaschen, was die Menschenansammlung an unserem Stand wiederum zum Lachen bringt. Bis zum Abend verkaufen wir nur noch »Do-it-yourself«-Sets: einen Kronkorken, ein Etikett, eine leere Flasche und eine kleine Karte von der Maas, mit roten Totenköpfen eingezeichnet, wo sie am schmutzigsten ist – zum Selberabfüllen.

»Aber wenn es dir zu umständlich ist, an die Maas zu fahren, kannst du dir auch einfach zu Hause Leitungswasser abfüllen. Das meiste, was auf dem Etikett steht, ist da auch noch drin.«

»Und nicht nur im Wasser …«, fügt Jopie hinzu. »Da die Bauern das Maaswasser auch zum Bewässern ihrer Felder verwenden, ist das Gift auch in deinem Essen!«

»Die abgefüllte Flasche aber nicht weiter verkaufen! Das ist verboten vom Gesundheitsamt. Und nicht vergessen: Leuchtet im Dunkeln.«

Zum Nudelkochen brauchst du viel Wasser. Am Wasser lag's auch nicht – das erste große Nudelkochen in der Rampenplanküche wurde trotzdem eine Katastrophe. Wenn du für sehr viele Menschen kochen willst, überleg dir vorher, wie du sie abgießen willst. Und denk dran, dass Nudeln leicht zusammenkleben …

... und die Maaswasserflaschen gingen weg wie warme Semmeln.

Wamicelli

Nudelteig

1 Tasse Dinkelmehl
1 Tasse Buchweizenmehl
3 Eier
  oder vegan:
1 ½ Tassen Mineralwasser
5 EL Olivenöl
  - Salz

Tomatensoße
10 große Tomaten
1 Zwiebel
2-3 Knoblauchzehen
  - Olivenöl
  - frische Thymianzweige
  - Majoran
  - Lorbeer
  - Oregano
  - Gemüsebrühpulver

Currysoße
1 Zwiebel
½ Stange Lauch
2-3 Knoblauchzehen
½ Tasse (Soja-)Milch
1-2 EL Mais- oder Kartoffelstärke
  - Olivenöl
  - Currypulver

Mehlschwitze
2 EL Butter/Margarine
3 EL Mehl
½ l (Soja-)Milch

  + eventuell 1 Tasse
    Sojagranulat oder
    Okara (siehe S. 139)

Wamicelli

Langes Kneten
ist die Hauptsache
– und eine prima
Gelegenheit, um
Aggressionen
loszuwerden.

Du kannst den Teig
auch färben, zum
Beispiel mit Safran
oder Kurkuma
(gelb), ein bisschen
Tomatensaft (rot)
oder konzentrier-
tem Kochwasser
vom Spinat (grün).

Nudelteig

Die beiden Mehlsorten vermischen und zu einem schönen Häufchen auf deine Arbeitsfläche kippen. Mach oben eine kleine Mulde für die Eier (bzw. das Mineralwasser), das Öl und ein bisschen Salz. Alles gut durchkneten.
Den Teig 1 Stunde abgedeckt stehen lassen, dann so dünn wie möglich auf einem bemehlten Untergrund ausrollen. Wenn du kein Nudelholz hast, geht das auch mit einer Weinflasche. Mit einem scharfen Messer aus der Teigplatte Streifen schneiden, schmal oder breit, wie du willst. Die Streifen eine Nacht lang hängend trocknen lassen (z.B. über einer Stuhllehne – Vorsicht, leicht zerbrechlich!) oder gleich kochen. Frische Nudeln brauchen etwa 5 Minuten Kochzeit, getrocknete länger, das variiert nach Dicke und Breite.

Tomatensoße

Wird mit den gleichen Zutaten und auf die gleiche Art gemacht wie die Tomatensuppe auf S. 234, kann aber mit weniger Wasser zubereitet oder etwas länger eingekocht werden. Zusammen mit Knoblauch und Kräutern kannst du auch Sojagranulat oder Okara dazu geben (siehe rechte Seite).

Currysoße

Auch hier ist
Sojagranulat eine
gute Ergänzung –
Vorbereitung siehe
rechte Seite.

Zwiebel, Lauch und Knoblauch kleinschneiden und in Olivenöl auf niedriger Flamme anschwitzen. (Soja-)Milch und Currypulver dazugeben, kurz aufkochen lassen und mit etwas Mais- oder Kartoffelstärke eindicken, mit Salz und Pfeffer abschmecken.

Mehlschwitze

Du kannst Soßen
auch mit einer
Mehlschwitze an-
dicken. Die geht so:

Butter oder Margarine langsam in einem Topf schmelzen lassen und 3 Esslöffel Mehl darin unter Rühren bräunen.

Langsam ½ Liter (Soja-)Milch in diese Masse einrühren und aufkochen. Klümpchen sollten sich ganz auflösen, können notfalls mit einer Gabel zerdrückt oder wegpüriert werden. Wenn diese weiße Grundsoße abkühlt, wird sie dick und kann als Basis für allerhand Soßen benutzt werden – einfach Gewürze (Muskat!), Kräuter, gebratenes Gemüse oder Käse daruntermischen.

Sojagranulat/Okara

Gieße 1 Tasse davon mit 4 Tassen Gemüsebrühe auf und lass die Mischung mindestens 20 Minuten weiter köcheln, damit das Soja schmackhaft und weich wird. Gieß das Kochwasser ab, aber schütte es nicht weg. Die weichen Sojastücke zum Abschluss kurz knusprig anbraten und zusammen mit der Flüssigkeit an die Soße geben.

Das Mitkochen von z.B. Liebstöckel, Paprika- oder Currypulver gibt zusätzliches Aroma.

Nudeln asiatisch

In Asien werden Nudeln nicht mit Soße gegessen, sondern in Suppe oder mit regionalem Gemüse, das in Streifchen geschnitten und kurz in einem Wok angebraten wird – so kurz, dass es bissfest bleibt und seine Farbe behält.
Das können Möhren, Lauch, Zwiebeln, Knoblauch, geraspelter Weißkohl sein; aber auch Zucchini, Champignons, Zuckerschoten, Paprika oder grüne Chili. Du brauchst etwa die gleiche Menge Gemüse wie Nudeln. Die Vorbereitung des Gemüses ist eine herrlich meditative Tätigkeit: Alles in kurze, ca. 2 mm schmale Streifen schneiden. Diese werden mit einem Schuss Öl und etwas Sojasoße in einem Wok oder gusseisernen Topf kurz und heiß unter Rühren angebraten. Ganz am Schluss eine Handvoll Sojabohnensprossen hineingeben, auch die Tofuwürfel von S. 84 passen gut dazu.

Bevor die Nudel auf Tomatensoße traf und die ersten Schwaben sie mit Käse bekannt machten, gab es schon eine Jahrtausende alte Nudelgeschichte: in China.

Essen auf Rädern

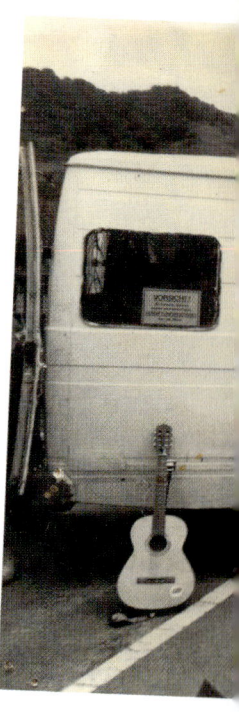

»Was, Wam, du kochst?«

Ich drehe mich um, und da steht Katja, eine Freundin, die ich seit der Uni nicht mehr gesehen habe.

»Ja, wieso?«

»Na, du und kochen. Wenn Aarï damals nicht jeden Tag gekocht hätte, wärst du doch glatt verhungert.«

»So, so. Was bringt dich eigentlich hierher?«

»Das Kunstprogramm. Ich mache eine Tanzimprovisation zu Ehren der Ankunft eures Friedensmarsches, schaust du dir das an?«

»Wahrscheinlich nicht, nach dem Abendessen müssen wir die Küche sauber machen und alle Kochutensilien wieder in den Bus laden. Morgen früh geht's gleich zum nächsten Schlafplatz. Aber wenn danach noch Zeit ist, wäre es schön, mal wieder zu reden.«

Kochen ist auch Kunst, denke ich, als sie verschwunden ist, vielleicht nicht so wie ihre auf der Bühne oder die meines Vaters oder Stiefvaters und ihrer Künstlerfreunde, aber ein Koch kreiert auch jedes Mal ein neues, sehr vergängliches Kunstwerk. Wie auf der Bühne liegen Erfolg und Misserfolg nahe beieinander. Schon beim ersten Bissen kannst du an den Gesichtern ablesen, ob es schmeckt oder nicht. Ein Bild kannst du übermalen, aber wenn das Essen auf dem Tisch steht, ist das für den Koch der Moment der Wahrheit.

Unterwegs wissen wir nie, was wir auf den Märkten oder in den Läden finden werden. Jeden Tag müssen wir neu darüber nachdenken, was wir zubereiten können, und nach drei Wochen gehen einem langsam die Ideen aus.

Die Teilnehmer dieses Friedensmarschs wandern von Dortmund nach Brüssel, um dort vor dem NATO-Hauptquartier gegen die atomare Aufrüstung zu demonstrieren. Täglich stoßen mehr Menschen dazu, und unterwegs kaufen wir mittlerweile ganze Marktstände und Gemüseläden leer. Zur Zeit marschieren etwa fünfhundert Menschen mit, aber bis zum Ziel werden es noch mehr werden. Wir von der Rampenplan-Küche fühlen uns ein bisschen wie die sorgenden Mütter. Wir kümmern uns darum, dass genug Vitamine, Kalorien und Getränke auf dem Tisch stehen. Wir verwalten die Haushaltskasse. Und wir halten den Kontakt mit den Dörfern und Städten, durch die der Friedensmarsch zieht. Wenn wir einkaufen, werden wir gefragt, was es mit diesem bunten Haufen

Kochen und Musik: für mich
eng miteinander verbunden.

von Althippies, Künstlern, japanischen und andere Mönchen, Hausbesetzern und Vietnamveteranen auf sich hat, und was wir erreichen wollen. Als Küche bist du die Nabelschnur zwischen dem Marsch (der Demo, dem Camp) und dem Rest der Welt.

Egal, wo du auftauchst, du kriegst immer gleich Kontakt. Unsere Küche ist der Star: Selbst wenn sie zum Transport bereit zusammengepackt hinter dem Bus steht, gibt es immer Neugierige, die wenigstens mal die Töpfe sehen wollen. Die Tatsache, dass wir für so viele Menschen mit frischem Gemüse kochen, scheinen nicht nur die Demonstranten aufregend zu finden.

Außerdem gefällt es den meisten Leuten, dass man unseren Abfall vollständig kompostieren oder an Tiere verfüttern kann. Fast immer finden wir jemanden, der uns den Gemüseabfall abnimmt. Bei größeren Camps heißt es auch schon mal große Löcher graben, um alles naturfreundlich zu entsorgen.

Unser Abwasser, auch nicht ganz wenig, ist meistens ein kleineres Problem. Da die Küche keine Chemie benutzt, kann es direkt in die Kanalisation eingeleitet werden, und wenn es keine gibt, direkt in die Natur. Sollte es zu viel sein, buddeln wir eben wieder ein Loch.

Auch das Wetter ist auf seine Art Teil des Gesamtkunstwerks. Weil wir unterwegs keinen Kühlschrank haben und auch nicht lange genug irgendwo stehen, um ein Kühlloch in die Erde zu graben, kann es passieren, dass Reste nach einigen Tagen anfangen, etwas säuerlich zu riechen. Grund sind meist harmlose Hefebakterien, die wir unterwegs aufgegabelt haben, und die besonders nach einer Nacht mit Blitz und Donner lebendig werden. Auch in diesem Sommer gibt es viele ultraheiße Tage, unterbrochen von heftigen Unwettern, was nicht gerade zur Verbesserung der Stimmung während des Marsches beiträgt. Tagsüber ist es eigentlich zu heiß zum Laufen – und die Küche muss kistenweise Sprudel anschleppen. Nachts ist es zu nass, um draußen zu schlafen, sodass alle in scheinbar immer kleiner werdenden Sporthallen unterkommen. Wir von der Küche schlafen im und unterm Bus.

Nach einer solchen Gewitternacht hatte eine Babywanne voll mit gekochtem Weizen vom Vortag total ihren Geschmack verändert. In der morgendlichen Küchenbesprechung schlage ich vor, den Weizen nicht wegzuwerfen, sondern damit herumzuexperimentieren.

Am Abend fühle ich mich wie Picasso: vor mir die Farbpalette mit gelbem Honig, roten Tomaten, weißen Zwiebeln, grünem Paprika, einfach allem, was so in der Küche herumliegt und wovon ich denke, dass es schmeckt. Eine Stunde lang vermenge, mische und knete ich den Weizen, bis eine geschmeidige hellrosa Masse entstanden ist, mit roten, weißen und grünen Punkten. Es riecht gut und fühlt sich an wie Fensterkitt – portioniert und zugebraten werden daraus »Friedensburger«. Und siehe da, sie sind so beliebt, dass ich mit dem Braten kaum nachkomme. Es ist schwer, sie gerecht zu verteilen, so schnell wollen alle ihren Nachschlag. In kürzester Zeit ist die Masse verbraucht, aber die Schlange ist noch ziemlich lang.

»Dein Gebrutzel kommt besser an als mein Tanz«, höre ich Katja auf Niederländisch in der Essensschlange sagen, und sie schimpft leidenschaftlich über die deutschen Kunstbanausen. Ich prüfe kurz die Gesichter der Anwesenden, aber niemand scheint unsere Geheimsprache zu verstehen.

»Meine liebe Katja, erst kommt das Fressen, dann die Moral!«, sage ich und gebe ihr einen der letzten Burger.

Sie beißt hinein und schaut mich verblüfft an: »Verdammt lecker! Wie hast du das hingekriegt?«

Auch andere wollen das Geheimnis dieses Rezepts erfahren, und so erzähle ich wahrheitsgetreu, dass es der Donner war, der den gekochten Weizen mit seiner Magie verwandelt hat – ohne Gewitter kein Friedensburger. In den nächsten Tagen hofft so mancher, dass es mal wieder ein bisschen donnert. Ich allerdings nicht, weil ich absolut nicht mehr weiß, was ich alles in welcher Menge durcheinander gemischt habe. Erfolgreiches Kochen ist manchmal reines Glück.

Weil man bei heißem Wetter und Bakterien nie ganz sicher sein kann, dass man sich nicht doch die verkehrten einfängt, bin ich in den folgenden Tagen besonders wachsam und achte darauf, ob einige vielleicht öfter zum WC rennen als sonst.

Topf, der über Nacht total seinen Inhalt verändert hat.

Als Koch bist du verantwortlich dafür, dass deine Esser sich nicht vergiften. Bei Gemüse ist das Risiko zwar kleiner als bei Fleisch, und weil wir kaum Eier benutzen (womit wir fast schon vegan kochen), ist die Wahrscheinlichkeit von typischen Großküchenkrankheiten wie Salmonellen gering. Auf einer UN-Konferenz konnte ich dagegen einmal beobachten, wie nach zwei Tagen nur noch die Vegetarier munter waren, während die Fleischsalat essenden Diplomaten über dem Klobecken hingen oder gelb und grün durchs Konferenzgebäude liefen. Damals ist mir zum ersten Mal aufgefallen, in wie vielen Ländern (offiziell aus religiösen Gründen) gar kein Fleisch gegessen wird.

Trotzdem gilt auch bei Rampenplan größte Vorsicht, man kann nie wissen.

Der eigentliche Grund für den großen Zuspruch der Friedensburger, da bin ich mir sicher, war ihre geschmackliche Nähe zu echtem Fleisch. Ich hatte mich beim Mischen ganz auf meine Nase verlassen – wenn der Teig etwa so roch wie damals der Wurstteig in der Fleischfabrik, dann würde er wahrscheinlich auch so schmecken. Es war höchste Zeit für eine Dosis »Heimatgefühl« – die meisten Marschierer hatten noch nie in ihrem Leben so lange ohne Fleisch überlebt, einige versuchten, uns sogar dazu zu überreden, unsere Prinzipien ein bisschen zu lockern. Es könne schließlich nicht gesund sein, so lange auf die wertvollen Nährstoffe im Fleisch zu verzichten. Einige Amerikaner, die damals schon ein Faible für Nahrungsergänzungstabletten hatten, fingen an, ihre Vitamin-B-Komplex-Pillen an Teilnehmer zu verteilen, die ihrer Meinung nach an Mangelerscheinungen litten.

Die »Kunstfleisch«-Frikadelle wirkte wie ein Placebo: Die meisten Fleischesser sorgten sich nur noch ums Wetter – wie hoch war die Chance, dass es heute Nacht wieder ein Gewitter geben würde?

Friedensburger

<u>Veggieburger</u>

 1 Zwiebel
¼ rote Paprika
¼ grüne Paprika
 2 Tassen gekochter
    Buchweizen (siehe S. 66)
 1 Tasse Vollkornmehl
 1 Schuss Tabasco
 1 EL Honig
 1 EL mildes Paprikapulver
 1 EL Olivenöl
 1 Prise Koriander
 - Kumin
 - Kurkuma
 - Pfeffer
 - eventuell ½ Tasse
    gehackte Nüsse (z.B.
    Wal-, Hasel-, Cashewnüsse)
    oder
    2 EL eingeweichte Rosinen

 - Öl oder Butter zum Braten

Friedensburger

Schneide Zwiebel und Paprika in ganz kleine Würfel und vermisch sie mit den restlichen Zutaten in einer Schüssel zu einem Brei, der möglichst wenig an deinen Händen kleben bleibt.

Obwohl du natürlich immer ein bisschen von der entstandenen Mischung probieren kannst, sagt der jetzige Geschmack nur zum Teil etwas über das Endresultat aus – gebraten schmecken die Burger wieder anders.

Wenn du viele machen willst, schadet es deshalb nicht, zwischendurch mal einen zur Probe zu braten, um zu testen, was du da angerichtet hast. Auch um zu sehen, ob die Küchlein beim Braten nicht auseinanderfallen – meistens helfen dann 1 oder 2 Esslöffel Mehl. Solange das Mehl in der Masse mehr oder weniger unsichtbar bleibt, kannst du, falls nötig, noch mehr zugeben; erst wenn es sich nicht mehr richtig mit dem Rest der Mischung verbindet, könnte der Burger am Schluss sehr trocken werden.

Die Burger werden mit etwas Öl oder Butter in der Pfanne gebraten. Wenn sie relativ fest sind, kannst du sie sogar auf dem Grill rösten.

Burgerbrötchen:
siehe S. 30
Vegane Mayo:
siehe S. 188
Ketchup:
siehe S. 76

Schön ist es natürlich, den Burger zwischen einem selbst gebackenen Burgerbrötchen mit etwas Salat, gebackenen Zwiebelringen, Tomate, Paprikaringen etc. zu servieren, wie auf dem Foto – mit Mayonnaise oder Ketchup, vielleicht noch selbst gezogenen Sprossen.

Bei Burgern lässt sich ganz besonders gut improvisieren, und zwar mit so ziemlich allen Zutaten. Das Vollkornmehl z.B. kannst du auch durch 1 Tasse Semmelbrösel ersetzen oder durch Kichererbsenmehl. Auch gut ist zusätzlich ½ Tasse zerbröselter Tofu oder 1 Esslöffel Erdnussbutter.

Anstatt gekochtem Buchweizen kannst du z.B. Reis verwenden, Weizen oder anderes Getreide, Kartoffeln, Bohnen, Linsen oder Ähnliches, sogar eine Kombination davon. Genau wie der Buchweizen muss es vorher gekocht werden.

Und über die von mir vorgeschlagenen Gewürze hinaus steht dir natürlich die ganze Kräuterpalette sowie dein ganzes Gewürzregal zur Verfügung.

Es gibt viele Kräuter- und Gewürzmischungen für Fleisch. Die Mischungen sind oft so gut, dass sie die meisten Fleischesser einen Reis- oder sonstigen Veggieburger mit einem Fleischburger verwechseln lassen. Die meisten Gewürzmischungen enthalten allerdings reichlich Glutamat – ein geschmacksverstärkender Inhaltsstoff, der in sehr kleinen Mengen auch natürlich in Nahrung vorkommt und appetitanregend wirkt. In so großen Mengen wie er Fertiggerichten, Snacks und sogar Tierfutter zugesetzt ist, wird er zu einer nicht ungefährlichen Substanz, auf die manche Menschen allergisch reagieren, und deren Einfluss auf das Gehirn nicht vollständig erforscht ist.

Ich selber mache meistens Burger, wenn am Vortag von irgendetwas so viel übrig geblieben ist, dass es zu viel ist, um es wegzuwerfen oder eine Soße daraus zu machen, und zu wenig, um als Beilage verwendet zu werden. Mit anderen Worten: eine Art Resteverwertung.

»Friedensburger«, weil er glücklich macht und weil sich die Leute dabei oft mit der veganen Küche anfreunden. Oder weil die verschiedenen Zutaten einander so schön im Geschmack ergänzen. Oder denk dir deinen eigenen Namen aus, Hauptsache es schmeckt.

IM Wammes Waggel

Welcher Idiot hämmert da mitten in der Nacht an die Haustür? Ist der völlig durchgedreht, oder brennt vielleicht das Nachbarhaus ab?

»Ich komme!«, rufe ich die Treppe runter, aber der Trommler scheint mich nicht zu hören. Durchs Badezimmerfenster sehe ich zwei Männer, der Kleinere bearbeitet immer noch die Tür.

»Was ist los?«, rufe ich nach unten. »Und hört bitte auf, die Nachbarn schlafen!« Der Größere fragt flüsternd, ob ich sie reinlassen könnte, sie müssten mit mir sprechen. »Die Tür ist offen«, sage ich, »Kommt rein. Ihr könnt in der Küche warten!« Mein T-Shirt nur halb in die Hose gesteckt und den Hosenschlitz noch offen, begrüße ich sie einen Moment später.

Der Kleine hat den einzigen Stuhl in Beschlag genommen, der Größere sitzt auf meiner Spüle und blättert in der Lokalzeitung. Sie stellen sich vor als Beamte des BVN (des *binnenlandse veiligheidsdienst*, der niederländischen Entsprechung des Verfassungsschutzes). Das überrascht mich nicht: Wer sonst sieht so »geheim« aus, dass man ihn sofort erkennt.

Mein noch etwas verschlafenes Gehirn versucht, auf Touren zu kommen. Was könnte an mir so interessant sein, dass diese Herren mich aus dem Schlaf reißen? Sachen, die ich ihnen nie erzählen würde, fallen mir schon ein paar ein.

»Wir brauchen deine Hilfe«, sagt der Große. »Können wir irgendwo hingehen, wo es genug Stühle gibt und was zu essen?«

Noch kannst du Nein sagen, denke ich, aber ich bin viel zu neugierig, um die Einladung abzulehnen.

»Schließt du nicht ab?«, fragt der Kleine.

»Ich schließe nie ab, ich habe nichts zu verbergen.«

Als wir in ihrem Auto sitzen, dreht sich der Größere zu mir um und verrät mir, wieso sie meine Hilfe brauchen. Vor einigen Monaten ist in der Nachbarschaft eine Filiale des Lebensmittelgroßhändlers Makro ausgebrannt, und in einem Bekennerschreiben einer radikalen Aktionsgruppe wurde angekündigt, es werde so lange Anschläge geben, bis sich das Unternehmen dem internationalen Boykott gegen Südafrika anschließen würde oder das Apartheidsystem abgeschafft sei (was damals unvorstellbar schien). Es hatten auch schon einige Shell-Tankstellen gebrannt. Die Gruppe nennt sich RARA (Revolutionäre Anti-Rassistische Aktion), und offenbar hatte niemand eine Idee, wer dahinter steckt.

Wir parken vor einem Hotel mit Restaurant, nördlich von Sittard. Die Gäste hier sind LKW-Fahrer, Handelsreisende und Wirte, alles Leute, die bis spät in die Nacht arbeiten. Dieses Milieu mit seiner Nähe zur Halbwelt scheint erst nachts lebendig zu werden. Ich bin schon oft mit dem Fahrrad vorbeigefahren, habe aber nie gedacht, dass ich den Laden je von innen sehen würde. Normalerweise weckt so ziemlich alles meine Neugier, aber dieser Ort gehört nicht dazu, genauso wenig wie die Frage, wer sich hinter RARA verbirgt. Ich habe auch nicht die leiseste Ahnung. Wenn sie nur diese Angelegenheit interessiert, brauche ich keine Angst zu haben, versehentlich etwas zu verraten.

»Bestell dir, was du willst, wir bezahlen. Auch zu trinken. Einfach bestellen«, sagt der Kleine.

»Auf Seite sieben stehen auch vegetarische Menüs«, fügt der Große hinzu und reicht mir die Speisekarte.

Schnell stellt sich heraus, dass ich gar nichts verraten kann. Ich weiß nicht, wie viele Beamte wie viele Stunden damit beschäftigt waren, jedes noch so unwichtige Detail aus meinem Leben zusammenzutragen, aber ich weiß jetzt, wo ich nachfragen kann, wenn ich mal etwas vergessen haben sollte. Der Größere gratuliert mir sogar zur Schwangerschaft meiner in Dänemark lebenden Frau Ulla, die bald in die Niederlande ziehen möchte. Und ich dachte, nur wir zwei wüssten davon. Der Größere scheint sich tatsächlich Sorgen zu machen, wie wir als Familie in meinem winzigen Häuschen zurechtkommen wollen.

Dass mein Leben dermaßen transparent ist, beunruhigt mich, und ich bestelle mir als kleine Revanche das teuerste vegetarische Menü auf der Karte, als extra große Portion. Ich habe eigentlich keinen Hunger, aber da ich mir als Aperitif schon mal einen Doppelten vom ältesten Whiskey auf der Karte genehmige, ist es wohl besser, was in den Magen zu kriegen.

Der Kleine entscheidet sich für ein großes Steak, der Große nimmt das Gleiche wie ich. Seine Frau, so erzählt er, hat nach der Geburt ihres ersten Kindes vor vier Monaten auch begonnen, vegetarisch zu kochen, und seitdem kauft sie nur noch im lokalen Bio-Laden ein. Erst habe er das Fleisch vermisst, aber langsam finde er Gefallen an der neuen, gesünderen Ernährung. Apropos Gesundheit, fährt er fort, ich solle doch mit dem Rauchen aufhören, für mein Asthma sei das bestimmt nicht gut.

Der Kleinere winkt den Ober heran, um mein Glas noch einmal zu füllen, schaut mich an und fragt: »An dem Tag des Feuers war mittags jemand von Rampenplan im Makro. Weißt du, wer eure Einkaufskarte benutzt hat?«

Ich sage, dass ich nicht die geringste Ahnung habe und auch keine Lust, es für sie herauszufinden. Der Größere unterbricht uns, um wieder von seiner Frau zu erzählen. Offenbar ist sie auf einem alternativen Trip, und mich hält er für einen Experten auf diesem Gebiet. Er kommt auf einen Artikel in der alternativen Zeitschrift *Waterman* zu sprechen, den ich vor Jahren geschrieben habe: über die Rolle des Mannes und eine neue Art von Männlichkeit im »Wassermannzeitalter«. Auch der Kleinere mischt sich wieder in die Unterhaltung ein, nachdem er noch schnell eine Runde Whiskey bestellt hat.

Das Gespräch dreht sich um Normen und Werte einer Gesellschaft, die es noch gar nicht gibt.

»Hilf uns doch zu begreifen, wie eure Bewegung funktioniert. Wir können im Gegenzug auch etwas für dich tun.« Der Große versucht, das Gespräch wieder zum Kern der Sache zu bringen.

»Eure Firma weiß doch sowieso schon alles. Was könnte ich euch denn noch erzählen? Und glaubst du nach allem, was du über mich in Erfahrung gebracht hast, dass ich auf so ein Angebot eingehen würde?«

»Wir können dir zum Beispiel helfen, eine neue, größere Wohnung zu finden«. Der Größere gibt sich immer noch Mühe, mich zu überzeugen, während der Kleinere mit mir fertig ist.

»Also, wenn du Lust hast, können wir gerne wieder mal zusammen essen gehen. Bei uns um die Ecke gibt es ein gutes vegetarisches Restaurant. Bring deine Frau mit, wenn sie Lust hat. Aber auf eurer Gehaltsliste will ich nicht stehen.« Durchs Fenster sehe ich die Sonne hinter der Vorstadt aufgehen. Dem Kleineren reicht es, er will heim. Ich verabschiede mich am Auto, die sieben Kilometer laufe ich lieber nach Hause.

Am nächsten Abend erzähle ich in unserer Stammkneipe von unserem nächtlichen Gelage. Die meisten halten mich für verrückt, dass ich die Einladung überhaupt angenommen habe.

»Das kannst du doch nicht bringen! Das war der Geheimdienst, du Idiot! Weißt du überhaupt noch, was du denen im Suff alles erzählt hast?«

Mein Argument, dass es eh scheißegal war, weil ich gar nichts wusste und also gar nichts hätte verraten können, ließen sie nicht gelten. Wenn ich es jedoch ernsthaft in Erwägung gezogen hätte, ihr Angebot anzunehmen, dann hätte ich meine Karriere als »IM« jetzt schon an die Wand gefahren. Ich wäre kein sehr guter Spitzel geworden, denn Geheimnisse kann ich nur schwer für mich behalten. Aber das finde ich eigentlich auch gut so.

Trotzdem hat mich das Gespräch nachdenklich gemacht. Der Große hatte nämlich in einem Punkt recht: Mein Haus ist für die Familie, die wir bald sein werden, entschieden zu klein. Als Sozialhilfeempfänger kann ich es vergessen, ein größeres Haus zum selben Mietpreis zu finden. Aber die Zeit drängt, und Ulla ist schon dabei, ihr Zimmer in Kalundborg aufzulösen, daher rufe ich trotzdem bei der städtischen Wohngesellschaft an. Vielleicht haben wir Glück. Wie nicht anders zu erwarten, lässt mich die Beamtin abblitzen. Sie könne mich natürlich auf die Warteliste setzen, aber mit einer neuen Wohnung brauche ich erst mal nicht zu rechnen.

Am nächsten Morgen liegt ein dicker Briefumschlag auf meiner Türmatte. Die Überraschung ist groß, als ich darin einen Mietvertrag für eine Neubauwohnung mit Mietpreisbindung finde. Ich unterzeichne die Verträge, ohne nachzufragen, warum über Nacht dieser Sinneswandel stattgefunden hat.

Als ich nach der Heirat in Kalundborg mit Ulla unser neues Haus beziehe, liegt zwischen den Stapeln Glückwünschen eine handgemachte Karte mit getrockneten Wildblumen – von der Familie des großen Geheimdienstmannes. Die Frau von Agent Soundso wiederum schickte uns noch jahrelang Tipps für die gesunde Ernährung von Kindern. Mein ältester Sohn Pjort hat deshalb ein etwas anderes Lieblingsessen als die meisten Kinder ...

Pjort auf
Nahrungs-
suche.

Pjort

Grünes Gemüse
mit Weizen & heller Soße

1 kg frische Saubohnen
     in der Schale (oder
     eine Tiefkühlpackung
     von 450 g)
1 kg Brokkoli
   - Bohnenkraut (frisch)
1 ½ Tassen Weizen
   - Mehl
2 Tassen (Soja-)Milch
   - Margarine (oder Butter)
   - Muskatnuss

Pjort

Achtung,
Einweichzeit!

12-18 h

Weizen

Wenn man ihn 12-18 Stunden vorher in der vierfachen Menge Wasser einweicht, kann man die Kochzeit von Weizen fast halbieren. Uneingeweicht braucht er 2-3 Stunden, bis er gar ist. Den Weizen in reichlich Wasser (ca. 3-mal so viel) aufkochen, dann auf kleiner Hitze ungefähr 1 Stunde garen lassen. Dabei immer wieder kontrollieren, ob genug Wasser im Topf ist. Wenn du ein Korn mit dem Finger einfach platt drücken kannst, ist er weich. Noch 10 Minuten ohne Deckel stehenlassen und ausdampfen lassen.

Saubohnen

Die Bohnen aus den Schalen zu pellen ist immer wieder eine schöne, beruhigende Tätigkeit. Auch wenn am Ende viele Schoten und wenig Bohnen übrig bleiben, ist der einmalige Geschmack der Bohnen die Arbeit wert.

Die Bohnen in gerade so viel gesalzenem Wasser, dass sie darin schwimmen, aufkochen und ungefähr 10 Minuten bei schwacher Hitze weiterköcheln lassen. Abgießen und mit frischem Bohnenkraut und etwas Butter abschmecken.

Auch sehr lecker: das Wasser zum Teil mit (Soja-)Milch ersetzen.

Brokkoli

Brokkoli ist ein fantastisches Gemüse, das eigentlich schon ganz alleine hervorragend schmeckt. Wenn du ihn frisch aus dem Garten holst, was natürlich am besten ist, leg ihn vor dem Waschen ½ Stunde in Wasser mit 1 Esslöffel Salz ein. Das löst kleine Tierchen und Schmutz, die du hinterher einfach abspülen kannst. Dann den oberen Teil des Brokkoli in kleine Röschen, den Strunk in kleine Würfel schneiden und zusammen knapp von Wasser bedeckt ungefähr 10 Minuten garen. Das Kochwasser aufbewahren!

Helle Soße

2-3 Esslöffel Margarine in einem kleinen Topf bei nicht all-zu großer Hitze schmelzen. 2 Esslöffel Mehl unterrühren, bis ein sämiger Brei ohne Klümpchen ensteht. Nach und nach 1 Tasse Kochwasser vom Brokkoli darübergießen und gut verrühren, bis sich die Flüssigkeit gut mit der Masse verbunden hat und eine glatte, nicht zu dicke Soße ent-steht. Mit Salz und Muskat abschmecken.

Ecotopia

Mein Schädel brummt, der Schweiß läuft mir am ganzen Körper runter, im Zelt ist es heiß wie in einer Sauna. Die Sonne muss wohl schon ziemlich hoch am Himmel stehen. Ich suche meine Uhr und sehe, dass es erst ein paar Minuten nach sechs ist. Und offensichtlich brummt es nicht nur in meinem Schädel, sondern draußen ist mit schwerem Gerät zu Gange.

»Komm gucken«, ruft jemand mit tiefer Stimme und rüttelt an meinem Zelt. Ich stecke den Kopf durch den Zelteingang und versuche, mein T-Shirt als Hose anzuziehen. Vor mir steht Viktor, und zwar in der Uniform der Streitkräfte der Union der Sozialistischen Sowjetrepubliken. Der rote Stern auf seiner Mütze blitzt in der Sonne. Viktor ist knapp über fünfzig, und übergewichtig wäre untertrieben. Er ist Kommandant der örtlichen Panzerbrigade der Roten Armee. Gestern Abend kam er zum ersten Mal vorbei, um sich vorzustellen, in Zivil: in Ost-Jeans und einer Jacke aus Plastik, die nach Leder aussehen sollte.

»Komm gucken«, wiederholt er; er war in der DDR stationiert und kann ein paar Brocken Deutsch. »Komm essen«, waren die ersten Worte, mit denen er mir gestern Abend freundlich lächelnd die Tür seines Allrads aufhielt.

Mama Mariska, die Bäuerin, hatte Viktor von mir berichtet. Sie traute ihren Ohren nicht, als ich ihr erzählte, dass sich in einer Woche hier ungefähr tausend junge Menschen aus ganz Europa zum Ecotopia-Festival einfinden würden. Nachdem ich zwei Tage ohne Telefon, Elektrizität und Wasser neben einer Ruine von einem alten Bauernhof gezeltet hatte, glaubte ich es eigentlich selbst kaum noch.

»Kein Problem«, sagte Mama Mariska, »wir organisieren das.«

Und tatsächlich setzte sie ihr gesamtes Netzwerk aus Freunden und Verwandten in Bewegung. Was über Monate hinweg von Budapest aus unmöglich schien, war nun innerhalb von einem Tag erledigt: Am nächsten Abend habe ich sogar ein Telefon in meinem Zelt. Kurzerhand ist ein zwei Kilometer langes Kabel durch die Puszta bis zu ihrem Bauernhof verlegt worden. Nach diesem Wunder müsste der Rest auch spielend zu schaffen sein. Ich könnte ja mal bei den Russen um Hilfe anfragen, schlug sie vor, die hätten seit letztem Jahr sowieso nichts mehr zu tun und müssten bald nach Hause.

Als dann am Abend vorher ein Russe bei mir auftauchte und mich auf deutsch mit Dresdener Akzent zum Essen einlud, war ich gar nicht so überrascht – solche Sachen passieren halt.

Zeitgemäß mit Original-Perestroijka-T-Shirt.

Ich kramte aus meinem Zelt zwei Flaschen polnischen Bison Wodka hervor (als Verhandlungsgrundlage), und noch bevor wir seine Kaserne erreicht hatten, hatte er mir schon Diesel, Konserven, einen Panzer sowie seine Tochter angeboten. Sein Tisch war reich gedeckt mit allem Guten und Fetten, das ein russischer Kommandant so auftreiben kann – ein Sortiment von Konservendosen mit Fisch, Kaviar und Fleisch, von dem man gut einen Monat hätte überleben können. Dazu eine ganze Batterie Wodka und roter Champagner, insgesamt genug Alkohol, um eine halbe Brigade kampfunfähig zu machen. Ich habe keine Ahnung mehr, was wir in dieser Nacht besprochen haben, aber jetzt soll ich mir das Ergebnis anschauen.

Das Brummen kommt von sieben Panzern, die versuchen, die drei Kilometer Sandpiste von der Straße bis hierher für Fahrräder befahrbar zu machen. Hinter meinem Zelt ist eine gigantische Bohrmaschine damit beschäftigt, einen neuen Brunnen zu bohren, während ein Bagger Löcher gräbt für Donnerbalken, Küchenabfall und Kühlkeller.

Als wir ein Jahr vorher in Köln beim ersten Ecotopia beschlossen hatten, uns das nächste Jahr im Osten zu treffen, hätte ich mir nie träumen lassen, dass die Rote Armee ein Camp für radikale Umweltaktivisten aufbaut. Aber nach diesem Winter von '89 war alles vorstellbar.

»Es gibt kein Bio-Essen für so viele Umweltaktivisten«, steht auf dem letzten Fax der ungarischen EYFA-Gruppe (European Youth Forest Action). Zwei Jahre vorher hatten wir über die EYFA verschiedene Umweltgruppen in osteuropäischen Staaten mit Hilfe von Faxgeräten vernetzt. Die zu beschaffen, in die Ostblockstaaten zu schmuggeln und für das Telefonsystem zu konfigurieren, war nicht einfach, aber das Resultat war es wert. Was per Telefon nicht möglich war, nämlich Menschen gleichzeitig in ganz Europa zu erreichen, ließ sich mit dem Fax machen. Natürlich wäre das auch mit einem Computernetzwerk gegangen. Aber schmuggel mal einen Röhrenbildschirm unauffällig über eine Grenze … Und Laptops waren damals noch unbezahlbar.

Jetzt soll ich also Gemüse organisieren, am liebsten bio. Rampenplan wird aus den Niederlanden alle Trockenwaren wie Pasta, Reis und Getreide mitbringen, das Problem sind die frischen Zutaten. Unseres Wissens gibt es nur einen einzigen Bio-Bauern in ganz Ungarn, und der baut seine Landwirtschaft gerade erst auf. Da der Hof außerdem ein paar hundert Kilometer von unserem Ecotopia-Camp entfernt liegt, wäre es ökologisch gesehen völliger Quatsch, das Gemüse dort zu besorgen.

»Kein Problem«, sagte Mama Mariska auch in dem Fall; zwei Tage bevor die erste Gruppe anreisen soll, ist jedoch noch nicht eine Lieferung angekommen. Das ganze Camp mit Wildkräutern zu versorgen ist ausgeschlossen, die einzigen Pflanzen, die bei der Hitze und Trockenheit überlebt haben, sind die in der ganzen Gegend wild wachsenden Hanfpflanzen. »Was ist eigentlich Bio-Gemüse?«, fragt mich Mama Mariska, als ich nachfrage, ob ihre Suche Fortschritte macht.

»Gemüse, das ohne Kunstdünger oder Gift angebaut wird«, antworte ich.

»Das ist alles?«, fragte sie ungläubig. »Dann hast du kein Problem. Die ganze Gegend ist voller Bio-Gemüse«. Sie schenkt mir ein Glas Palinka ein und erzählt, dass die meisten Kleinbauern gar kein Geld für Dünger oder Spritzmittel haben. Die bauen noch so an wie ihre Großeltern und deren Großeltern, obwohl das immer schwieriger wird. Seit die staatlichen Landwirtschaftsbetriebe intensiv Obst für Schnaps und Wein anbauen und dafür im Sommer Unmengen an Wasser verbrauchen, sinkt der Grundwasserspiegel in der Puszta. Immer mehr Brunnen trocknen im Sommer völlig aus, und es gibt bereits einen regen Wasserhandel, sogar die Staatsbetriebe verkaufen durch die Hintertür ganze Tankladungen.

Die meisten Gärten sind kaum groß genug, um die Bauern selbst zu versorgen, doch das Gerücht, dass ich in D-Mark zahle, verbreitet sich wie ein Lauffeuer. Obwohl der ungarische Markt schon vor der Wende relativ durchlässig für Westprodukte war und die ersten großen Westketten außerhalb von Budapest schon ihre Maxi-Märkte einrichten, träumen hier, mitten in der Puszta, immer noch viele Menschen davon, mal selbst in den Westen zu gehen und dort ihr konsumistisches Utopia zu erleben.

Ein verrücktes Paradox: Auf der Suche nach Bio-Gemüse für Ecotopia bezahle ich Bauern vor Ort, damit sie mir ihren ganzen Gemüsegarten verkaufen – um mit dem Geld vierhundert Kilometer Richtung Westen zu fahren und in österreichischen Supermärkten Konserven sowie elektrische Geräte zu kaufen. Und höchstwahrscheinlich auch noch Kunstdünger! Ich kann nur hoffen, dass unser Camp sie auf neue Gedanken bringt. Oder muss man erst das »Leiden am Überfluss« kennenlernen, um zu begreifen, was für ein Paradies das hier ist?

Aber nicht nur die D-Mark bringt mich in eine eigenartige Machtposition, sondern auch mein kleiner Rampenplan-Stempel. Vor der Wende war jeder offizielle Stempel im Ostblock bei der Polizei registriert, und jeder abgestempelte Brief war eine Art »Sesam-öffne-dich«. Daher hatten wir damals zusammen mit den Faxgeräten auch ein paar hundert Stempelgummis an unsere Freunde verteilt, und auch hier in der Puszta kann ich mit einem Stempel der EYFA jede Handlung in eine Amtshandlung verwandeln und ihr dadurch Kraft verleihen. Der Bürgermeister fällt vor Dankbarkeit fast auf die Knie, als ich auf die Art die Einladung seiner Schwester in den Westen in ein offizielles Dokument verwandle. Jetzt kann er damit bei der Botschaft in Budapest ein Visum beantragen.

Er ist nicht der Einzige, der ein offizielles Einladungsschreiben braucht. Während wir auf das Eintreffen der Festivalbesucher warten, trage ich meinen Stempel um den Hals, um jedem, der Bedarf hat, alle möglichen Arten von Anträgen, Formularen oder Briefen abzustempeln, manchmal sogar ein paar leere Seiten.

Viel hat die Straßenbauarbeit der russischen Panzer nicht gebracht. Man sieht die Staubwolke schon von Weitem, als sich die fast zweihundert per Rad anreisenden Teilnehmer durch den knöcheltiefen Sand wühlen. Nach fast 3.000 km auf dem Rad müssen sie zum ersten Mal absteigen und schieben. Ein paar von ihnen sind zwei Monate vorher in Hell in Norwegen losgeradelt. Unterwegs haben sie in Erfurt die Einführung der D-Mark erlebt und mit eigenen Augen gesehen, wie dort über Nacht nur noch Westprodukte zu kaufen waren.

»Wahnsinn!«, brüllt mein Bruder Rik am Steuer seines großen Dragonbusses, der langsam hinter den sich vorankämpfenden Menschen her rumpelt.

»Hoi, Rik, willkommen in Ecotopia!«, rufe ich ihm zu. Was hältst du von unserer Hauptstraße? Für zwei Flaschen Wodka von der Roten Armee gebaut!«

Ecotopia

Kartoffeleintopf mit
Gemüsespießen & Erdnusssoße

4 große Kartoffeln
1 große Zwiebel
6 Tomaten
12 *kleine* Tomaten
(z.B. Kirschtomaten)
1 rote,
2 grüne Paprika
14 Champignons
1-2 Brokkoli
1 EL Zitronensaft
2 EL frische Minze
- frische Kräuter: z.B. Dill
Schnittlauch, Petersilie
375 g Tofu (= eine große
Packung)
1 Tasse saure Sahne
3 EL Margarine oder Butter
2 EL Erdnussbutter (gehäuft)
- Olivenöl
3 EL Ketjap Manis
- Teriyaki (oder Tamari-
oder eine andere
Sojasoße)
1 ¼ Tasse Gemüsebrühe
- Lorbeerblätter
- Kümmel
- Paprikapulver
- Pfeffer

6-8 Holz- oder Metallspießchen

Ecotopia

Kartoffeleintopf

Kartoffeln schälen und in große Stücke schneiden. Einen kräftigen Schuss Öl in einen dickwandigen Topf geben und die Kartoffeln darin anbraten, bis sie anfangen, braun zu werden. Zwiebel würfeln, 1 rote und 1 grüne Paprikaschote in kleine Stücke schneiden und beides mit den Kartoffeln anbraten, bis sie etwas glasig werden. Währenddessen die Tomaten in Würfel schneiden, dann mit der Gemüsebrühe, 1 Teelöffel Kümmel (ganz oder gemahlen) und 1 gehäuften Esslöffel Paprikapulver ebenfalls zu dem angebratenen Gemüse geben. Mit Salz und Pfeffer abschmecken und noch ein Viertelstündchen auf kleiner Flamme weiterköcheln lassen. Wenn du eine Gabel ohne Widerstand in die Kartoffeln stechen kannst, ist der Eintopf fertig.

Gemüse-Tofu-Kebab

Der Tofu wird in mittelgroße (etwa zwei Finger breite und einen Finger hohe) Quader geschnitten, die letzte grüne Paprika in grobe Stücke. Jetzt kannst du beides abwechselnd mit den kleinen Tomaten, Lorbeerblättern und Pilzen zu einer schönen Mischung auf die Spießchen aufstecken. Vor dem Grillen werden die Gemüse-Tofu-Spieße mariniert, und die Marinade dafür ist schnell gemacht: Den Ananassaft mit 1 Esslöffel Sojasoße mischen, die kleingehackte Minze dazugeben. Die Spießchen mit dieser Mischung bestreichen und auf einem Grill oder einer Grillpfanne rösten. Alternativ kannst du die Spießchen auch im Backofen bei mittlerer Hitze grillen. Die Spieße sind fertig, wenn der Tofu anfängt, braun zu werden.

Statt Ananassaft kannst du auch etwas Honig in Wasser auflösen.

Erdnusssoße

Gib 1 Esslöffel Zitronensaft, 2 Esslöffel Erdnussbutter, 3 Esslöffel Ketjap und 7 Esslöffel Wasser in einen Topf. Setz den Topf auf ziemlich hoher Flamme auf und rühr so lange, bis die Erdnussbutter aufgelöst, die Soße dünn und körnig ist. Jetzt die Hitze runterdrehen und weiterrühren, die Soße soll dick und glatt werden. Pass aber ein bisschen auf, das kann schnell anbrennen! Wenn es zu schnell geht, nimm den Topf vom Herd. Falls dir die Soße zu dickflüssig wird, einfach noch ein paar Löffel Wasser dazugeben.

Mit z.B. Sambal Oelek, Knoblauch, gebackener Zwiebel oder kleingeschnittenen frischen roten Chilischoten als zusätzlichen Zutaten lässt sich gut experimentieren. In Indonesien hat jede Familie ihr eigenes Erdnuss-soßen-Geheimnis.

Brokkolisalat

Löse die Röschen vom Brokkoli ab und schneide den Strunk in kleine Würfel. Petersilie, Schnittlauch und Dill fein hacken und mit der sauren Sahne bzw. ihrem Sojastellvertreter verrühren. Mit Zitronensaft und Salz abschmecken. Das Dressing gut mit dem Brokkoli vermischen.

Auch mit anderen Kräutern kann prima gewürzt werden. Einfach mit dem ausprobieren, was es gerade zu kaufen oder zu pflücken gibt!

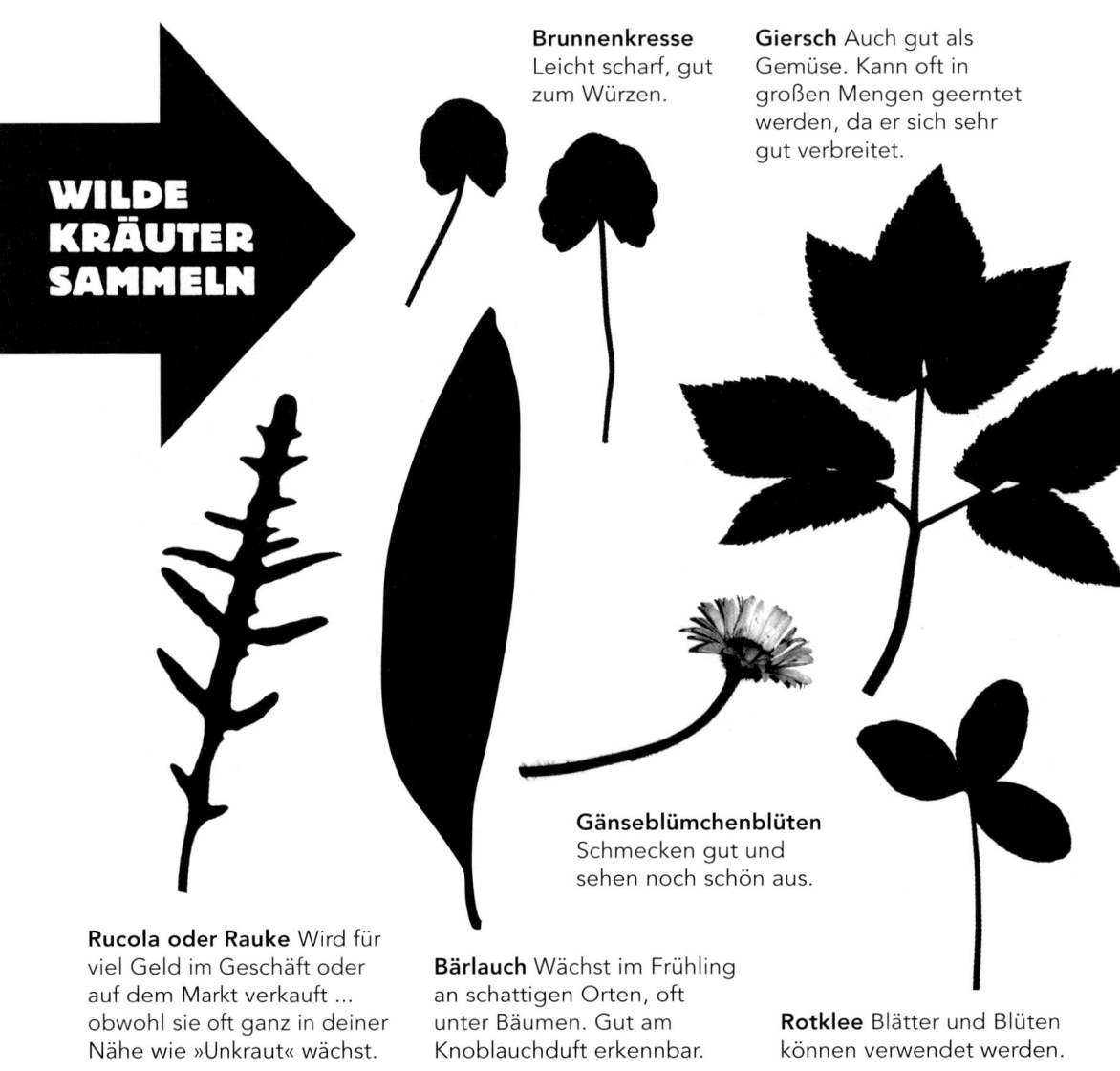

WILDE KRÄUTER SAMMELN

Brunnenkresse Leicht scharf, gut zum Würzen.

Giersch Auch gut als Gemüse. Kann oft in großen Mengen geerntet werden, da er sich sehr gut verbreitet.

Gänseblümchenblüten Schmecken gut und sehen noch schön aus.

Rucola oder Rauke Wird für viel Geld im Geschäft oder auf dem Markt verkauft ... obwohl sie oft ganz in deiner Nähe wie »Unkraut« wächst.

Bärlauch Wächst im Frühling an schattigen Orten, oft unter Bäumen. Gut am Knoblauchduft erkennbar.

Rotklee Blätter und Blüten können verwendet werden.

Du findest Wildkräuter eigentlich überall. Zwischen Äckern, Feldern und Weideland, an den Rändern, ist es etwas unwahrscheinlicher, dass sie kürzlich noch eine Gülle- oder Insektiziddusche bekommen haben. (Tolle Ernte: auf militärischen Übungsplätzen!) Wildkräuter wachsen im Stadtpark, in Hinterhöfen, auf ungenutztem Gelände, an Zugstrecken, eigentlich in jeder Ritze, die nicht zugeteert ist. Aber pass ein bisschen auf – nicht nur Hunde platzieren ihre Duftmarken, auch Autoabgase hinterlassen Spuren. Such also am besten eine Stelle, wo wenig Haustiere, Autos und Menschen hinkommen, und wasch deine Funde, bevor du sie verwendest.

Löwenzahn Jung pflücken, wenn er noch nicht geblüht hat oder allenfalls Knospen zu sehen sind. (Schmecken geröstet sehr gut.) Falls die Blätter zu bitter sind, leg sie für ½ Stunde in Salzwasser ein. Löwenzahn, der durch einen Maulwurfshügel gewachsen ist, ist durch den Mangel an Sonnenlicht ganz hell, wie Chicorée. Wenn du selber eine noch kleine Pflanze mit ewas Sand bedeckst, wird sie da hindurchwachsen (und du hast ein bisschen mit Wildkräutern gegärtnert).

Brennnessel Kannst du vom frühen Frühjahr an bis in den Sommer ernten. Von der Unterseite aus zwischen den Fingern rollen »entschärft« die Blätter. Die brennenden Härchen sitzen nur am Rand und auf der Oberseite.

Ein paar leckere Kräuter, die häufig vorkommen und die ich gerne verwende.

Vogelmiere Die Blätter schmecken ein bisschen wie junger Mais.

Schafgarbe Nur die jungen Blätter im Frühjahr verwenden; die der ausgewachsenen Pflanze sind eher ein Küchengewürz.

Sauerampfer Echt sauer, also vorsichtig dosieren. Hat sehr viel Vitamin C, Kinder lieben ihn.

Sehr wenige wild wachsende Pflanzen in Nordeuropa sind wirklich giftig, und wirklich nur ganz, ganz wenige so giftig, dass schon Probieren gefährlich für unsere Gesundheit wäre. Du kannst also ruhig mal ein Blatt pflücken und es versuchen, auch wenn du nicht so genau weißt, was es ist. Eine giftige Pflanze schmeckt auch nicht gut, die Natur spinnt ja nicht. Eigentlich ist fast alles, was draußen wächst, mehr oder weniger essbar. (Nur schmeckt nicht alles gleich gut.)

Wenn du aber eine Mahlzeit daraus machen willst, ist es besser, kurz in einem Pflanzenbestimmungsbuch nachzusehen.

Zagreb Diary

Seit den Wahlen 1990 regiert in Kroatien die nationalistische HDZ, das Land hat seine Unabhängigkeit erklärt, und die »Ent-Jugoslawisierung« ist in vollem Gange. Deshalb ist es ein kleines Wunder, dass die Umwelt-Konferenz, zu der ich eingeladen bin, überhaupt stattfinden wird.

In den niederländischen Fernsehnachrichten sieht man bereits dramatische Bilder. Slowenien, mit seiner Unabhängigkeitserklärung nur um ein paar Stunden schneller als Kroatien, hat schon einen zehntägigen Krieg hinter sich. Auch in Kroatien hat es kleinere Scharmützel zwischen den mehrheitlich serbisch bewohnten Teilen des Landes und den neuen kroatisch-nationalistischen Kräften gegeben, teilweise aber auch regelrechte Kämpfe. Dennoch kann ich auf dem Bahnhof in Sittard problemlos eine Zugfahrkarte nach Zagreb lösen und kriege vom Krieg erst mal nichts zu sehen. In München steigen ziemlich aufgeregte Kroaten zu, und in Wien werden die letzten Stehplätze von laut singenden, in zusammengekaufte Phantasieuniformen gekleideten Männern besetzt.

»Za Dom Spremni!« – »Bereit für die Heimat!«, das Motto der Ustascha klingt durch den Zug. Einer meiner Abteilgenossen merkt, dass ich kaum etwas verstehe und erklärt mir, dass sie unterwegs seien, um ihren Verwandten in Ost-Slawonien zu helfen. Die Dörfer und kleinen Städte an der serbischen Grenze wurden in der Woche zuvor von Tschetniks überfallen.

Was in Zagreb zuerst auffällt, sind die neuen Fahnen. Das alte Rot-Weiß-Blau ist geblieben, doch der rote Stern ist durch ein rot-weißes Schachbrettmuster, die Sahovicna, ersetzt worden. Auch sieht man viele blaue Fahnen mit einem Ring goldener Sterne. Europa ist überall. Den »Coupe Europe« gibt es im Eiscafé, »European Beer« in der Kneipe. »Help us, Europe« steht auf einem großen Transparent gegenüber dem Bahnhofseingang.

»Bis Ende des Jahres werden wir noch EU-Mitglied, und bis dahin werden sie uns gegen die groß-serbischen Idioten helfen«, höre ich hinter mir meinen Abteilgenossen, der mit einer ganzen Truppe von Heimatverteidigern unterwegs ist.

Die Straßen sind voller Männer in militärischen Uniformen, meistens mit Tarnmuster oder in Tiefschwarz. Mehr ist vom Krieg erst mal nicht zu bemerken. Ein Taxi bringt mich auf den Berg Sljeme im Norden von Zagreb, wo neben dem Fernsehturm das Seminarhaus steht, in dem unsere Konferenz stattfinden wird. Von hier oben sieht Zagreb ganz friedlich aus.

Wir ausländischen Gäste bleiben im Wesentlichen unter uns, Aktivisten aus Kroatien lassen sich kaum blicken. Von den wenigen, die vorbeischauen, erfahren wir, dass unten in der Stadt verschiedene Kasernen der jugoslawischen Volksarmee von Gruppen bewaffneter kroatischer Bürger umstellt wurden, und dass es hier oben auf dem Sljeme sicherer ist als unten im Tal.

Fast eine Woche lang bleiben wir im Haus, die meisten trauen sich nicht einmal, einen Spaziergang im Wald zu machen. Die meiste Zeit verbringen wir im Fernsehraum und verfolgen auf der Mattscheibe, was zeitgleich unten im Tal vor sich geht. Wir sehen, wie vor den Kasernen Bjelovar, Varazdin und Karlovac, die alle mitten in der Stadt liegen, heftige Schießereien stattfinden. In Osijek beschießen Panzer von der Kaserne aus das Spital. In Dubrovnik schlagen Granaten in der Altstadt ein. Aus Ost-Slawonien kommen verwackelte Bilder von schweren Straßenkämpfen, aber die »Helden« von Vukovar halten durch, das übersetzt ein Aktivist aus Polen, der Kroatisch versteht. Er überbringt auch jeden Morgen die gute Nachricht, dass die Köchinnen wieder da sind und es genug zu essen gibt. Manche Teilnehmer haben Angst, dass man uns hier oben vergessen könnte und wir mit den wenigen noch vorhandenen Vorräten überleben müssten.

Nach einer Woche lassen die Kämpfe nach, und wir ziehen um in ein Hotel gleich neben dem Bahnhof. Abends werden wir von *Zelena Akcija*, die die Konferenz organisiert hat, zu einem Abschiedsessen in eines der teuersten Restaurants Zagrebs eingeladen. Beim Essen spielt das obligatorische Roma Orchester, danach feiern wir mit Wein aus Kutjevo unseren Abschied. Die Anspannung der letzten Tage fällt umso schneller von uns ab, je lauter wir alte Partisanenlieder singen. Kurz nach Mitternacht bittet uns der Ober leicht beschämt, den Gesang ein wenig zu dämpfen, da in dem Raum darüber gerade die hohen Tiere vom HDZ ihren Sieg in der Schlacht um die Kaserne feiern und er wegen uns keine Probleme bekommen will.

Am nächsten Tag laufe ich noch einmal durchs Stadtzentrum, die Luft ist schwülwarm, und der Geruch von gerösteten Kastanien liegt in der Luft. Abgesehen von den Uniformen und den gesprengten Bereichen rund um die belagerten Kasernen wirkt Zagreb wie eine normale Stadt. Die Straßen und Terrassen sind voller Menschen, und es herrscht eine ausgelassene Stimmung wie nach einem gewonnenen Fußballspiel. Da bleiben auf dem Ban-Jelacic-Platz alle Passanten plötzlich stehen und starren in den Himmel. Ich folge ihren Blicken in Richtung Sljeme. In der klaren Luft ist der Fernsehturm neben dem Seminarzentrum deutlich zu sehen. Von rechts kommt ein niedrig fliegender Düsenjet, dreht über unseren Köpfen bei und fliegt direkt auf den Fernsehturm zu. Zwei Rauchwölkchen lösen sich von seinen Flügeln, zwei weiße Streifen ziehen sich vom Flugzeug bis zum Turm, von wo aus eine große Staubwolke aufsteigt. Erst einen Moment später hört man mehrere kleine und große Explosionen. Ich renne zurück zum Hotel, trommle die anderen zusammen, schalte die Glotze ein und sehe und höre nur Rauschen. Verwundert gucken die anderen mich an. »They bombed the television tower!«

Zwei Stunden später sitzen wir alle im Zug. Man kann nie wissen, heute Fernsehturm, morgen vielleicht der Bahnhof? Zu Hause lassen mich die Ereignisse in Zagreb nicht los, die Medien bringen immer schrecklichere Nachrichten. Gleichzeitig wächst auch die Spannung zwischen Ulla und mir: Nach fast fünf Jahren Ehe rasseln wir immer häufiger aneinander und beschließen Anfang 1992, uns für eine Weile zu trennen. Auch deshalb bin ich froh über die Einladung von einem alten Bekannten aus Zagreb: Aufgrund meiner Erfahrungen mit internationaler Netzwerkarbeit, Organisation von Camps und gewaltfreier Konfliktlösung soll ich ein paar Monate die neu gegründete *Anti-Ratna*-Kampagne (Anti-Kriegs-Kampagne, kurz ARK) unterstützen. Ich sage zu und fahre los.

Ich komme fast gleichzeitig mit den ersten UN-Schutztruppen, der UNPRO-FOR, in Zagreb an. Über den Winter hat sich viel verändert: Die ganze Innenstadt ist mit Sandsackbarrikaden zugebaut, die bis in etwa zwei Meter Höhe an allen Fassaden aufgestapelt sind. Die Fenster sind über und über mit Klebeband in den kroatischen Nationalfarben zugepflastert, damit bei Bombentreffern keine Glassplitter herumfliegen, und die Terrassen der Restaurants sind wie leer gefegt. Die Menschen auf der Straße bewegen sich eiliger als früher, das Gebäude gegenüber dem Bahnhof ist von Sicherheitskräften der HSP, der »Kroatischen Partei des Rechts«, mit ihren schwarzen, SS-ähnlichen Uniformen besetzt worden. Sie haben in der ganzen Gegend Kontrollpunkte eingerichtet. Vor dem ehemaligen »Vereinsgebäude« der Künstler steht ein Panzer, und auf dem Dach sind kleine Flugabwehrkanonen platziert. »Danke Deutschland« steht diesmal auf dem großen Transparent, weil Deutschland eines der ersten Länder war, die die Unabhängigkeit anerkannten. Die Leute, die ich in Zagreb kannte, hatten in der kurzen Zeit eine richtige Underground-Kultur entwickelt – und zwar wörtlich: Den Winter über gab es fast täglich Luftalarm, und so musste sich das Leben in der Nähe der Luftschutzräume abspielen. Im Stadtzentrum gibt es verschiedene Kellerrestaurants und -bars, die oft schon Stunden vor einem möglichen Angriff so überfüllt sind, dass sie geschlossen werden, um den Gästen wenigstens ein bisschen Platz zu lassen. Dabei war außer den Angriffen auf den Fernsehturm und den Präsidentenpalast nie etwas passiert. Manchmal war nicht einmal ein Flugzeug in der Nähe, wenn Alarm gegeben wurde. Trotzdem sind sie den ganzen Winter lang zum Schutzkeller gepilgert, man kann schließlich nie wissen.

»Die meisten Menschen, die jetzt noch auf der Straße rumhängen oder im Bahnhof, sind Flüchtlinge aus der Krajina und Slawonien«, erklärt man mir. »Die kennen Zagreb nicht und haben kein Geld. Deshalb warten sie den ganzen Tag, bis die großen Schutzräume geöffnet werden. Da ist es etwas wärmer, und wenn der Alarm lange genug dauert, gibt es auch was zu essen.«

Abends versuche ich, die Eindrücke des Tages für meine Kinder aufzuschreiben. Ich fühle mich mies wegen der Trennung und hoffe, dass sie mich durch meine E-Mails besser verstehen.

Als ich Milena, einer befreundeten Aktivistin, im Friedensbüro zeigen will, wie man von Zagreb aus mit einer Telefonnummer in den Niederlanden über einen Computer in London E-Mails in die ganze Welt verschicken kann, werde ich hart mit der Wirklichkeit draußen konfrontiert. Plötzlich wird das Faxgerät in der Ecke des Büros lebendig. Zeile für Zeile druckt es kreischend einen Text aus, der mir prompt von Milena übersetzt wird. Es handelt sich um einen Bericht von jemandem aus Bijeljina, einer Stadt im Dreiländereck zwischen Kroatien, Serbien und Bosnien-Herzegowina. Männer in schwarzen Uniformen seien einmarschiert, sie stürmten gerade die ersten Häuser, er habe Geschrei und Gewehrfeuer gehört, traue sich aber nicht auf die Straße, um nachzusehen. Er habe sich im Büro der muslimischen Partei versteckt. Aus diesem Grund traue er sich auch nicht anzurufen, weil er fürchte, seine Stimme könnte ihn verraten. Das Fax endet mit »Draußen stehen Arkans Tiger« – der Name einer berüchtigten serbischen Miliz. Wir beratschlagen, ob wir etwas zurückschicken sollen, entscheiden uns dann aber dagegen, weil ihn das Klingeln des Faxgeräts verraten könnte. Wir warten ab. Ein zweites Fax kommt. Er kann hören, wie die Nachbarhäuser geräumt werden und wie der Nachbar laut um sein Leben fleht. Ein Schuss fällt. Er hört die Stimme der Frau, und dann wieder einen Schuss. Danach nur noch Stimmen, die er nicht kennt – sie durchsuchen das ganze Haus. Die nächsten Zeilen beschreiben, wie die Tschetniks anfangen, alle Muslime in der Nachbarschaft zu ermorden. Wahrscheinlich sind schon über hundert tot. Dann schreibt er nur noch, dass er hört, wie unten gegen die Haustür geschlagen wird. Wir warten, aber es kommt nichts mehr.

Obwohl wir nicht wissen, ob das, was wir gerade gelesen haben, die Wahrheit ist oder nicht, entscheiden wir uns, die Nachrichten aus Bijeljina im Internet zu publizieren. Am nächsten Morgen sind die ersten Reaktionen da: Ob wir völlig verrückt geworden seien, solchen Unsinn zu verbreiten, der Krieg sei schon schlimm genug. Die großen Nachrichtensender wie CNN hätten nichts davon berichtet, und wir sollten bloß nicht zur Eskalation beitragen. Drei Tage später berichtet CNN, die Stadt Bijeljina sei unerreichbar, und es gebe bestätigte Berichte, denen zufolge ein Großteil der muslimischen Bevölkerung dort vertrieben oder ermordet worden sei. Das erste Massaker im Bosnienkrieg ist damit offiziell bestätigt, und das E-Mail-Tagebuch für meine Kinder wird immer mehr zu einer öffentlichen Dokumentation darüber, wie ein Westeuropäer das Leben in einem Land im Krieg erlebt. Heute nennt man dergleichen Blog.

In den Tagen darauf kommen Faxe auf Englisch von Selma, einer jungen Amerikanerin, die ihre Familie in Sarajevo besucht und die Stadt nicht verlassen kann, weil sie jetzt völlig von der jugoslawischenn Volksarmee (fast nur noch Serben und Montenegriner) eingekesselt ist. Niemand kommt mehr rein oder raus. Von den umliegenden Bergen werden willkürlich Granaten in die Stadt geschossen.

In Mostar gibt es schwere Kämpfe, in die Städte an der Drina marschieren nach und nach *Tschetniks* ein, serbische Freischärler, die die lokale muslimische Bevölkerung, hauptsächlich die Männer, umbringen. Selma leitet uns die Berichte weiter, die im Keller des Postamts in Sarajevo zusammenströmen, wo die bosnische Regierung ihre Büros eingerichtet hat. Aus irgendeinem Grund kann sie außer unserem Büro in Zagreb kaum andere ausländische Anschlüsse erreichen. Ich setze Selmas Nachrichten in mein Online-Tagebuch, und Hunderte von Menschen aus der ganzen Welt schreiben zurück und fragen, ob und wie sie helfen können.

»Heute morgen hat jemand ›Ovo je Velika Serbija‹ (Das hier ist Groß-Serbien) auf die Fassade des Postamts gesprüht«, schreibt sie ein paar Tage später. »Ich habe Angst, dass die Tschetniks noch oder wieder in der Stadt sind.«

Der Rest ihrer Faxe sind Übersetzungen von Aufrufen zur Hilfe von Izetbegovic, dem Präsidenten von Bosnien, der im Zimmer neben ihr mit Vertretern der UNPROFOR über die sichere Evakuierung von Kindern und Frauen aus der belagerten Stadt verhandelt. Am nächsten

Morgen schreibt Selma, neben den serbischen Spruch habe jemand »Idiota, ove je posta.« (Idiot, das ist das Postamt) gemalt hat. Sie glaubt jetzt, dass sie in einigen Tagen nach Zagreb kommen wird, es scheint, als ob die UNPROFOR Ausländer hinausbringen kann, sie weiß aber noch nicht, ob sie das will.

Mir geht es ähnlich. »Should I Stay or Should I Go?« Seit Tagen geht mir dieser Clash-Song nicht aus dem Kopf. Auch ich bin unschlüssig, was ich tun soll, entscheide mich dann aber zu bleiben, bis der Irrsinn vorbei ist. Aus dem Fenster sehe ich, wie das Regenwetter der letzten Tage aufklart, hoch über der Stadt wird der Fernsehturm auf dem Sljeme wieder sichtbar. Nichts erinnert an den Angriff im letzten Jahr, der Bergwald strahlt die gewohnte Ruhe aus.

»Keine Angst«, schreibe ich in mein Tagebuch, »in Zagreb ist alles relativ friedlich, mir wird nichts passieren.«

Von Süden her weht das Donnern der Geschütze herüber, es sind kaum dreißig Kilometer bist Sisak, wo gekämpft wird. »Die Front ist weit weg.«

Burkie half das Netzwerk *Za Mir* (»Für Frieden«) aufzubauen ...

... mit dem später die verfeindeten Parteien E-Mails austauschten – auf beeindruckenden Geräten.

Wenn die Vorräte knapp sind, kann eine leckere Stulle den ärgsten Hunger besänftigen – zum Beispiel mit einem selbstgemachten Brotaufstrich.

Apfel-Zwiebel-Schmelz

Pesto

Indische Currypaste

Hummus

Nuss-Schoko-Creme

Tofu-Aufstrich

Spachtelmasse

Als wir beschlossen hatten, dass keine Milchprodukte aus Massentierhaltung mehr gekauft werden sollten, und auch klar war, dass Bio-Käse auf Dauer unser Budget sprengen würde, beschlossen wir, eigene Brotaufstriche zu machen. Hier sind ein paar Rezepte für leckere Pasten, mit denen sich gut Brote schmieren lassen, die aber auch zu anderen Gerichten gut schmecken (z.B. als Würzpaste oder zu Pfannkuchen). Ein elektrischer Pürierstab ist bei der Zubereitung sehr nützlich. Die Aufstriche halten sich einige Zeit im Kühlschrank.

Zutaten →

Spachtelmasse

Pesto

- frische Kräuter:
  z.B. je 1 Bund Basilikum,
  Petersilie und Schnittlauch
- Knoblauch
- 1 kleine Handvoll
  Pinienkerne
- Olivenöl
- Salz

Gib die Kräuter, ein paar Zehen Knoblauch, einen kräftigen Schuss Öl und die Pinienkerne zusammen mit Pfeffer und Salz in eine tiefe Schüssel. Püriere das Ganze mit einem Küchenstab. Schmecke das Pesto mit Salz und Pfeffer ab. Du kannst es zusätzlich noch aromatisieren: z.B. mit Parmesan, getrockneten Tomaten oder Wildkräutern (s. S. 164). Pesto schmeckt ausgezeichnet zu Nudeln und lässt sich auch gut aufbewahren.

Kichererbsen über Nacht in 1 Liter Wasser quellen lassen, Einweichwasser wegschütten und die Erbsen abspülen. Mit dem Lorbeerblatt und dem Bohnenkraut bei mittlerer Hitze weichkochen (etwa 1½ Stunden). Das Kochwasser abgießen, aber für später aufheben, die Kichererbsen pürieren. Für eine cremige Konsistenz etwas von dem Kochwasser zugeben. Die Zwiebel hacken, den Knoblauch auspressen, beides im Öl glasig dünsten. Zwiebeln und Knoblauch unter die Kichererbsenmasse mischen und mit Zitronensaft, Sesam, Pfeffer, Salz und Cayennepfeffer abschmecken.

Hummus

1 ½	Tassen Kichererbsen
1	kleine Zwiebel
3	Knoblauchzehen
2 EL	Zitronensaft
-	Petersilie
2 EL	Olivenöl
2 EL	gerösteter Sesam
1	Lorbeerblatt
-	Bohnenkraut
-	Cayennepfeffer
-	Salz

Apfel-Zwiebel-Schmelz

4	Zwiebeln
1	kleiner Apfel
3 EL	Kokosfett
6-7 EL	Margarine
1 EL	Sojasoße
-	Majoran
-	Pfeffer
-	Salz

Zwiebeln und Äpfel sehr klein schneiden und in 3 Esslöffel Kokosfett in einer Pfanne bräunen. Die Margarine bei schwacher Hitze dazuschmelzen lassen. Mit den Gewürzen und Kräutern abschmecken und gut durchrühren. Während des Abkühlens ab und zu umrühren, damit sich das Fett nicht oben absetzt.

<u>Indische Currypaste</u>

3 Zwiebeln
3 Möhren
3 EL Sonnenblumenöl
1 Päckchen Butter
oder Margarine
5 EL Hefeflocken
1 EL Dillspitzen
2 TL Curryulver
1 TL Kurkuma
2 TL Kräutersalz

Zwiebeln ganz kleinschneiden und in etwas Sonnenblumenöl anbraten. Möhren fein raspeln, zu den Zwiebeln geben und kurz mitdünsten. Die Butter/Margarine bei kleiner Flamme in die Gemüsemischung einschmelzen lassen. Gewürze und Kräuter miteinander vermischen und zu der Zwiebel-Möhren-Masse geben. Beim Abkühlen immer wieder durchrühren, damit die Bestandteile sich schön cremig miteinander verbinden.

Den Tofu zwischen den Fingern »zerbröseln«, mit den übrigen Zutaten vermischen und glattrühren, am einfachsten mit einem Mixer. Dieses Grundrezept lässt sich auf vielerlei Art variieren, zum Beispiel mit Paprikapulver, schwarzen Oliven, frischen Kräutern, Walnüssen etc. Der Fantasie sind keine Grenzen gesetzt.

<u>Tofu-Aufstrich</u>

200 g Tofu
4 EL Öl
1 EL Zitronensaft
1 TL Meersalz

Die Margarine mit einem Rührgerät oder Mixer schlagen, bis sie cremig weiß aussieht. Das Erdnussmus und den Honig unterrühren. Die Haselnüsse kurz anrösten (bis sich die Haut löst). Die Haut »abrubbeln« und die Nüsse fein mahlen, dann gut mit dem Kakao und dem Getreidekaffeepulver vermengen. Diese Mischung in die Margarine-Honig-Masse einrühren, bis eine homogene Creme entsteht.

<u>Nuss-Schokocreme</u>

250 g Margarine
250 g Erdnussmus
6-7 EL Honig
1 Tasse Haselnüsse
2 EL Kakao
1 EL löslicher
Getreidekaffee

Rock 'n' Roll Connection

»Mutter Maria, Heilige Jungfrau von Medjugorje, lass sie betrunken sein oder schlafen!«, betet Goran und schlägt ein Kreuz.

»Oh shit«, denke ich, »da hab ich wohl kurz nicht nachgedacht.« Vor uns liegt eine fast vierhundert Meter lange Brücke über die Neretva, die Fahrbahn ist von Granaten durchlöchert und vom Geländer kaum etwas übrig. Doch das Gefährlichste sehen wir noch gar nicht, denn es liegt hinter den Felsen auf der linken Straßenseite versteckt. Goran dreht die Musik voll auf, tritt das Gaspedal durch und lässt unseren Fiat Uno einen Satz nach vorne machen. Mit quietschenden Reifen umkurven wir die Schlaglöcher und singen so laut wir können mit: »Hajde, Hajde!« Vom Beifahrersitz sehe ich, wie die Rohre der Tschetnik-Haubitzen in unsere Richtung schwenken. »Hajde!«, noch etwa hundert Meter bis wir den Schutz der Felsen am anderen Ende erreicht haben. Ein Rohr hat seine Mündung schon auf uns gerichtet, haarscharf schlittern wir an einem großen Krater vorbei, hinter uns eine Spur kleiner Staubwölkchen – von oben nimmt man uns mit AK47s aufs Korn. Schließlich steigt Goran in die Eisen, wir drehen uns um und sehen durch die Rückscheibe, wie eine Granate auf der Brücke einschlägt.

»*Give me five!*« Wir holen noch einmal tief Atem und setzen unseren Weg Richtung Mostar fort – bis dort verläuft die Straße zumindest im Schutz der Felsen.

Am Morgen war ich mit einem australischen Hilfskonvoi im Schutz spanischer UNPROFOR-Panzer nach Konjic aufgebrochen. Friedlich war es, nur der amerikanische Journalist, den wir mitnahmen, nervte unheimlich. Er kam sich ungeheuer wichtig vor, weil er zu Spenden für die Flüchtlinge aufrufen wollte, und setzte sich ungefragt nach vorne, während ich mir mir hinten den Platz mit den Sixpacks teilen musste. Alle australischen Lastwagen sind mit Sixpacks und leeren Bierdosen vollgestopft, denn Bier bzw. Lager ist der Sprit der Fahrer, die im Schnitt einen Verbrauch von einer Dose pro zurückgelegte Meile haben.

Der Journalist ging uns mit seinen Fragen schwer auf den Geist. Mike, unser australischer Fahrer mit dem schönen Cowboyhut (mit Korken an Schnüren rund um die Krempe, um die Fliegen abzuwehren) ist normalerweise sehr gesprächig, aber auch er beschränkte sich bald nur noch auf ein müdes »Yeah« oder »No«.

»Stimmt es«, fragte die Nervensäge, »dass auf UN-Konvois geschossen wird?«

»Yeah«, brummte Mike wieder, »aber nur auf die Fahrer.«

Der Journalist schaute Mike ehrfürchtig an.

»Ja«, sagte ich von hinten, »aber das hier ist ein englischer Truck.«

Es dauerte eine Weile, bis er es kapierte. Dann ließ er sich leichenblass vom Sitz gleiten und verbrachte den Rest der Fahrt mucksmäuschenstill unter das Armaturenbrett gekauert.

Mike und ich konnten jetzt endlich über unseren Plan reden, Saatgut nach Sarajevo zu bringen, das jetzt schon mehr als acht Monate von der Außenwelt abgeschlossen war. Bald würde der Frühling kommen, und in der Stadt gab es viele Plätze, wo man Gemüse anbauen konnte, Balkone oder zerschossene Wohnungen zum Beispiel.

Als wir dem UN-Flüchtlingskommissariat unsere Idee vorstellten, wurde uns unmissverständlich klargemacht, dass man das für gar keine gute Idee hielt. Die Bürger der belagerten Stadt könnten Saatgutlieferungen als falsches Signal missverstehen – nämlich, dass der Rest der Welt die Situation in Sarajevo für »normal« hält. Und die Bewohner hofften damals noch auf ein schnelles Ende des Krieges und wollten sich daher nicht auf eine lange Belagerung einstellen.

Trotzdem wurde unsere Idee von verschiedenen Hilfsorganisationen aufgegriffen, und im Sommer 1994 sah die Stadt aus wie eine einzige große Permakultur – auf jedem freien Fleckchen wuchs etwas Essbares.

Manchmal verläuft die Front quer durchs Gemüsebeet.

In Konjic verließ ich den Konvoi. Von dort waren es nur noch wenige Kilometer bis Sarajevo, und gleich hinter der Stadt begann die Front. Aufgrund dieser Lage konnte man von Konjic aus den Transport von Waren in die belagerte Stadt organisieren. Die nächsten zehn Kilometer wurden von Serben kontrolliert, die nur das durchließen, was mit der UN ausgehandelt war und von ihnen als absolut lebensnotwendig erachtet wurde. Um Ärger an den Kontrollposten zu vermeiden und um zu verhindern, dass womöglich ein ganzer Konvoi zurückgeschickt wurde, achtete die UN peinlich genau auf die Einhaltung dieser Auflagen. Da es aber eine Menge Sachen gab, die wir Friedensaktivisten im Gegensatz zu den Serben sehr wohl als lebensnotwendig erachteten, wurde es eine Art Sport, diese Dinge irgendwie in die Stadt zu bekommen. Zum Beispiel Kondome.

Schon jetzt, genau neun Monate nach Kriegsanfang, begann der erste Babyboom. Ein weit verbreitetes Phänomen in Kriegen, wie alle Statistiken bestätigen, doch eine Geburtenwelle macht die Lage in einer belagerten Stadt nicht einfacher. Hinzu kam, dass es auch in Sarajevo Aids gab. Ich hatte mir also in meinem Internet-Tagebuch Kondome gewünscht, und mehrere große Ladungen waren bereits auf dem Flugplatz in Zagreb eingetroffen – wo sie jetzt festsaßen, da sich die UN weigerte, sie nach Sarajevo mitzunehmen. Nachdem ich wochenlang vergeblich versucht hatte, einen UN-Offiziellen mit Argumenten zu überzeugen, schrieb ich »Wasserbehälter« in die Frachtpapiere. Tags darauf hoppelten unsere Kondome über die durchlöcherte Straße des Flugplatzes von Sarajevo in Richtung Altstadt. Aber bei meiner jetzigen Mission war es mit Umdeklarieren nicht getan, diesmal musste ich selbst nach Konjic, genauer gesagt, zur »Rock 'n' Roll Connection«.

Ich hatte zwei für die damalige Zeit superschnelle 9600bps Modems dabei. Mit Hilfe von Eric Bachmann, einem seit dem Vietnamkrieg in Deutschland lebenden Ami, war von meinem kleinen Laptop aus ein ganz Jugoslawien umfassendes Computernetzwerk entstanden. Eric und ich hatten es *Za Mir* (»Für den Frieden«) getauft und (dank Bionic in Bielefeld) Berichte von Zivilisten zwischen den verfeindeten Parteien in Zagreb und Belgrad über Internet austauschen können. Unser Zamir-Host in Sarajevo war (abgesehen von der UN-Satellitenverbindung, die aber nur die UN benutzen durfte) die einzige Verbindung der Stadt mit der Außenwelt. Über die Soros-Foundation hatten wir schnellere Modems bekommen – damit die uns was nützten, mussten sie in die belagerte Stadt.

In einer bestimmten Kneipe sollte ich die Leute von der Rock 'n' Roll-Connection treffen. Sarajevo war vor dem Krieg mit seiner Musik-, Theater- und Kunstszene ein legendärer *Underground*-Hotspot gewesen. Und die Rock 'n' Roll-Connection war ein Freundeskreis aus dem Umfeld mehrerer Bands und Kunst-Kollektive. Ihre Freundschaft hatte zumindest bis jetzt den Krieg überstanden, obwohl die ethnische Trennung der Stadt auch quer durch viele Bands verlief. Weil sie zusammenhielten, waren sie praktisch die einzigen, die alles und jeden in die Stadt hinein- und wieder herausbringen konnten. Wenn die »Connection« es nicht schaffte, den Transport zu organisieren, dann schaffte es keiner.

Wer mit der Connection unterwegs war, brauchte keine Angst zu haben, zu verhungern. Elvis, Emir und die anderen schafften es sogar, einen McDonald's-Burger in Sarajevo zu beschaffen – für viel Geld einem gerade eingeflogenen UN-Soldaten abgekauft. Auch heute war der Tisch übervoll mit Sachen, die sie irgendwo organisiert hatten. Es war viel mehr, als wir zu viert verdrücken konnten. Elvis, der Jüngste, lud den Rest des Lokals ein, und wir verzogen uns mit einer Flasche Loza, einem selbst gebrannten Schnaps, ins Hinterzimmer.

»Heute Nacht«, erzählte Emir, »habe ich vom Hotelzimmer aus gesehen, wie fünf JNA-Panzer aus der Stadt den Berg hochkamen und unter meinem Fenster mit den Farben der HVO übermalt wurden, die Kroaten haben was vor.« Die Situation wurde immer verworrener. Jetzt tauschten schon die Feinde Panzer untereinander. In dem Moment kam Goran herein, um mich abzuholen. Bei Kroaten aus Herzegowina waren meine muslimischen Tischgenossen misstrauisch, auch hier zeichneten sich Spannungen ab, die sich bald zu einem bewaffneten Konflikt auswachsen konnten. Dass ich Goran hierher bestellt hatte, nahmen sie aber nicht übel. »Du und deine Suncokret-Freiwilligen, ihr seid in Ordnung. Es ist nicht euer Krieg.« Beim Abschied drückte ich ihnen die Modems und einen Stapel Liebesbriefe aus dem Flüchtlingslager für die hoffentlich noch lebenden Männer in Sarajevo in die Hand. »*Za posta* (zur Post).«

»*Idiot, za mala bosna* (Quatschkopf, nach Klein-Bosnien).«

Sie begleiteten uns nach draußen, und als Goran mit seinem weißen Uno um die Ecke bog, fingen sie an zu lachen.

»Pass mal auf, dass die Tschetniks dich nicht als Zielscheibe benutzen«, rief Elvis und tat so, als würde er mit einem Gewehr auf das große Abzeichen der HVO zielen, das riesengroß auf beiden Türen des Fiats prangte. Das rote Schachbrettmuster in der Mitte gab eine prima Zielscheibe ab.

»Ein besoffener HVO-Freiwilliger aus England hat meinen Allrad mit seinem Panzer überrollt. Jetzt gibt es nur noch diesen hier«, erklärte Goran. Ohne die Warnung ernst zu nehmen, stieg ich ein. Kurz darauf näherten wir uns der Brücke über die Neretva …

Yugo 55

<u>Käseschnitzel mit Polenta,
Auberginenscheiben, Mangold,
Kartoffelsalat & Paprikasoße</u>

2 Auberginen
1 kg Mangold
1 rote Paprika
3 große Kartoffeln
2 Zwiebeln
- Knoblauch
½ Tasse Mehl
1 Tasse Paniermehl
1 Tasse Polentagrieß
2 Eier
350 g Hartkäse (z.B. Gouda)
½ Tasse Sojamilch
- Olivenöl
1-2 Essiggurken
- Kreuzkümmel
- gemahlener Koriander
- Chilipulver
- Pfeffer
- Tamari

Yugo 55

Polenta

Bring 1 Liter Salzwasser oder Gemüsebrühe zum Kochen und stell die Flamme dann etwas kleiner. Während du den Maisgrieß nach und nach ins Wasser gibst, solltest du ständig umrühren, damit er nicht klumpt, und nachher, wenn die Konsistenz schon fester ist, nicht anbrennt. Wenn der Löffel in der Masse stehen bleibt, ist die Polenta fertig. Vor dem Servieren mit Pfeffer und eventuell Salz abschmecken und einen Esslöffel Butter untermischen.

Ganz früher wurde Polenta aus Hirse- oder Dinkelgrieß gemacht. Nachdem der Mais in Europa angekommen war, wurde Maisgrieß die Grundlage für dieses Arme-Leute-Essen.

Scharfe Auberginen

Schneide die Auberginen in fingerdicke Scheiben, die du mit Salz bestreust. Eine Viertelstunde stehen lassen, kurz abspülen und abtrocknen. Verteil ½ Tasse Mehl, gemischt mit 1 Teelöffel Chili, 2 Teelöffeln Kreuzkümmel und 1 Teelöffel Koriander, auf einem Teller. Die Auberginen werden von beiden Seiten in der Mischung gewendet. Einen kräftigen Schuss Öl in der Pfanne gut erhitzen und die Auberginen darin von beiden Seiten anbraten. Vor dem Servieren auf Küchenpapier etwas abtropfen lassen.

Das Salz entzieht den Auberginen Wasser. Sie werden dann nicht so weich.

Wenn ein Tropfen Wasser zischend darin verdampft, hat das Öl die richtige Temperatur.

Blitva

Den Mangold waschen und die Blätter quer in gut daumenbreite Streifen schneiden. 1 Zwiebel fein hacken, in einem Topf mit 2-3 gepressten Knoblauchzehen und etwas Olivenöl andünsten. Wenn die Zwiebel glasig ist, kannst du die Mangoldstreifen dazugeben. Noch ungefähr 5 Minuten weiterdünsten lassen. (Dass das Gemüse in sich zusammenfällt, ist normal.)

Blitva schmeckt auch unter Nudeln gemischt sehr gut!

Pohani Sir

Den Käse in 4 dicke Scheiben schneiden und mit etwas Pfeffer einreiben. Drei Teller zum Panieren vorbereiten: einen mit ½ Tasse Mehl, einen mit verquirlten Eiern, einen mit Paniermehl. In dieser Reihenfolge werden die Käsescheiben nacheinander darin gewendet, anschließend mit etwas Öl in einer Pfanne goldbraun ausgebacken.

In einer veganen Variante könnte Tofu den Käse ersetzen. Veganen Ei-Ersatz findest du auf S. 35.

Kartoffelsalat

Die Kartoffeln kochen, abkühlen lassen, schälen und würfeln. 1 Zwiebel und die Essiggurken fein hacken. Zusammen mit 1 Esslöffel Öl, 1 Esslöffel Essiggurkenbrühe, Salz und Pfeffer ergibt das das Dressing. Kartoffeln damit vermengen, fertig.

Pellkartoffeln brauchen je nach Größe unterschiedlich lang, bis sie gar sind – nach einer Viertelstunde kannst du zum Testen mit einer Gabel hineinstechen.

Paprikasoße

2 Tassen (heiße) Gemüsebrühe ansetzen. Die Paprika in sehr kleine Stücke schneiden und mit etwas Öl andünsten, bis sie anfangen, weich zu werden, aber noch etwas Biss haben. Mit Gemüsebrühe aufgießen und einen Schuss Sojamilch dazugeben, damit die Soße etwas sämiger wird.

Damit alles ungefähr gleichzeitig fertig wird, empfehle ich diese Reihenfolge: Fang mit den Kartoffeln an, die können dann schon mal abkühlen für den Salat. Dann schneide die Gemüse und setz die Polenta auf. Anschließend Auberginen braten, Paprikasoße anrühren (kann auf dem Herd bleiben), die Käseschnitzel ausbacken und am Schluss die Blitva dünsten.

Schweineschlachttag

»Ist das ein serbisches Haus, das von Kroaten zerstört wurde?«, fragt mich meine Mutter, als wir bei einem Rundgang durch Pakrac vor der Ruine eines Wohnhauses stehen.

»Nicht ganz. In diesem Fall war der Familienvater Sohn eines Albaners aus Tetvo und einer Muslima aus Banja Luka. Der Vater der Mutter ist ein Kroate aus Zagreb und die Mutter Serbin aus Lipik. – Oder war es umgekehrt? Die Töchter wissen auch nicht so genau, was sie sind. Es heißt, das Haus wurde gesprengt, weil der Bürgermeister von Lipik, der Italiener ist, eigentlich ihre Mutter hatte heiraten wollen und wütend wurde, als sie ihn zurückwies.«

Schon in der ersten Straße, die wir hinuntergehen, wird meiner Mutter klar, dass hier nicht alles so einfach ist, wie es die Zeitungen zu Hause darstellen.

Ich bin jetzt schon im dritten Jahr hier, und nun möchte sich meine Mutter endlich mal ansehen, wie ich lebe und was ich tue.

Seit eineinhalb Jahren läuft unser Projekt in Zusammenarbeit mit der kroatischen Friedensinitiative ARK hier in Pakrac, einer im Krieg zerstörten und seit dem Waffenstillstand 1992 geteilten Stadt. Will man von der serbischen auf die kroatische Seite wechseln, muss man von UN-Truppen besetzte Checkpoints passieren. Obwohl Waffenstillstand herrscht, heißt das nicht, dass nicht mehr geschossen wird; aber so schlimm wie ein UPROFOR-Kommandant die Zustände am Anfang beschrieb, ist es längst nicht mehr: »We have done nothing since we are here to monitor a ceasefire. And today there was no ceasefire to monitor.« (»Wir sind nur hier, um den Waffenstillstand zu überwachen. Und da es keinen Waffenstillstand gab, haben wir nichts getan.«) Die Freiwilligen des Pakrac Volunteer Projects helfen, zerstörte Häuser abzuräumen, beschäftigen die Kinder und sorgen im Wahnsinn des Krieges für ein bisschen Normalität. »Social reconstruction« nennt man das.

»Unser Krieg« findet weniger als eine Tagesreise vom Herzen Europas entfernt statt, und mittlerweile organisieren immer mehr Leute Hilfslieferungen. Viele laden alles gleich beim ersten Flüchtlingslager hinter der Grenze ab. Es gibt aber auch ganz Verwegene, die den Transport bis nach Bosnien begleiten. Und von den wenigen, die damals bereits im Internet unterwegs sind, haben ein paar vom *Peacehostel* in Zagreb gehört, das sie nun ansteuern. Es ist ein Treffpunkt von Freiwilligen, Journalisten, Mitarbeitern von Hilfsorganisationen und ande-

... sondern auch alles hören.

ren »Kriegstouristen« – und damit auch ein Umschlagplatz für Hilfsgüter. Die Gruppen in Europa, die online sind, können über das Peacehostel schon vor der Abfahrt in Erfahrung bringen, was wo wie dringend benötigt wird.

Auch meine Mutter hat ein paar Kartons dabei. Von befreundeten Ärzten hat sie Muster- und angebrochene Medikamentenpackungen mitgenommen. Als ich das Zeug erst mal bei den Freiwilligen abgebe, die solche Spenden sortieren, ist sie nicht begeistert. Am liebsten würde sie ihre Spenden selber abliefern.

»Das sind alles brauchbare Medikamente«, sagt sie.

»Schon, aber wir können keine angebrochenen Packungen weitergeben. Kein Arzt will das haben, er kann nicht sicher sein, dass drin ist, was draufsteht. Das gilt für abgelaufene Medizin – selbst wenn ein Arzt im Westen sagt, dass sie noch brauchbar ist. Außerdem muss erst mal geschaut werden, was es ist und ob wir überhaupt Verwendung dafür haben. Die Lager sind voll mit Sachen gegen Krankheiten, die es hier gar nicht gibt. Wir fühlen uns manchmal wie der Mülleimer von Europa.«

Auch viele Flüchtlinge haben dieses Gefühl, wenn sie über Monate hinweg nur Lebensmittel mit abgelaufenem Haltbarkeitsdatum bekommen. Bei Suncokret und auch bei Pakrac Project haben wir daraufhin beschlossen, diese Sachen selber zu essen und nur noch nicht abgelaufene Ware weiterzugeben. Es kann vorkommen, dass wir uns eine Woche lang nur von baked beans ernähren.

Als meine Mutter uns besucht, sind wir besser versorgt: Wir bekommen die überzähligen Rationen der argentinischen UNPROFOR-Soldaten. Statt das Essen zu vernichten, wie es die Militärführung vorschreibt, hatten die Soldaten es an bedürftige Familien verteilt, vor allem im serbischen Teil der Stadt, vom kroati-

Todesanzeigen.

Besprechung der Freiwilligen-Aufbaubrigade vor Ort.

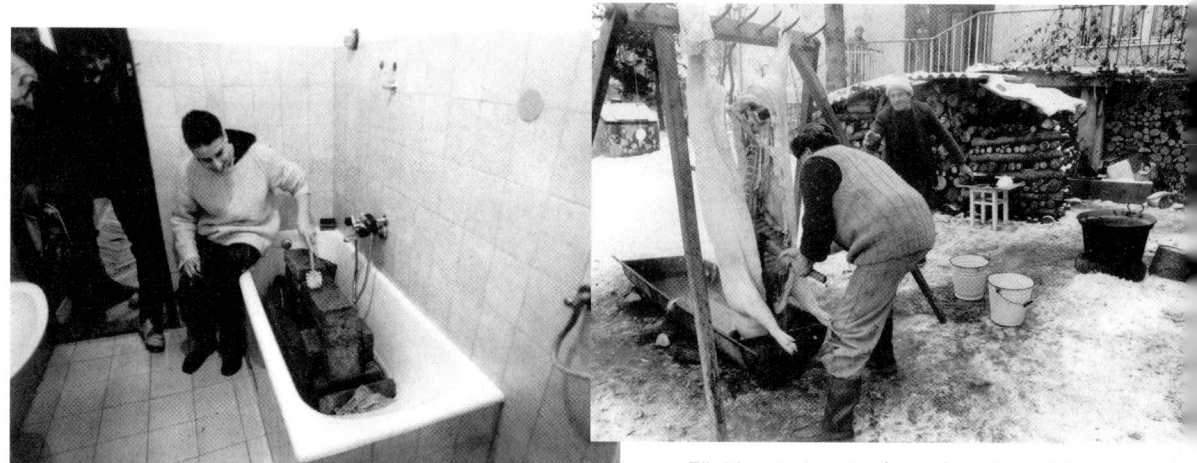

Ziegelsteine putzen als Baumaterial für einen Schrank.
(Ein bei Journalisten sehr beliebtes Fotomotiv.)

Für Vegetarier ein eher schwieriger Feiertag.

schen getrennt durch einen breiten Minengürtel. Obwohl sie zum Teil nur zweihundert Meter vom ersten kroatischen Supermarkt entfernt wohnen, sind die Serben in Pakrac am schlechtesten versorgt. Monatelang lassen die Kroaten kaum Hilfslieferungen durch.

Natürlich flog der Ungehorsam der Argentinier irgendwann auf. Wir von Pakrac Volunteer Projects redeten daraufhin mit dem Stabschef, und wir konnten ihn davon überzeugen, dass man uns als neutraler Hilfsorganisation die Rationen durchaus überlassen kann. Seither fährt jede Woche ein Panzer voller Lebensmittel an unserem Freiwilligenhaus vor. Es sind sogar vegetarische Fertiggerichte dabei!

Mit Veljko Dzakula, einem der serbischen Leiter von West-Slawonien. Wir sind am gleichen Tag geboren.

Notunterkünfte für Flüchtlinge.

Nur ein Teil des Fleisches von 1 Schwein.

Fotos, die ich von ihrem Haus auf der anderen Seite mitgebracht habe, erinnern sie an ein Lied.

Am Tag, an dem ich meiner Mutter Pakrac zeige, ist nationaler Schweineschlacht-tag, eigentlich der Nationalfeiertag der Jugoslawischen Republik. An diesem Tag wurde das Schwein, das man übers Jahr gemästet hatte, zu Wintervorräten verarbeitet. Im kroatischen Teil der Stadt hängt vor fast jedem Haus ein totes Schwein mit durchgeschnittener Kehle kopfüber an einer Leiter und blutet in den Schnee. Meine Mutter staunt nicht schlecht.

»Ist Schweinefleisch nicht eher typisch für Serbien?«, fragt sie mich

»Vielleicht sind es Serben, die hier geblieben sind. Aber es ist nicht alles schwarz und weiß. Auch die Kroaten halten Schweine. Und sogar die Muslime. Vielleicht tun sie es jetzt aber auch nur, um die serbische Seite zu ärgern.«

Ravno

Backkartoffeln & Ofentomaten

8-10 große Kartoffeln
6-8 große Tomaten
1 Kopfsalat
1 Zwiebel
- Knoblauch
- frische Kräuter
  (z.B. Kerbel, Petersilie,
  Schnittlauch, Dill)
500 g Quark
- saure Sahne
- ein kräftiger Schuss Milch
- Olivenöl
- Kümmel
- Chilipulver
- Paprikapulver
- Kräuter der Provence
- Majoran
- Thymian

Vegane Mayonnaise

½ Tasse Sojamilch
1 Tasse Sonnenblumenöl
1 TL Senf
½ Zitrone oder etwas Essig
- Kräutersalz

Ravno

Kochen kannst du überall, auch in den Ruinen eines zerschossenen Hauses. In Ravno hat man mich mal zu *Coq* (gebacken in einem Soldatenhelm) *au vin* (aus der Flasche) mit Bratkartoffeln (aus dem Feuer) eingeladen. Schmeckte besser als in einem Drei-Sterne-Restaurant.

Kartoffeln vom Blech

Die Kartoffeln nicht schälen, aber gut waschen und abschrubben. Der Länge nach durchschneiden, wenn sie sehr groß sind, (längs) vierteln. Rühr in einer Tasse aus einem kräftigen Schuss Olivenöl, Paprikapulver, Salz und Pfeffer eine Marinade an. Du kannst auch gut mit Chilipulver oder allerhand Kräutern (getrocknet oder frisch) experimentieren; Kümmel gibt dem ganzen eine typisch »deutsche« Note. Die Kartoffeln gut damit einreiben oder alles zusammen in einer Schüssel vermengen, sodass sie von allen Seiten ölig sind.

Leg die Kartoffeln mit der angeschnittenen Seite nach oben auf ein Backblech. Es gibt Leute, die darauf schwören, sie andersrum zu backen, mit der Schnittfläche nach unten, aber ich hab immer so die besten Ergebnisse erzielt.

Dann kommt das Blech für ungefähr eine Stunde in den auf 200°C vorgeheizten Ofen.

Auf diese Weise kannst du auch anderes Gemüse im Ofen zubereiten – zum Beispiel Pastinaken und Möhren (mit gemahlenem Fenchel würzen), Lauch (mit Anis) oder Rote Bete und Steckrüben (mit Senfpulver und Fenchel). Sehr gut schmeckt es, wenn ein paar ganze Knoblauchzehen (geschält oder ungeschält) und Zwiebelhälften mitgebacken werden.

Kartoffeln backen ohne Ofen: Leg sie in die heiße Asche am Rand eines Lagerfeuers, sie dafür in Alufolie einzuwickeln, ist nicht nötig. Nach 1 Stunde kannst du sie rausholen und die verkohlte Schale abpulen.

Ofentomaten

Die Tomaten waschen, den harten grünen Stielansatz herausschneiden und mit der so entstandenen Öffnung nach oben in eine Auflaufform legen. Mit Olivenöl übergießen. Dazwischen können wie bei den Kartoffeln Knoblauchzehen oder Zwiebelschnitze gelegt werden, zur Verfeinerung auch ein paar Zweige Thymian und vielleicht etwas Majoran. Nach einer halben bis dreiviertel Stunde im heißen Ofen sind die Tomaten weich.

Salat

Zu so viel roher Hitzegewalt passt natürlich am besten ein frischer Salat. Den grünen Salat gut waschen, die Blätter etwas kleiner rupfen, dann eine fein gewürfelte Zwiebel, eine geraspelte Karotte, Radieschen und frische Wildkräuter untermischen. Ein einfaches Dressing aus Öl, Essig oder Zitronensaft, Salz und Pfeffer passt gut dazu.

Sammeltipps für Wildkräuter: siehe S. 164.

Kräuterquark

Den Quark mit etwas saurer Sahne und einem ordentlichen Schuss Milch vermengen. Die kleingehackten Gartenkräuter beigeben, mit Salz und Pfeffer abschmecken.

Die vegane Alternative:

Vegane Mayonnaise

Gib die ½ Tasse Sojamilch mit 1 Tasse Sonnenblumenöl, 1 Teelöffel Senf, Kräutersalz und ein paar Esslöffeln Zitronensaft oder Essig in eine Rührschüssel und misch alles gut mit dem Pürierstab oder einem Rührgerät. Wenn es schön cremig aussieht, einfach mal probieren und mit Gewürzen oder frischen Kräutern abschmecken.

JOGHURT SELBER MACHEN

Für etwa ½ l Joghurt

½ l Milch
2 EL Joghurt
zum Ansetzen
(kann auch
gekaufter sein)

Behalt die Milch im Auge, damit sie nicht überkocht – wenn sie im Topf hochsteigt: schnell Schaum wegblasen und Flamme runterdrehen!

Nicht alles aufessen – mindestens 2 Esslöffel für den Joghurt von morgen aufheben!

Joghurt

Nimm ½ Liter volle oder halbfette Milch und bring sie zum Kochen, dann noch 2-3 Minuten leise weiter kochen. Lass sie abkühlen, bis du gerade deinen Finger hineinhalten kannst (etwa 45 °C). 2 Esslöffel Joghurt mit ein wenig warmer Milch mischen und dann vorsichtig mit der restlichen warmen Milch vermengen. Gieß die Mischung in ein angewärmtes verschließbares Glasgefäß, das du vorher gut mit heißem Wasser abgespült oder sogar abgekocht hast; 6-7 Stunden bei Zimmertemperatur abkühlen lassen. Vor dem Verzehr vielleicht nochmal in den Kühlschrank oder an einen kühlen Ort stellen; schmeckt einfach besser. Wenn alles klappt, hast du deinen ersten selbstgemachten Joghurt.

Gewürze

Leg dir einen Vorrat an Grundzutaten an (in Pulverform oder als Körner – dafür brauchst du dann einen Mörser), daraus kannst du nach Bedarf mischen:

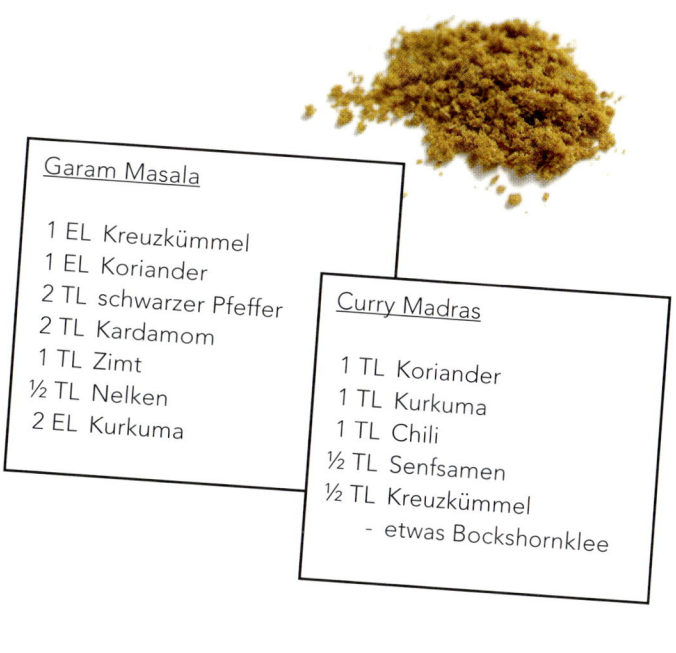

Garam Masala

1 EL Kreuzkümmel
1 EL Koriander
2 TL schwarzer Pfeffer
2 TL Kardamom
1 TL Zimt
½ TL Nelken
2 EL Kurkuma

Curry Madras

1 TL Koriander
1 TL Kurkuma
1 TL Chili
½ TL Senfsamen
½ TL Kreuzkümmel
  - etwas Bockshornklee

Gemüsebrühe

- Brokkolistrunk
- Zwiebelschalen
- Paprikakerne
- Pilzstiele
- äußere Kohlblätter
- Kartoffelschalen (sauber)
  ...

Gemüsebrühe

Wenn du keine Lust hast, Gemüsebrühpulver zu benutzen, kannst du einen eigenen flüssigen Geschmacksgeber herstellen. Gib einfach alle Gemüseabfälle, die (sauberen) Schalen, Kerne usw. mit etwas Salz und relativ wenig Wasser in einen Topf. Alles Mögliche eignet sich dafür – auch Zwiebelschalen geben überraschend viel Geschmack. Lass alles ½ Stunde auf niedriger Flamme köcheln und gieß es dann durch ein Sieb ab. Du kannst die Brühe noch verfeinern, indem du in einem zweiten Durchgang ein paar klassische Suppengemüse mitkochst: Lauch, Sellerie, Möhren und so weiter. Das Reduzieren der Flüssigkeit durch Einkochen bei offenem Topf intensiviert das Aroma!

Das Kochwasser von Gemüse nicht wegschütten, auch wenn du es gerade nicht brauchst. Später vielleicht gut zu gebrauchen!

Ist z.B. in einem Schraubglas gut ein Weilchen im Kühlschrank aufzubewahren.

Castor Sixpack

Komisch, aber wahr: Ich bin richtig froh, mal wieder im Wendland zu sein. Das Zwischen-(oder besser End-)lager für Atommüll ist mittlerweile fertiggestellt und wird, begleitet von immer stärker werdenden Protesten, langsam gefüllt. Dieses Mal hat sich ein Sixpack angekündigt. Man möchte Geld sparen, aber selbst im halben Dutzend kostet der Castortransport noch 35 Millionen Mark. Schon bei der Ankunft sehen Ramona und ich, dass die Polizei kräftig aufgerüstet hat.

Niedrig fliegende Polizeihubschrauber heizen die Atmosphäre ordentlich an, und einige meiner Mitfahrer reden schon jetzt von einer kriegsähnlichen Lage. Ich stürme ins erste Zelt, vor dem ich Töpfe stehen sehe, die mir bekannt vorkommen, rufe einen niederländischen Gruß hinein und blicke in sechs mir völlig unbekannte Gesichter.

»Rampenplan?«, frage ich vorsichtig.

»Nein, die Maulwurfküche aus Freiburg. Rampenplan steht auf der anderen Seite am Küchenplatz.«

»Aber eure Töpfe kenn ich doch!«

»Stimmt, die kommen aus Sittard.«

Durch den Nebel sehe ich auf der anderen Seite des Platzes ein großes, weißes Zelt. Lylette hatte mir bei einem Besuch in Kroatien mal erzählt, dass Rampenplan ein neues Zelt und neue Töpfe gebaut hat, trotzdem ist das alles eine Nummer größer, als ich erwartet habe. Fetzen mir unbekannter Stimmen wehen herüber. Als ich mir zwischen zwei Töpfen vorsichtig einen Weg bahne, werde ich auf Deutsch mit niederländischem Einschlag angemacht. So nah an Brennern und Töpfen vorbeizugehen sei gefährlich, außerdem hätten hier sowieso nur Vokü-Mitarbeiter Zutritt.

»Ik ben …«, fange ich an, als jemand »Wam!« brüllt, hinter einem Turm Gemüsekisten. Und da ist dann auch die ganze Gruppe. Obwohl ich einige seit Jahren nicht gesehen habe, ist keine Zeit für überschwängliche Begrüßungen. Sie sind mitten im Küchenplenum, und die Aufbauarbeiten sind auch noch nicht abgeschlossen. In diesem Lager werden etwa 6.000 Menschen erwartet, es können auch ein paar mehr werden, so genau ist das noch nicht zu sagen.

»Im Gegensatz zum letzten Mal, wo fast alle Aktivisten im großen Basiscamp waren und jede Gruppe ihre eigene Aktion gemacht hat«, erklärt Bert den Wendland-Grünschnäbeln, »ist dieses Jahr die mögliche Überlandroute in verschiedene Abschnitte unterteilt. In diesem Abschnitt hier, am Anfang«, fährt er fort und zeigt mit dem Finger auf eine Landkarte, »ist das Camp ›x-tausendmal quer‹, danach kommen der ›Schwarze Block‹ und das Schwulen- und Lesbencamp. Und dann gibt's natürlich den MC Kuhle Wampe auf ihrem Stammplatz an der Kreuzung von zwei möglichen Routen.«

»Weshalb dieser Aufwand?«, will jemand wissen. »Ist doch viel effektiver, alles von hier aus zu machen.«

»Letztes Mal«, erklärt Lylette, »konnte die Polizei keinen Unterschied zwischen den verschiedenen Gruppen machen und prügelte auf gewaltlose Blockierer ein, obwohl sie von einer anderen Gruppe mit Steinen beworfen wurde.«

»Ich finde es jetzt wichtiger zu klären, wer bei uns kocht«, meldet sich Wim zu Wort, praktisch wie immer.

Ich würde auch gerne kochen, traue mich aus Respekt vor der Größe der neuen Töpfe aber nicht mal den kleinen Finger zu heben. Dabei hätte ich schon Lust, mal wieder was für ein paar tausend Leute auf den Tisch zu bringen.

Ramona und ich werden eingeteilt, um mit unserem PKW in der Gegend rumzufahren, Sachen abzuholen oder zu den Blockaden zu bringen. Die Rampenplan-Busse sind dafür erstens zu groß und zweitens zu bekannt. So doof ist die deutsche Polizei nun auch wieder nicht. Burkie, der wie ich gerade erst aus Pakrac zurückgekehrt ist, meldet sich freiwillig fürs Spülzelt, und die anderen, die zusammen mit uns angekommen sind, wollen vielleicht beim Schnippeln helfen. Endlich umgibt mich wieder diese vertraute Mischung aus Deutsch, Niederländisch, Englisch und den verschiedenen Kombinationen daraus. Die Küche ist Anlaufstelle für viele alte Bekannte. Nicht nur Rampenplaner, auch viele Leute von EYFA und anderen Aktionen treffe ich hier seit Jahren zum ersten Mal wieder. Ich habe eher das Gefühl, auf einem Festival zu sein als kurz vor einer Auseinandersetzung mit 30.000 Polizisten, ausgerüstet mit dem modernsten Gerät.

Schon aus großer Entfernung sieht man den hell erleuchteten Verladekran für die Castoren, die noch in Neckarwestheim stehen, wie man sagt.

Zeit genug also, um in Ruhe noch eine Runde durchs Dorf zu drehen. Wahrscheinlich werden die nächsten Tage so hektisch, dass dafür keine mehr Zeit ist. Auf der Hauptstraße haben sich ungefähr 50 Traktoren der »Bäuerlichen Notgemeinschaft«, einer Vereinigung der Bauern im Wendland, ineinander verkeilt. Bei einem »Überholmanöver«, wie uns versichert wird. Auf der Straße geht nichts mehr, dafür herrscht darunter reges Treiben: Die Dorfbewohner unterhöhlen auf einer Strecke von gut fünfzig Metern den Fahrdamm – dort wo die Traktoren stehen, stützen Holzpfeiler die Asphaltschicht ab. Für den Bau eines zentralen U-Bahnhofs, heißt es. Über diese »Baustelle« fährt jedenfalls kein Castor mehr. Die Polizei hat die Angewohnheit, die Nacht zum Tag zu machen, auch wenn die Castoren noch nicht einmal das Bundesland erreicht haben. Im Licht der Hubschrauberscheinwerfer errichten wir den Gemüseschnippelplatz, das Spülzelt und ein Zelt für Essensspenden. Auch das ist typisch Wendland: Vorratskeller und Kühlschränke werden geleert, in Kartons gepackt und zu den Voküs gebracht. Im Zelt wachsen Türme in die Höhe: Konservendosen, Einmachgläser und Familienpackungen Nudeln und Reis. Größere Spenden holen Ramona und ich bei den Bauern mit dem Auto ab, und obwohl wir gehofft haben, dass wir noch nicht »gelistet« sind, haben wir von Anfang an »Polizeischutz«. Wir wissen selber nicht so genau, wo wir sind, und da an den unmöglichsten Stellen Straßen gesperrt sind oder Polizeikontrollen stattfinden, die wir umfahren müssen, haben wir nach einer Stunde noch keinen einzigen Bauern gefunden – dafür aber unsere Verfolger abgehängt.

Überall strahlen uns große und kleine »X«-Zeichen an, die Embleme der Anti-Atombewegung. Hier im Wendland fühlt man sich als Atomkraftgegner richtig willkommen, was die Beamten von der Bereitschaftspolizei nicht von sich sagen können. Derzeit sitzt ein Teil von ihnen in ihren Wannen fest. Sie haben sich offensichtlich verfahren, und die Einheimischen sowie die angereisten Aktivisten tun ihr Bestes, das entstandene Chaos noch zu stimulieren. Spontan werden die sorgfältig von der Polizei aufgestellten Verkehrsschilder neu arrangiert. Verschiedene Einsatzleiter diskutieren heftig ihre zum Teil sehr unterschiedlichen Ansichten darüber, an welchem Standort sie sich befinden, was wir mit Vergnügen beobachten. (GPS war noch ein Fremdwort.) Ähnlich belustigt hören wir, wie ein Bayer einer Truppe Berliner klarmacht, dass das alles »a Schmarrn« ist und »dahoam« alles »a bisserl« besser organisiert wird. Im Fenster seiner Wanne prangen stolz weiß-blaue Rauten sowie die Löwen der bayerischen Fahne.

Kartoffeln, Milch, Honig, Rüben und sogar Traktordiesel geben uns die Bauern mit. »Die Bullen haben jetzt was Besseres zu tun, als eure Dieselfarbe zu kontrollieren.« Jedes Mal kehren wir mit einem total überladenen PKW ins Camp zurück, das stündlich größer wird. Die Küche rechnet mit 3.000 Leuten zum Abendessen, und der Zustrom bricht die ganze Nacht nicht ab.

Das Wetter ist wie immer bei Aktionen im Wendland kalt und nass. Ich habe das Glück, in der Küche zu stehen, denn draußen ist es trotz der vielen Feuer schwie-

Über uns die treuen Begleiter
der gesamten Veranstaltung:
Hubschrauber bei Tag ...

Castor-Transport, durch
die Bäume betrachtet.

rig, richtig warm zu werden. Der Nachfrage nach heißem Kaffee und Tee ist kaum
nachzukommen, und Wasser kochen und aufgießen, wenn auch in etwas größeren Dimensionen als gewohnt, traue ich mir gerade noch zu.

Neben mir arbeiten die Rampenplan-Profis. Seit Jahren eilt der Küche der Ruf
voraus, dass sie leckeres Essen in Riesenmengen ausstoßen kann – etwas, das zu
meiner Zeit eher die Ausnahme war. Sie bereiten schon das Mittagessen vor,
während wir noch mitten im Frühstücksstress sind. Heute geht's los. Jeder füllt
noch einmal seine Thermoskanne, die Brottische scheinen geradezu kahlgefres-
sen. Die Glücklichen, die heute morgen die Tische bestücken, werden schon »überfallen«, kaum dass sie aus dem Küchenzelt kommen. Aus der Deckung des Küchen-
nebels beobachte ich diese Schlacht, froh, dass ich da nicht durch muss.

In weiser Voraussicht sind auf den Feldern neben einer der zentralen Kreuzun-
gen große Strohballen gelagert worden, aus denen der menschliche Ameisen-
staat in wenigen Minuten ein gigantisches Gemeinschaftslager aufbauen kann.
Doch als die Demonstranten sich dem Verladekran nähern, reagiert die Polizei
sofort. Noch bevor die erste Blockade sitzt, wird die Zufahrt zwischen Bundes-
straße und Kran abgesperrt.

Dann beginnt das große Warten. Neben der Straße, mitten auf dem Feld, steht ein Lautsprecherwagen, der die letzten Neuigkeiten zum Castor-Transport und andere interessante Sachen in die Gegend plärrt. Bei der Ankündigung jeder neuen Blockade und jeder neuen Barrikade entlang der Route geht ein lauter Freudenschrei durch die Menge. Vom Küchenzelt aus können wir die Blockaden nicht sehen, also rennt bei jedem Schrei jemand los, um Informationen zu holen. Auch wenn wir damals schon Handys gehabt hätten: Bei solchen Menschenmengen und dementsprechend vielen Anrufen brechen die Netze schnell zusammen, ganz ohne dass die Polizei nachhilft.

Als sicher ist, dass vorerst alles ruhig bleiben wird, laden wir das Mittagessen ins Auto und fahren Richtung Blockade. Die Achsen schleifen fast auf dem Boden, so beladen sind wir. Als wir ankommen, ist ein großer Umzug im Gange. Ein paar Minuten vorher hat sich die Polizei von der Kreuzung zurückgezogen.

»Sieht aus, als ob die gerade Mittag essen gegangen sind«, ruft uns jemand zu. Und tatsächlich verkündet der Lautsprecherwagen kurz darauf, die Einheiten seien dabei beobachtet worden, wie sie hinterm Zaun um den Verladekran ihre Lunchpakete begutachteten. Wir warten ab, bis die gesamte Blockade direkt vor dem Verladekram Position bezogen hat. Auch hier findet man Strohballen am Straßenrand, ein paar ganz Weitsichtige haben in den letzten Tagen Löcher gegraben: Aus Zeltplanen, Holz und was sich sonst so fand, sind in Windeseile Donnerbalken und andere Notdurftanlagen entstanden.

Wir bauen im Feld eine kleine Küche auf, um heiße Getränke zu machen und das Essen zu verteilen. Helfer, um die ziemlich schweren Utensilien übers Feld zu schleppen, sind sofort zur Stelle – und eine Prozession ächzender Menschen, die wohl ihre Kräfte überschätzt haben, zieht anschließend übers Feld.

Auch ohne Lautsprecherwagen hat sich die Neuigkeit, dass es Essen geben wird, schnell herumgesprochen. Noch ehe unser Stand richtig steht, hat sich schon eine lange Schlange davor gebildet, und wie es so geht: In dem Moment weiß niemand mehr, wo das Geschirr geblieben ist. Ein Freund von uns, ehemaliger Fluglotse, rettet die Situation, indem er innerhalb kürzester Zeit einen zweiten Ausgabepunkt für Leute mit eigenem Geschirr einrichtet.

Wir entdecken, dass die Kisten mit den Tellern jemand unter unserem Biertisch als Stütze eingebaut hatte, und als es dann endlich losgehen kann, ist die Schlange so lang, dass man die Teller bis zur Blockade durchgeben kann.

Während das Mittagessen in vollem Gang ist, spaziere ich an der Blockade vorbei Richtung Verladekran, und die Leute bedanken sich von allen Seiten für das gute Essen. Das freut mich natürlich sehr, auch wenn ich nur Wasser warm gemacht habe. Auf der anderen Seite des Zauns sitzen im hellen Licht der Scheinwerfer, die Tag und Nacht eingeschaltet sind, ebenfalls kleine Gruppen beisammen auf dem Boden und genießen ihr Essen, genauso wie die Blockierer auf der Straße. Daneben liegt jeweils ein eindrucksvoller Berg Abfall, die Staatsmacht wird mit

... und Hubschrauber bei Nacht.

Wegwerfpackungen versorgt. Was in deren »Feldküche« so alles aufgewärmt wird, will ich gar nicht wissen. Sehr vielsagend das Ganze: auf der einen Seite vom Zaun die Atomlobby und ihre Verteidiger mit ihren TV-Dinners und dem ganzen Rattenschwanz von Transport, Energieverbrauch und Abfall, und auf der anderen Seite des Zauns Leute, die selbst gekochtes Essen aus regionaler, ökologischer Produktion genießen. Deutlicher geht's nicht.

Die Polizei hat nach dem Essen genauso wenig Bock, ihre alte Stellung einzunehmen, wie die Blockierer Lust haben, ihren Platz zu räumen. So wird die Straße im Lauf des Tages voller als voll, immer neue Blockadewillige reisen an, und zwischen Kreuzung und Zaun sitzen jetzt um die 7.000 Menschen auf der Straße. Gegen fünf ist der Castor-Transport immer noch nicht am Verladekran, und bis Mitternacht schafft er es gerade mal bis Dannenberg, weil er unterwegs andauernd von kleineren und größeren Aktionen aufgehalten wird.

Für mich klingt es immer komisch, wenn behauptet wird, dass jeder Meter, den der Transport fährt, mit den neuesten Geräten untersucht wird. Ein Bekannter von uns hat schon im letzten Sommer ein Loch unter den Bahngleisen gegraben, ohne dass jemand seine »Vorbereitungen« bemerkt hätte. Bisher hat es noch jedes Mal geklappt, den ganzen Transport stundenlang aufzuhalten.

Gegen Mitternacht sieht man im Westen fünf oder sechs Helikopter in der Luft schweben. Darunter, im Lichtkegel ihrer Scheinwerfer, muss der Castor-Zug sein. Aus dem Küchenzelt ist zu sehen, wie sie den Verladekram erreichen und die Blockade in gleißendes Licht tauchen. Viel Schlaf kriegen die Menschen in der Blockade auch nachts nicht. Es ist schweinekalt, alle zwei Stunden kontrolliert eine Gruppe Polizisten mit Scheinwerfern, ob jemand die Straße unterhöhlt, und zwischendurch werden mit Bundesgrenzschutzhubschraubern neue Staffeln eingeflogen.

Das Camp ist fast leer, die Küche dampft vor sich hin, und von der Blockade wehen bekannte Songs herüber. Den ganzen Tag passiert wenig, nur im vorderen Teil der Blockade sind heftige Diskussionen darüber im Gange, wie radioaktiv die Castoren denn eigentlich sind. Eine Gruppe von »Robin Wood« mit Geigerzähler behauptet, dass es im Grunde zu gefährlich sei, sich so nah an die Behälter heranzuwagen. Ihrer Meinung nach befindet sich die halbe Blockade in der Gefahrenzone. Die Leute dort sollten nach einer Stunde abgelöst werden, und die Polizisten auf der anderen Seite müssten eigentlich in Strahlenschutzanzügen herumlaufen. Zum Spaß frage ich den Typ mit dem Geigerzähler, ob unsere Essensausgabe im sicheren Bereich steht, aber er nimmt meine Frage absolut ernst und rennt sofort los, um professionelle Messungen vorzunehmen. Obwohl der Geigerzähler ganz aufgeregt vor sich hin knattert, gibt er für alle gemessenen Bereiche grünes Licht. »Normale Umgebungsstrahlung«, versichert er uns.

Gegen ein Uhr nachts kommen einige Demonstranten aufgeregt in die Küche gestürmt. »Sie fangen an, sie wollen jetzt räumen«, rufen sie durcheinander. Wir rennen zu den Blockaden und sehen vom Feld aus, wie zwei Spezialfahrzeuge mit großen Scheinwerfern durch das Tor Richtung Blockade fahren.

»Schnell, Becher und Geschirr einsammeln, bevor jemand anfängt, damit zu werfen!«, ruft jemand, aber das ist gar nicht nötig. Von allen Seiten werden Kisten mit Geschirr bei unserem Stand abgeliefert, und die Berge aus Ruck- und Schlafsäcken, Instrumenten, Büchern und Klamotten nehmen gigantische Ausmaße an. »Kannst Du mal kurz auf mein ... aufpassen? Ich komm es später in der Küche abholen!« Wir kochen weiter Kaffee und Tee, die Menschenmenge scheint über Nacht auf über 10.000 Leute angewachsen zu sein. Bis die Räumer auf unserer Höhe angekommen sind, wird es also noch eine Weile dauern.

Geschrei vom Rand der Blockade lässt das Schlimmste vermuten. Die Beamten des Bundesgrenzschutzes in ihren schwarzen, an Eishockey-Spieler erinnernden Rüstungen bewegen sich wie Robocops und sehen martialisch aus. Etwas unsanft versuchen sie, den Klumpen Blockierer zu entwirren und dann jeden einzelnen aus dem Haufen herausgelösten Körper am Straßenrand abzuladen. Von dort schauen sich die Demonstranten das Spektakel eine Weile an, trinken eine Tasse heißen Kaffee und setzen sich ein Stück weiter unten wieder auf die Straße. Stundenlang geht das so weiter, die Roboter werden dabei immer genervter

Blockade im Morgengrauen.

und ruppiger. Die Geschwindigkeit der Räumbrigade fällt nach vier Stunden von 60 Metern auf 30 Meter pro Stunde zurück. Da sie bei dieser Geschwindigkeit noch mindestens 20 Stunden bis zur Kreuzung und noch Wochen bis ins Lager brauchen wird, kommen um fünf Uhr bei Temperaturen unter Null die Wasserwerfer zum Einsatz. »Wasser auf 10 Uhr!«, »5 Meter vor!«

Von hinten wandert über die Köpfe der Blockierer schwarze Landbau-Plastikfolie; wahrscheinlich lag die auch irgendwo am Straßenrand herum. Sie soll jetzt als riesiger Poncho die Blockade schützen. Das Räumen geht immer langsamer vonstatten. »Wasser ab!«, »3 Meter vor!« Von der Seite erinnert das Räumen an Dreharbeiten zu einem Science-Fiction-Film, in dem eine Handvoll Cyborgs versucht, eine riesige schwarze Schlange zurückzutreiben.

Durchnässte Blockierer wärmen sich an großen Feuern, deren Rauch tief über dem Boden hängen bleibt. Die Scheinwerfer der Hubschrauber streifen durch den Nebel, aus dem das Geschrei der Schlacht zu uns dringt, manchmal blinkt im Chaos das Licht eines vorbeieilenden Kamerateams auf, während hinter der ganzen Szenerie langsam die Sonne aufgeht.

Wasserwerfer vor
Wendland-Idylle.

Gegen sieben Uhr wird eine neue Dose Polizisten aufgemacht, diesmal aus Magdeburg. Ein Johlen geht durch die Menge, als die Einheiten erkannt werden, die Jungs aus Sachsen-Anhalt haben schon bei anderer Gelegenheit ihre Interpretation von »gewaltarm« unter Beweis gestellt. Es dauert nicht lange, bis Schlagstöcke eingesetzt werden und eine lange Kolonne durchnässter, unterkühlter und abgekämpfter Blockierer Richtung Lager trottet. Sie versuchen im Kleiderzelt etwas Trockenes zum Anziehen zu finden, bauen ihr Zelt ab, essen vielleicht noch was und machen sich dann auf den Heimweg. So wird die Blockade langsam dezimiert, trotzdem ist es zehn Uhr, als der erste Wasserwerfer plötzlich auf der Kreuzung steht. Nach spätem Start und kurzer Aufwärmperiode dreht sich die »Magdeburger Walze« so schnell, dass uns kaum Zeit bleibt, die Berge gebrauchten Geschirrs am Straßenrand in Sicherheit zu bringen.

Lylette kann anscheinend Gedanken lesen und fragt mich, ob ich nicht Lust hätte, zum Abschied eine Suppe zu kochen. Und wie! Der Rest unserer Truppe fängt schon mal an, die Küche abzubauen und reisefertig zu machen. Die Straßen werden noch stundenlang mit heimkehrenden Demonstranten und Polizisten dicht sein, am besten wäre es deshalb, wenn wenigstens ein Bus noch vor der großen Welle in Richtung Niederlande losfahren könnte.

Nun wächst neben meinem gigantischen Kochtopf ein beträchtlicher Berg aus Verpackungsmaterial. Ich prüfe die restlichen Lebensmittelspenden nur noch darauf, ob nicht irgendwo Fleisch drin ist, und schütte ansonsten alles ins kochende Wasser. Als ich endlich die letzte Packung Nudeln in die rotbraune Masse gekippt habe, das Gas herunterdrehe und mich meiner Lieblingsarbeit, dem Rühren, zuwende, merke ich, dass tief unten in dem Riesentopf etwas am Boden haftet.

In diesem Augenblick könnte das Zelt über mir zusammenkrachen, die Polizei die Küche stürmen oder ein Hubschrauber über uns abstürzen – für mich zählt in dem Moment nur, ob die Suppe angebrannt schmeckt oder nicht. Wie kann man so was bloß retten? Mit Honig vielleicht? Um Rat fragen will ich nicht, sonst wissen gleich alle, was los ist. Ganz vorsichtig probiere ich mit einem Teelöffel. All meine Geschmacksknospen sind auf den vertrauten Geschmack ausgerichtet. Bitte, bitte, bitte! Beim ersten Probieren verbrenne ich mir gleich den Mund. Ich koste noch einmal. Angebrannt schmeckt es nicht, aber man schmeckt auch nicht viel, wenn man sich gerade den Mund verbrannt hat. Betont gelassen frage ich einen der Blockierer nach seiner Meinung und bekomme als Antwort einen fragenden Blick und den Kommentar: »Schmeckt interessant.«

Dann kommt Burkie ins Zelt. Nach 36 Stunden im Spülzelt ist er so durchnässt, dass er sich als einziger Nicht-Blockierer im Kleiderzelt neue Sachen suchen darf. Er sieht so aus, als hätte er sich schon erkältet, und vielleicht wäre es doch keine schlechte Idee, wenn auch wir vor der großen Abreisewelle losfahren könnten.

»Ist gut«, ruft jemand, »ich pass weiter auf die Suppe auf.«

»Aber ... die Suppe nicht mehr so stark umrühren!« rufe ich zum Abschied. Als ich zehn Minuten später die Wagentür zuschlage, wird schon das Rampenplanzelt abgebaut. Mitten auf dem jetzt leeren Feld stehen drei Menschen und rühren hingebungsvoll in meiner Suppe.

»Fahr los«, sage ich zu Ramona, bloß weg von hier.

Jahre später frage ich mal jemanden, wie ihm eigentlich die letzte Suppe bei der Aktion im Wendland geschmeckt habe.

»Interessant, warum?«

Anstatt des »interessanten« Rezepts habe ich euch allerdings eine abgewandelte Version des deutschen Klassikers Schnitzel, Kartoffeln und Salat aufgeschrieben.

Wendland
Spezial

<u>Süßkartoffeln mit Fenchel</u>
<u>& Bohnengemüse</u>

8-10 (rote) Süßkartoffeln
  2 Fenchelknollen
  ½ kg Brechbohnen
  8 Tomaten
  1 große Zwiebel
  1 Bund Radieschen
  4 Handvoll Löwenzahnblätter
  4 Handvoll junge Brennnesselblätter
  1 Zitrone
  - Knoblauch
  - Schnittlauch
  - frisches Basilikum
  - Oliven
  - etwas Mehl
  ½ Tasse Sahne
  ½ Tasse saure Sahne
   oder (vegan):
  1 Tasse Sojamilch
  - Olivenöl
  - Rotweinessig
  - Gemüsebrühepulver
  - Paprikapulver
  - Zucker
  - Pfeffer

Wendland Spezial

Süßkartoffeln

Die Süßkartoffel wird oft mit der Topinambur (oder »Erdbirne«) verwechselt, wir meinen aber die echte *pomoea batatus*, eine etwas längliche, dunkelrote oder purpurrote Knolle. Du kannst sie genauso wie Kartoffeln verarbeiten, was bedeutet: einfach gut sauber machen und mit etwas Salz so ungefähr 20 Minuten in Wasser kochen. Ob du sie vor dem Essen pellst oder die Schale dran lässt – das ist Geschmacksache.

Innen ist sie fast orangefarben und, wie der Name schon sagt, süß im Geschmack. Mit der Kartoffel ist sie nicht verwandt, obwohl sie beide aus »Amerika« kommen.

Gebackener Fenchel

Die Stiele von der Knolle trennen und die Knolle der Länge nach durchschneiden. 4 Esslöffel Sojamilch oder Sahne mit 1 Esslöffel Mehl, 1 Teelöffel Paprikapulver und 1 Prise Salz verrühren und die Fenchelhälften darin wenden, anschließend von beiden Seiten je etwa 3 Minuten in Öl goldbraun backen. Die übrige Panade lässt sich zusammen mit dem Öl aus der Pfanne, ¼ Tasse Wasser (warm) und 1 Teelöffel Gemüsebrühpulver zu einer klasse Soße verrühren.

Fenchelstiele schmecken, in kleine Ringe geschnitten, prima im Salat.

Bohnen-Tomaten-Gemüse

Wasch die Bohnen, schneid an beiden Enden die Spitzen ab und befrei sie dabei von Fäden, wenn sie welche haben. Mit ein wenig Salz etwa 10 Minuten in Wasser kochen; obwohl sie dann noch nicht gar sind, das Wasser abgießen und mit kaltem Wasser abspülen, so behalten sie ihre Farbe. Die Tomaten in Achtel, die Oliven klein schneiden. Schnippel die Zwiebel klein und bräune sie unter Rühren mit 2 ausgepressten Knoblauchzehen in ein bisschen Öl. Streu 2 Teelöffel Zucker darüber und rühr immer weiter, dann karamellisieren die Zwiebeln. Mit 2 Esslöffel Rotweinessig ablöschen, kurz weiterkochen, dann die Tomatenstückchen

Beim Karamellisieren schmilzt Zucker und wird braun. Nicht schwarz! Das wäre sehr schwer wieder aus dem Topf zu kriegen.

dazu und nacheinander das Basilikum, die Oliven, ein bisschen Pfeffer, Salz. Das alles sollte noch 5-6 Minuten ohne Deckel weiter köcheln. Jetzt die gekochten Bohnen dazu geben. Nach weiteren 5 Minuten ist das Gemüse fertig und kann mit ein paar Blättern Basilikum verziert werden.

Löwenzahnsalat mit Schnittlauch
Den Löwenzahn, die Brennnesselblätter, die Radieschen und den Schnittlauch gut waschen und fein schneiden. Für das Dressing ½ Tasse saure Sahne (vegan: Sojamilch mit einem kleinen Schuss Essig), 1 Esslöffel Apfelessig, 2 Teelöffel Sonnenblumenöl und den Saft einer ½ Zitrone mischen. Alles zusammen in einer Salatschüssel vermengen – und wenn du Lust hast, schneide von ein paar der Radieschen Röschen zur Garnierung.

Die Hauhaltskasse meines Mitbewohners Aarï und mir hatte gegen Ende des Monats regelmäßig noch ein paar Tage übrig. In diesem Fall griffen wir zurück auf unseren 25kg-Sack Reis – und gingen für die Beilagen nachmittags zum Marktplatz, nachsehen, was die Gemüsehändler am Schluss weggeworfen hatten. Wir waren nicht die einzigen, die zwischen den Bergen von »Marktabfall« unser Essen zusammensuchten.

Dass die Armen sich beim Bäcker oder Metzger an der Hintertür oder zum Ende des Markttags bei den Händlern die Lebensmittel abholen, die sich nicht verkaufen ließen, ist eine jahrhundertealte Tradition.

Schon in meiner Kindheit gab es die Emmausgemeinschaften, die Abbé Pierre in Paris gleich nach dem Krieg gegründet hat. Sie leben konsequent von dem, was die Gesellschaft wegwirft, und schaffen es sogar noch, andere Hilfsprojekte zu finanzieren. Seither hat sich die Situation drastisch verändert. Dank der modernen Nahrungsmittelproduktion besteht unser Abfall inzwischen zu fast 40% aus essbaren Lebensmitteln – ausreichend, um ganze Großstädte durchzufüttern. Was in Wien täglich an Brot entsorgt wird, entspricht dem täglichen Brotverbrauch von Graz.

In Supermärkten und im Großhandel landen tonnenweise originalverpackte Nahrungsmittel im Abfallcontainer; nur ein kleiner Teil davon wird weitergereicht an Tafeln, Nahrungsbanken und andere wohltätige Organisationen. Allein in unserer Kleinstadt Belzig mit 12.000 Einwohnern gibt es drei Stellen, an denen sich Hartz-IV-Empfänger, Asylbewerber und andere »Neu-Arme« wöchentlich ein Paket abholen können. Trotzdem wird das meiste immer noch verbrannt. Mit etwas Glück kommt ein bisschen Energie dabei raus, häufiger aber zusätzliche Kosten.

Die Abfallcontainer in Europa stehen in krassem Widerspruch zur sogenannten Nahrungsmittelknappheit in der Welt. Nicht umsonst ziehen immer mehr Waldbewohner wie Raben, Füchse und Wildschweine in die Städte. Und wenn du mitten in der Nacht jemanden mit Stirnlampe, Gummihandschuhen und Einkaufskörbchen siehst, ist es höchstwahrscheinlich ein Freeganer auf »Einkaufstour«. In den meisten europäischen Ländern wird es nämlich als Diebstahl angesehen, wenn du dir etwas aus dem Abfallcontainer zu essen holst. Freeganer leben, das Wort sagt es eigentlich schon, »for free« – sie weigern sich, etwas für ihr Essen zu bezahlen, solange es eine Überproduktion gibt. Und sie leben vegan; was tierischen Ursprungs ist, lassen sie liegen. Ich kenne sogar Freeganer, die seit

SPEISERESTE

Blick in die Mülltonnen eines Lebensmitteldiscounters in Freiburg (März 2008).

Jahren nur Bio-Waren zu sich nehmen. Probier's ruhig mal aus. Du wirst dich wundern, so eklig ist »Abfall« gar nicht. Wenn du keine Lust hast, stundenlang zwischen Gemüseabfall das Richtige zu suchen oder zu Hause eine ganze Kiste verschimmelter Erdbeeren durchzuarbeiten, um ein Kilo brauchbare zu finden, kannst du auch einfach nur verpackte Lebensmittel mitnehmen, die Auswahl ist riesig. Bei einem Vorbereitungstreffen in Rostock für Heiligendamm habe ich eine Nacht lang fast 100 Kisten Spargel aussortiert, bis ich genug frische Stangen zusammen hatte, um für fast 300 Menschen ein Festmahl zu kochen – alles aus dem Container.

Spendenwirtschaft

Ich kann es einfach nicht lassen. Nachdem ich den Kids eine Viertelstunde zugesehen habe, muss ich es auch versuchen: Ich klettere auf die riesige Marmorpyramide, bis ich hoch über Tirana stehe. Die Kinder benutzen das Museum, das mal das Mausoleum Enver Hoxhas hätte werden sollen, als sommerlichen Schlittenhang und sausen auf Pappkartons die weißen Marmorflanken hinunter.

An der Kreuzung zweier Hauptstraßen gelegen, hat man von diesem Monstrum moderner sozialistischer Architektur einen Blick auf das städtische Verkehrschaos: Es wimmelt von Daimlern in allen Variationen, vom uralten Gastarbeiter-Diesel bis zur neuesten S-Klasse. Kleinbusse mit doppelt so vielen Passagieren wie zugelassen, ein buntes Sammelsurium von in anderen europäischen Großstädten ausgemusterten Stadtbussen und uralten chinesischen Lastern. Dazwischen weiße Allradfahrzeuge mit den Emblemen humanitärer Organisationen, knallorangene PKWs der OSZE und die blauen Polizeijeeps mit ihren ohrenbetäubenden Sirenen. Von links kommt ein Hummer mit schwarz gekleideten Sicherheitsleuten, die sich außen am Wagen festhalten, die automatischen Gewehre lässig mit einer Hand im Anschlag und alle mit schwarzen Skimasken – wie ein Eisbrecher bahnt sich das Gefährt einen Weg durch den Verkehr. Wahrscheinlich ein Minister oder eines der hohen Tiere aus dem Ausland. Oder einfach jemand von der amerikanischen Botschaft auf dem Weg zum Einkaufen. Ein Freund hat mir erzählt, dass die meisten Daimler und Kleinbusse zusammengeklaut sind. Bei meinem letzten Besuch vor fünf Jahren gab es vielleicht gerade mal 25 PKWs im ganzen Land, und die wurden von einer Handvoll Parteibonzen gefahren; der Rest der Bevölkerung benutzte Busse oder die Eisenbahn. Zwischen den Fahrzeugen kämpfen sich Hunderte von Fußgängern durch die Straßen. Aus einer umgeknickten Ampel kommt ein armdicker Kabelstrang, dessen einzelne Adern wie Girlanden über die Straße gespannt sind und bis in die Häuser der Nachbarschaft laufen. Romakinder bieten sich als Autoscheibenputzer an oder verkaufen falsche Markenzigaretten.

Am Fuß der Pyramide, auf dem letzten verbliebenen Stück Rasen grasen zwei magere Kühe zwischen Plastikflaschen und anderem Verpackungsmüll, der den Boden sicher zehn Zentimeter hoch bedeckt. Bis 1997 produzierte das Land mehr als 95 Prozent seiner Lebensmittel selbst, aber seither ist die Landwirtschaft völlig zusammengebrochen. Jetzt müssen über 80 Prozent importiert werden.

Multifunktionsgebäude:
Museum, NGO-Zentrum
und Riesenmarmorrutsche.

Zu Hoxhas Zeit drohte einem mindestens ein Jahr Zwangsarbeit, wenn man Müll einfach auf die Straße warf. Aber Verpackungsmaterial wurde sowieso recycelt, denn wer beim Einkaufen keine leere Flasche dabeihatte, konnte auch keine Milch mit nach Hause nehmen. Dass man jetzt ungestraft die Stadt vollmüllen darf, ist der Höhepunkt der neuen Freiheit, und dem
entsprechend riecht es im ganzen Land.

Ich leihe mir von einem Romajungen ein Stück Pappe und rutsche darauf die Pyramide runter. Durch eine Hintertür betrete ich das fast leere Gebäude. Die Fenster sind noch kaputt von den Straßenkämpfen im vorletzten Jahr, und in den Wänden stecken Kugeln. Im obersten Stock hat die OSZE ein Infozentrum für NGOs eingerichtet, doch die meisten provisorisch bezogenen Zimmer werden schon wieder geräumt. Die Organisationen folgen dem Strom der Flüchtlinge wie Nomaden.

In den letzten zehn Tagen haben über eine Million Flüchtlinge aus dem Kosovo Albanien verlassen. Seit die jugoslawische Armee nach den NATO-Bombardements kapituliert hat und die ersten internationalen Schutztruppen in ihrer Provinz Position beziehen, sind die Heimkehrer nicht mehr zu stoppen. Ein langer Konvoi überladener Yugos und Traktoren zieht über die Berge Richtung Norden. In den zwei Monaten seit meiner Ankunft ist es ruhig geworden in Tirana. Man hört nur noch selten Kalaschnikows und sieht auch nicht mehr so oft grüne Leuchtspurmunition am Himmel. Als vor zwei Jahren das System zusammenbrach, haben die Albaner alle Kasernen und Polizeistationen leer geräumt. Einige Millionen AK47, ein paar tausend schwere MGs, ein paar hundert Granatwerfer, einige Dutzend Haubitzen und eine Handvoll Panzer werden immer noch vermisst. Mit einem Teil dieses Arsenals ballerten sich die neuen Besitzer in den Abendstunden erst mal den Frust von der Seele. Und wenn es dann in der Stadt ruhig wurde, hörte man über sich die NATO-Bomber Richtung Serbien fliegen.

In einem Raum des Infozentrums sehe ich die bekannten Gesichter der Hilfsorganisationen um einen Tisch sitzen. Die Stimmung ist nicht gut. Bis vor zehn Tagen war man noch vollauf damit beschäftigt, die Flüchtlingslager aufzubauen.

An solchen *waystations* konnten die Flüchtlinge rasten.

Hilfslieferungen.

Erbsen und Möhrchen kamen
nicht besonders gut an in Bathore,
als die Dose erst mal offen war.

Tirana:
Wiederaufbau
der Stadt und
Wiederaufbau
der sozialen
Strukturen.

Krankenhaus
in Peja (Pec) in
Kososa (Kosovo).

Hilfslieferung, von der Straße abgekommen: Die Ersatzteile verschwanden, die Kekse blieben liegen.

Jetzt quellen plötzlich die Lagerhäuser über – mit Lebensmitteln aus der Überproduktion der sogenannten »reichen« Länder. Flugzeugeweise kommt das Zeug hier an: Da gibt es Cornflakes vierter Wahl, die so missraten sind, dass sie auch hier niemand essen will und man sie als Tierfutter verwendet, oder Corned Beef aus Schweinefleisch – was, auch wenn die meisten Kosovo-Albaner keine besonders streng gläubigen Muslims sind, besonders angesichts der traditionell schweinefleischorientierten serbischen Küche, eine ziemlich unsensible Geste ist. Der Gipfel war eine Ladung »Proteinkekse«, die ich im Norden des Landes neben der Straße liegen sah. Ein Lastwagen war in die Böschung gekippt und hatte seine Ladung verloren. Nach Monaten – die Anwohner hatten das Wrack längst in Einzelteilen abtransportiert – lagen die Kekse immer noch da. Sogar die Wildtiere verschmähten sie.

Die meisten NGOs wollen so schnell wie möglich den Flüchtlingen hinterher. Aber dass die Lagerhäuser noch voll sind, ist ein Problem: Der Transport der Lebensmittel ins Kosovo über die Berge ist zu gefährlich, außerdem zu teuer. Währenddessen stehen auf internationalen Flughäfen genügend Hilfslieferungen bereit, die direkt ins Kosovo umgelenkt werden können.

Abgesehen davon darf das ganze Zeug, das jetzt hier lagert, gar nicht so einfach an die Albaner verteilt werden. Es war für die Kosovo-Albaner gedacht und wurde bis jetzt vor dem Zugriff der Albaner geschützt. Die NGOs haben ihre Lagerplätze zu uneinnehmbaren Festungen ausgebaut, und auch die Coca-Cola-Fabrik in Tirana gleicht dem Hochsicherheitskomplex eines Gefängnisses, inklusive schwerbewaffneter Wachleute. Jetzt einfach die Security nach Hause zu schicken und die Türen zu öffnen, würde wahrscheinlich zu einem unermesslichen Chaos und gefährlichen Plünderungen führen, die sogar bewaffnete Konflikte nach sich ziehen könnten. Außerdem würden vor allem die Leute in der direkten Nachbarschaft der Lager profitieren und nicht die wirklich Bedürftigen. Die Runde hat also ein echtes Problem.

Unsere Organisation, die BSF (Balkan Sunflowers) hat vielleicht eine Lösung. BSF ist eine internationale Freiwilligenorganisation nach dem Vorbild von Suncokret, die sich spontan übers Internet formierte, als die Bombardierungen losgingen. Sie startete ein Projekt mit Straßenkindern in den Slums nördlich von Tirana, an einem Ort, wo 40.000 Menschen unter erbärmlichsten Bedingungen in Betonhütten ohne Fenster leben, mit illegal abgezapfter Elektrizität und ohne fließendes Wasser. Die ohnehin schreckliche Situation hat sich in den letzten drei Krisenjahren noch verschlechtert. Die Lösung, die ich vorschlage, ist ganz einfach: Wir kümmern uns darum, die Lagerbestände in die Slums zu schaffen.

Da niemandem was Besseres einfällt und alle nur schnell den Flüchtlingen hinterher wollen, wird die Versammlung zur Geburtsstunde von »Warehousecleaners Without Borders«.

Wochenlang sind unsere BSF-Freiwilligen mit einem Laster unterwegs, um die Lagerhallen leer zu räumen und die Hilfsgüter an diejenigen Albaner zu verteilen, die noch viel weniger haben als die Kosovo-Albaner. Die humanitären Organisationen kriegen dafür einen schönen Dankesbrief im Namen der Albaner.

Wir benutzen die Spenden, um soziale Projekte anzuschieben. In den Slums von Bathore, einem Vorort von Tirana, bekommt jede Familie, die mithilft, ein Kanalisationssystem anzulegen, oder die ihre Kinder zur Schule schickt, einen großen Karton Essen für die ganze Verwandtschaft. Mütter werden dafür »bezahlt«, wenn sie in der Nachbarschaft einen Gemüsegarten anlegen – was erst einmal bedeutet, eine Tonne Plastikmüll wegzuräumen zu müssen.

Unser Haus in Tirana ist trotzdem noch voll mit unseren vorwiegend vegetarischen Lebensmitteln, nicht etwa weil das Haltbarkeitsdatum abgelaufen wäre – was man bei den Lebensmittelhändlern in ihren kleinen Kiosken bekommt, ist in der Regel auch nicht besser. Aber versuch mal, jemanden aus Bathore davon zu überzeugen, dass auch vegetarische Bolognese lecker sein kann ...

Weltmahlzeit

Alle werden satt	
369 g	Gemüse
141 g	Kartoffeln
166 g	Wurzeln und Knollen
213 g	Obst
15 g	Nüsse
25 g	Hülsenfrüchte
61 g	Gerste
284 g	Mais
250 g	Reis
251 g	Weizen
71 g	übrige Getreide
84 g	Soja
267 g	Milch
27 g	Eier
45 g	pflanzliches Öl
3 g	Gewürze
76 g	Zucker oder Süßmittel

Weltmahlzeit

Kipp alle Lebensmittel, die pro Jahr auf der ganzen Welt »wachsen« oder von Tieren produziert werden, zu einem großen Haufen zusammen und lade alle Weltbürger ein, diesen Berg ehrlich untereinander zu verteilen. Wenn das gelingt, ohne dass durch Streitereien allzu viel verloren geht, kommen ungefähr die Zahlen und Mengen von der Seite vorher dabei heraus. Auf den ersten Blick scheint das mehr als genug für jeden zu sein. Fast 2 ½ Kilogramm Nahrungsmittel pro Mensch und Tag, das sollte doch reichen!

Um 1 Kilo Fleisch herzustellen, sind ungefähr 7 Kilo andere Nahrungsmittel nötig.

Aber man kann sich täuschen: Wenn du zum Beispiel zusätzlich mal ein Stückchen Fleisch essen willst, vielleicht eine Roulade (etwa 200 Gramm pro Person), ist die Hälfte dieser Tagesration schon verschwunden. Aufgebraucht von dem Tier, aus dem dann die Roulade gemacht wurde.
Zu dem Fleisch passen gut ein paar Kartoffeln, ein bisschen Gemüse und hinterher ein Nachtisch … Schon ist alles auf einmal weg, für den Rest des Tages bleibt noch Wasser.

10 Liter Milch sind nötig, um 1 Kilo Käse herzustellen.

Ein Glas Bier kostet etwa 40 Gramm Getreide.

Oder du isst zum Frühstück gern herzhaft, ein paar Scheiben Brot mit Käse zum Beispiel, langst auch zum Mittagessen zu und genehmigst dir vielleicht später noch einen Snack »für den kleinen Hunger zwischendurch«.
Abends trinkst du in der Kneipe ein paar Bier, und siehe da: So schnell hast du die Rationen von ein paar anderen Erdenmitbewohnern mitverdrückt. Damit bist du kein Einzelfall. Wenn du eine Woche lang aufschreiben würdest, was du pro Tag so verspeist und wegtrinkst, dich nebenbei schlau machst, wie viel Nahrungsmittel es kostet, das alles herzustellen, würdest du merken, dass wir auf unserem Teil der Nordhalbkugel regelmäßig mehr als nur unseren eigenen

Teller leer essen. Und dann reden wir nur über das Essen, was wir tatsächlich zu uns genommen haben; nicht über das, was pro Tag normalerweise weggeworfen oder in »Biosprit« verwandelt wird.

Jedes Jahr am 16. Oktober ist »Welternährungstag«. Dann wird bei uns in den nördlichen, reichen Ländern der Tatsache gedacht, dass Millionen hungern – obwohl ausreichend zu essen für alle da wäre. Wir haben uns anscheinend daran gewöhnt, dass das so ist. In den letzten fünfzig Jahren haben wir meistens mehrere Teller »Weltmahlzeit« pro Tag gegessen (auf Kosten von dementsprechend vielen anderen Weltbürgern anderswo).

Aber die Nahrungsmittelvorräte werden weltweit knapp, und 2007 wurden auch wir in den Industrieländern mit gigantischen Preissteigerungen bei Grundnahrungsmitteln konfrontiert. Das Welternährungsproblem ist offensichtlich nicht auf unterentwickelte Regionen beschränkt – und mit einem Tag lang symbolisch gerechter Verteilung nicht zu lösen.

Je eher wir damit beginnen, bei uns Varianten der »Weltmahlzeit« zu servieren, desto eher können sie auf dem Rest der Welt auf dem Speiseplan stehen. Gebrauch beim Essen und beim Kochen deine Fantasie, und du wirst sehen, dass du mit den Zutaten weder langweilig essen noch jeden Tag dasselbe essen noch hungrig zu Bett gehen musst.

Mehr als 840.000.000 Menschen sind derzeit nicht ausreichend mit Lebensmitteln und sauberem Trinkwasser versorgt. Jeden Tag sterben ca. 24.000 Menschen an Hunger und seinen Folgen, ca. 18.000 davon sind Kinder unter 5 Jahren.

Der rote Winkel

Nach über vier Jahren Krieg im Balkan nehme ich die Einladung einer alternativen Lebensgemeinschaft aus der Nähe von Berlin an. Aus ursprünglich drei Tagen wird eine Woche, aus einer Woche ein Monat, ich merke erst allmählich, wie fertig ich bin vom Krieg.

Freunde aus Westdeutschland fragen mich, warum ich gerade bei der berüchtigten »Sex-Sekte« in Belzig eingezogen bin – habe ich nicht mitgekriegt, dass mein neuer Wohnort eine politisch inkorrekte NoGo-Zone ist? Beim Nachfragen stellt sich heraus, dass es sich um ideologische Grabenkämpfe zwischen verfeindeten Alt-68ern handelt; die Diskussion, ob eine Lebensgemeinschaft eine »Sekte« ist oder nicht, erscheint mir lächerlich. Auf dem Balkan gehört jeder zu einer Sekte, und in den viereinhalb Jahren im Krieg habe ich wirklich jede (religiös motivierte) humanitäre Organisation kennengelernt.

Als ich zum ersten Mal in einem nagelneuen Supermarkt einkaufen gehe, haut mich der Anblick von so vielen Konsumartikeln um. Ich laufe wie benommen durch die Regalreihen und bemerke erst gar nicht, dass da jemand Bosnisch spricht. Erfreut, dass jemand ihre Muttersprache versteht, sagt mir eine Familie, dass sie Flüchtlinge aus Novi in Nordbosnien sind. Ich erzähle, dass ich öfter in ihrer Heimatstadt gewesen bin, das letzte Mal erst vor ein paar Monaten, worauf ich gleich zu ihnen nach Hause ins Asylantenheim eingeladen werde. Dort leben noch siebzig weitere Menschen aus Novi, die alle wissen wollen, wie es in ihrer Heimat aussieht. Ich weiß, welche Straßen zu Hause dem Erdboden gleichgemacht wurden, und ihre sind mit Sicherheit darunter. Seit fast vier Jahren sind sie schon hier und haben jetzt Angst, zurückgeschickt zu werden, denn ihre Stadt liegt im serbischen Teil von Bosnien – und sie sind Muslime. Weil ihr Flüchtlingsheim nicht weit vom ZEGG (Zentrum für experimentelle Gesellschaftsgestaltung) liegt, wo ich wohne, nehme ich mir vor, öfter mal bei ihnen auf einen Kaffee und ein Schwätzchen vorbeizuschauen.

Ihr Teil des Flüchtlings- und Asylbewerberheims heißt *mala bosna*, »Kleinbosnien«. Über den Gastarbeiterladen in Berlin organisieren sie Lebensmittel aus Kroatien. Das Geld dafür beschaffen sie sich, indem sie mit ihren Lebensmittelcoupons billige Produkte im Supermarkt kaufen und dann weiterverhökern. Die Versorgung mit Lebensmitteln aus der Heimat ist für jede Gruppe im Heim eine ebenso wichtige wie schwierige Angelegenheit. Außer den Afrika- und Asia-Läden in

Berlin gibt es noch andere Mög-
lichkeiten. So treffen bei der Polizei Berichte ein, dass im Stadtpark immer mehr Enten spurlos
verschwinden – da dachte wohl
jemand, dass sie niemandem gehören. Und die Bosnier kümmern
sich auch um die vielen verwilderten Gärten in der Gegend, ernten
das Obst und verarbeiten es zu
Marmelade.

Wenn ich die Kinder aus unserer
Gemeinschaft in der Stadt sehe,
sind sie immer anders gekleidet
als »zu Hause« im ZEGG. Ich vermute, sie schämen sich dafür, dass
sie in einer »Kommune« wohnen.

Als ich mich irgendwann endlich mal traue, ein Mädchen zu fragen, was eigentlich los ist, erzählt sie mir, dass »die Rechten« ihre Schule im Griff haben und sie
sich aus Angst vor ihnen heimlich umziehen. Im Stadtzentrum waren mir ein paar
Skinheads aufgefallen, weiter darüber nachgedacht hatte ich aber nicht.

Als in verschiedenen bundesweiten Zeitungen Artikel über neue rechte Hochburgen erscheinen, belegt auch unsere Kleinstadt Belzig einen Spitzenplatz – Grund genug, das Grüppchen Bier trinkender Kahlköpfe genauer zu betrachten. Der Weg aus der Stadt zum Asylbewerberheim führt an Schwimmbad und Schule vorbei, genau da, wo ein Teil der Jugendlichen die Zeit totschlägt mit Rauchen, Biertrinken und dem Anmachen von Vorübergehenden. Die meisten Asylbewerber wagen sich nur noch in Gruppen in die Stadt, und die, die von außerhalb zweimal in der Woche zum Markt kommen, stehen stundenlang in der Kälte auf dem Busbahnhof, weil sie sich nicht trauen, in der Kneipe zu warten.

Die Stadtverwaltung ist ratlos. Belzig möchte gerne Kurstadt werden, aber Skinheads, die Ausländer zusammenschlagen, sind keine gute Werbung. So wird ein öffentliches »Forum gegen Rechtsextremismus und Gewalt« einberufen. Die Aula der Grundschule ist voller beunruhigter Eltern und Lokalpolitiker, alle sind sich einig, dass es so nicht weitergehen kann. Auch einige nicht unmittelbar betroffene Bürger sind gekommen, darunter Leute, die nicht in Belzig geboren sind. Unter denen fallen Ramona und ich etwas aus dem Rahmen – wir sind Wessis, und ich bin sogar »Holländer«, also eine Art Extrem-Wessi.

Mein Vorschlag, einen Treffpunkt für Ausländer und Deutsche aufzubauen, wird zwiespältig aufgenommen. Die Verwaltung findet es großartig, erklärt aber gleich, kein Geld zu haben. Der Großteil der Versammlung reagiert ähnlich – schöne Idee, aber Knete gibt es dafür nicht. Keine Knete zu haben, war für mich noch nie ein Grund, etwas nicht zu tun, aber das wissen die ja nicht.

Eine Woche später sitzen Ramona und ich mit etwa zehn »echten« Belzigern im Jugendzentrum. Jeder hat andere Gründe mitzumachen. Einer ist mit einer Afrikanerin verheiratet, ein anderer hat jahrelang die Auslandsausbildung für DDR-Diplomaten geleitet und dabei Kontakte in der ganzen Welt aufgebaut, eine Familie hat einen afrikanischen Jungen adoptiert – der von Neonazis aus dem Zug geworfen wurde und dabei beide Beine verlor.

Wir beschließen, am 8. Mai mit einer Kundgebung auf dem Marktplatz eine Kampagne für Toleranz und gegen Gewalt zu starten. Unseren Treffpunkt gegen rechts wollen wir »Roter Winkel« nennen, in Anlehnung an die farbigen Abzeichen in Form eines Dreiecks, genannt Winkel, mit denen in den Konzentrationslagern der Nazis alle Insassen gekennzeichnet worden waren. Rot stand für die politischen Gefangenen und war in meiner Heimat auch das Symbol der Antifaschisten.

Der Marktplatz ist voll. Afrikaner trommeln auf der Bühne, Russen schenken Tee aus, Journalisten und Kamerateams treten einander auf die Füße, der Bürgermeister hält eine flammende Rede gegen Ausländerhass. Von der Seite schauen etwa sechzig Skinheads zu und werden dabei von der Presse abgelichtet.

»Eine Kleinstadt macht mobil gegen Rechts«, steht in der Zeitung, obwohl höchstens vierhundert Leute da waren. Aber das Signal ist gegeben, und die städtische Wohnbaugesellschaft ist nun tatsächlich bereit, uns eine alte Bäckerei zur Verfügung zu stellen – wobei die Miete allerdings nur für die ersten drei Monate erlassen wird.

Eine Handvoll Freiwilliger bringt das Gebäude in wenigen Wochen auf Vordermann: Wir wollen, dass die Initiative eine große Öffentlichkeit bekommt. Und siehe da, es klappt. Erst schreiben lokale, bald aber schon überregionale Zeitungen über die Initiative, und schließlich findet sich ein Sponsor, der die Miete übernimmt.

Ein paarmal werden Fenster eingeworfen. Als es zu teuer wird, sie jedesmal zu erneuern, flicken wir die Löcher einfach mit bunter Folie zu einem farbenfrohen Mosaik. Als sich nach Jahren ein Sponsor für neue Scheiben findet, fällt es uns erst gar nicht so leicht, uns von dem Kunstwerk zu verabschieden, das so viele Leute mitgestaltet haben.

So bunt wie das Fenster sind auch die Besucher des Cafés. Bosnier erklären Afrikanern, wie sie zu Hause kochen. Nigerianer sind überrascht, dass man in Kamerun die gleichen Trommelrhythmen kennt. Und die Algerier bereiten für alle ein Couscous zu.

Über zehn Jahre gibt es das Infocafé mittlerweile. Als die Bosnier nach Hause zurückkehren, kommen die Russlanddeutschen, und auch diese Jugendlichen merken ziemlich schnell, dass es im Infocafé geile Musik gibt und Internet, für Menschen aus dem Ausland oft die einzige Informationsquelle über das Geschehen in ihrer Heimat. Kaum zu glauben, dass das in Asylbewerberheimen nicht standardmäßig zur Verfügung gestellt wird.

Neonazis von außerhalb haben noch ein paarmal versucht, mit Fackeln durch die Stadt zu marschieren, aber nach und nach normalisierte sich das Straßenbild wieder – Punks, Skas, Alternative, HipHopper, Asylbewerber, Russlanddeutsche, höchstens ein vereinzelter Skinhead. Heute ist der Laden vom Vietnamesen der Platz, wo alle sich treffen. Keiner versteht das Deutsch der Verkäuferin, trotzdem kommt eine alte Oma in Pantoffeln jeden Tag pünktlich um Viertel nach sechs mit ihrer Plastikschüssel vorbei, um sich ihren Salat zu holen. Hier steht der Anti-Deutsche neben dem Kurzhaarigen, von dem jeder weiß, dass er »Stolz, ein Deutscher zu sein« auf seinen Arm tätowiert hat.

Marrakesh Express

<u>Gemüsecouscous</u>

250 g Blumenkohl
300 g Kürbis
   2 Zucchini
   2 Karotten
   1 Pastinake
   1 rote Paprika
   2 kleine Zwiebeln
   - Stück Ingwer
     (ca. daumengroß)
 3 EL gehackter Koriander
 2 EL gehackte Petersilie
1 ½ Tassen Couscous
   1 Tasse Kichererbsen
1 EL Butter oder Magarine
4 EL Olivenöl
   - Gemüsebrühe
 1 TL Kurkuma
¾ TL Chilipulver
   1 Zimtstange

Marrakesh Express

Kichererbsen werden beim Einweichen etwa 2 ½-mal so groß, also mit ausreichend Wasser ansetzen.

mindestens 10 h

Kichererbsen

Die Kichererbsen über Nacht in viel Wasser einweichen. Dann mindestens eine ¾ bis ganze Stunde in frischem Wasser kochen. Probier dann selbst: ganz weich sollen sie nicht werden, ein bisschen Biss dürfen sie noch haben.

Gemüse

Die Zwiebeln in dünne Ringe schneiden, Karotten, Pastinake, Paprika und Zucchini in etwa 1 cm dicke Scheiben. Wenn du keinen orangenen Hokkaidokürbis verwendest, muss der Kürbis noch geschält werden, dann ebenfalls in kleine Stücke schneiden. Den Blumenkohl in kleine Röschen teilen. Olivenöl in einen Topf geben, bis der Boden damit bedeckt ist, und erhitzen.

Ingwer reiben, die Zwiebeln im heißen Öl unter Rühren andünsten. Nach ungefähr 2 Minuten sollten sie glasig werden, Kurkuma, Chilipulver und den Ingwer hinzufügen. Die gelbe Mischung noch eine Minute weiterdünsten.

Jetzt kommt ein großes Glas Wasser dazu, wenn du willst, mit ein paar Teelöffel Gemüsebrühpulver. Gib die Karotten- und Pastinakenwürfel sowie die Zimtstange zu dem Zwiebelsößchen. Das Ganze aufkochen, nach 5 Minuten bei geschlossenem Topfdeckel und halber Hitze Kürbis, Blumenkohl, Paprika und Zucchini hineingeben. 10 Minuten weiter leise köcheln lassen. Dann werden die abgegossenen Kichererbsen, der Koriander und die Petersilie untergemischt. So kann alles noch 5 Minuten ohne Deckel köcheln. Die Zimtstange am Schluss herausnehmen.

Nordafrikanische Gewürzmischung, die gut zu Couscous passt und die du leicht selber machen kannst:

Ras el-Hanout
1 TL Pfeffer
1 TL Muskatpulver
½ TL Nelkenpulver
1 TL Ingwer (oder Ingwerpulver)
1 TL Kurkuma
1 TL Kardamom
1 TL Kreuzkümmel
½ TL Safranfäden
1 EL Zimt

Couscous

Couscous zu machen ist ganz einfach. Bring etwas mehr Wasser als du Couscous hast zum Kochen. (Bei 1½ Tassen also ungefähr ¼ Liter, ein bisschen zu viel ist nicht schlimm.) Den Couscous in eine Schüssel geben und das Wasser langsam mit etwas Butter oder Margarine, Salz und Olivenöl nach und nach darunterrühren – nicht zu viel Wasser auf einmal, dann merkst du, wann der Couscous sich vollgesogen hat. Es sollte kein Brei werden; am besten rieseln die Krümel noch locker von der Gabel und kleben nicht aneinander. Wenn er hingegen zu trocken und hart ist, einfach etwas mehr Wasser drunterrühren.

(Eigentlich wird Couscous in einem großen Sieb über dem Topf, in dem das Gemüse gart, gedämpft. Dafür braucht man jedoch einen speziellen Dämpfeinsatz oder eine Couscoussière.)

Den Couscous mit einem frischen Zweig Koriander oder Petersilie garnieren und nicht zu lange mit dem Essen warten!

Couscous ist das traditionelle Gericht der nordafrikanischen Länder. Der grobe Grieß wird meistens aus Weizen gemacht, es gibt ihn aber auch aus Gerste oder Hirse. Bulgur ist fast dasselbe, wird aber etwas anders hergestellt.

Sollte jemand gegen Gluten allergisch sein: nimm einfach Hirse.

Die spinnen, die Römer

Einmal im Jahr, am Ende der großen Ferien, steht unsere Kleinstadt Kopf. Seit Belzig vor zehn Jahren seinen tausendsten Geburtstag gefeiert hat, wird die Altstadt an dem Wochenende jährlich wieder zur autofreien Zone. Auf dem Marktplatz stehen Biergartengarnituren, und die Innenhöfe werden von den Vereinen in Beschlag genommen. Jeder liefert seinen Beitrag zum Stadtfest, und so gibt es neben Bluesbands und Theateraufführungen auch Stände mit mediterranem Essen. Die Burg von Belzig liefert die Kulisse für einen mittelalterlichen Markt und ein Ritterspektakel. Es ist wahrscheinlich das einzige Wochenende, an dem alle Hotels und Zimmer in der Stadt belegt sind und ehemalige Belziger scharenweise aus ihrer Diaspora zurückkehren.

Hauptsächlich ist es ein Fest unserer Region, dem »Hohen Fläming«. Seit einigen Jahren tritt als unbestrittener Höhepunkt die aus der Gegend stammende Band »Keimzeit« auf. Wie in allen Städten und Dörfern ringsherum ist auch in Belzig die Einwohnerzahl rückläufig. Die Menschen ziehen weg auf der Suche nach (besserer) Arbeit, und die Geburtenrate ist dramatisch gefallen. Die vielen »Zugereisten« der letzten Jahre haben den demographischen Fall allenfalls gebremst, gestoppt haben sie ihn nicht. Und aus Sicht der meisten alteingesessenen Fläminger stecken die Neuen alle unter einer Decke. Seit ich im Stadtrat bin, werde ich dauernd mit der Frage konfrontiert, wer von »uns« welches Haus gekauft hat, und ob »wir« vorhaben, noch mehr Dörfer zu »übernehmen«. Ich kann ihnen nur schwer verstädnllich machen, dass ich weder weiß, wer die neuen »Künstler« sind, die den alten Gerichtshof gekauft haben, noch wer den Laden in Ragösen übernehmen wird. Auch ich begreife die Geschwindigkeit kaum, mit der sich immer mehr Künstler und Leute auf der Suche nach alternativen Lebensformen in unserer Region ansiedeln.

Auch ich habe jahrzehntelang von einem alternativen Dorf geträumt, ich bin an Orte gezogen, wo es hätte entstehen sollen, aber dazu gekommen ist es nie. Dann bin ich vor zwölf Jahren in Belzig gelandet und hängen geblieben. Es gibt hier kein Atommülldepot wie im Wendland, kein militärisches Übungsgelände wie in Larzac, keine Chemie-

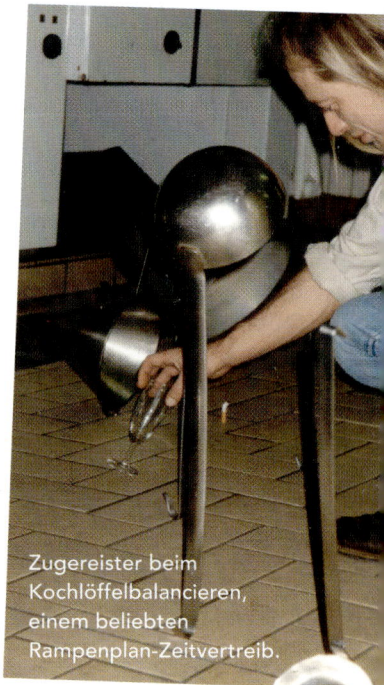

Zugereister beim Kochlöffelbalancieren, einem beliebten Rampenplan-Zeitvertreib.

anlage und kein Natohauptquartier wie in Sittard, keine Atomraketen, keinen Krieg, nicht einmal extrem hohe Arbeitslosenzahlen (verglichen mit dem Rest der neuen Bundesländer). Ein an Konflikten so armes Umfeld war in meinem Leben bis dahin eine Seltenheit.

Am Stadtfest nimmt der »Fläming Hof« zum ersten Mal teil: als eine Bastion in die Jahre gekommener Hippies. Wie alle anderen Höfe beehrt auch uns das Gesundheitsamt mit einem Besuch, und wie so oft stellt sich heraus, dass die deutsche Gesetzgebung so gar nicht zu meinen Vorstellungen von Gesundheit passt.

Die Ecke des Platzes, in der wir die Vokü aufgebaut haben, ist übersät mit Gemüsekisten, die ich in den letzten Tagen bei den Ökobauern im Umland aufgetrieben habe. Die Krönung des Ganzen sind ein paar super Kürbisse.

»Alles aus der Region«, sage ich voller Stolz, »alles von registrierten Biobauern und aus kontrollierter ökologischer Landwirtschaft. Auch die Getränke sind alle von hier. Sogar das Bier ist aus der neuen Brauerei und der Obstwein aus Grützdorf. Alles kontrollierte Betriebe.« An seinem Gesichtsausdruck erkenne ich, dass der Kontrolleur nicht zufrieden ist.

Womit wir das Essen denn ausgeben wollen, will er wissen. Und wir sollen doch erst mal einen Holzboden als Unterlage beschaffen, weil so »direkt auf dem Boden« können wir doch nicht kochen. Dass ich schon für einige Tausend Menschen direkt auf dem Boden gekocht habe, ist für ihn kein Argument. Wir einigen uns schließlich auf eine Plane.

Als ich ihm unser Geschirr zeige, kann ich sehen, wie er sich die Worte zurechtlegt. Laut Vorschrift ist die einzig hygienische und richtige Art und Weise, auf einem Markt wie diesem Essen zu verkaufen, die Verwendung von Einweggeschirr. Ich verspreche ihm, alle Teller und Löffel nur einmal zu gebrauchen, alles einzusammeln und über Nacht zu Hause zu spülen. Einen Versuch ist es wert. Aber er bleibt unbeeindruckt.

»Und wenn ich überhaupt nichts verkaufe, sondern alles verschenke?«

»Was meinst du mit verschenken?«

»Verschenken halt. Jeder darf sich Suppe und Brot holen, und wenn es wem schmeckt, darf er oder sie auch was spenden.«

»Und das funktioniert?«

»Klar funktioniert das. Voküs machen das schon seit Jahren, und ich kenne sogar Kneipen, wo es funktioniert.«

Er kann es trotzdem nicht erlauben, solange in der Feldküche keine Spülstraße mit fließendem Wasser aufgebaut ist. Unter diesen Bedingungen dürfen wir kein

Essen ausgeben. Wenn wir es selber so essen wollen, bitteschön. Sollte er beim nächsten Kontrollgang aber sehen, dass wir gegen seine Auflagen verstoßen, kann er die Küche einfach schließen.

Ich bin sprachlos. Über ein Vierteljahrhundert toure ich schon kochend durch die Welt, und noch nie hat irgendwo ein Gesundheitsamt etwas über Wegwerfgeschirr gesagt. Wir haben die seltsamsten Auflagen bekommen und manche sogar erfüllt, meistens haben wir allerdings nur versprochen, das nächste Mal daran zu denken – wohl wissend, dass es am selben Ort kein nächstes Mal geben würde.

Als der Kontrolleur weg ist, muss ich erst einmal tief durchatmen. Ich mache einen Rundgang über den Hof und schaue zu, wie die anderen damit beschäftigt sind, ihre Stände aufzubauen. Weshalb soll ich meine gute Laune von den Regeln des Gesundheitsamtes abhängig machen?

»Erstmal die Küche aufbauen«, sage ich den Helfern, die mich fragend ansehen.

»Am liebsten hätte er, dass wir den ganzen Platz eineinhalb Meter hoch kacheln. Die spinnen, die vom Gesundheitsamt!«, sage ich und fange an, eine Plane auszubreiten.

»Aber nicht den Brenner auf die Plane stellen!«, ruft es von hinten. Jetzt kommt auch noch die Kontrolle der Feuerwehr. »Die ist nämlich brennbar.«

»Ach, was du nicht sagst!«

»Machst du wieder die Kürbissuppe, wie bei der letzten Übung?«

»Das habe ich jedenfalls vor …«

»Klasse«, sagt er und verschwindet.

Auf einen großen Zettel schreibe ich »Vorführküche«, hänge ihn an den Stand und fange an zu kochen.

»Was machst du?«

»Eine Suppenampel.«

»Eine was?«

»Eine Ampel mit Suppen – rot, gelb, grün. Aber ich darf nur demonstrieren, wie es geht; wenn du mitessen willst, musst du kurz mithelfen. Dann bist du Mitarbeiter und darfst mit dem Segen des Gesundheitsamtes hier essen.«

Es gibt schnell mehr Mitarbeiter als Gemüse, und es dauert nicht lange, bis der Duft von Tomaten-, Kürbis- und Gemüsesuppe über den Hof weht.

»Wann ist das Essen denn fertig?«, fragen die Besucher.

»Nach dieser Band. Dann dürfen allerdings erst die Mitarbeiter essen. Wenn dann noch was übrig ist, könnt ihr euch ja einen Teller klauen.«

Ihre Gedanken sind leicht zu lesen: »Die spinnen, die Alternativen.«

Unser Küchenbus.

»Nur für Mitarbeiter und Diebe«, schreibe ich auf die andere Seite des Zettels, stelle ausreichend Teller, Löffel und die drei Suppen auf den Tisch und verlasse für ein paar Stunden die Küche. Man muss der Kriminalität ja Gelegenheit geben, sich zu entwickeln. Schon bald kommt jemand auf mich zu und fragt, ob es nicht noch mehr Kürbissuppe zu stehlen gibt.

»Wenn du den Topf auf dem linken Gaskocher noch mal aufwärmst, brauchst du nicht zu klauen. Dann bist du ein Mitarbeiter.«

Auf meinem Rundgang stelle ich fest, dass tatsächlich die meisten Essstände ihre Produkte entsprechend der hygienischen Norm ausgeben. Der überquellende Abfallcontainer zeigt, was per Gesetz gesund ist. Die Stadtreinigung wird die Nacht von Sonntag auf Montag wohl Überstunden machen müssen. Es sieht noch nicht so aus wie in Tirana, aber wir arbeiten dran.

Wieder in der Küche, kommt jemand auf mich zu und erzählt mir, dass ich die Essensausgabe sehr schlecht geregelt hätte, aber glücklicherweise habe er gesehen, wie alles aus dem Ruder lief. Er habe sofort eingegriffen, man habe ihn sowieso für einen Mitarbeiter gehalten, und er habe dann bei der Gelegenheit auch die Teller mit den Spenden einkassiert, denn so viel Geld einfach herumstehen zu lassen, ginge nun wirklich nicht.

»Danke, klasse!«, murmele ich.

»Die spinnen, die … «, denke ich, als ich sehe, dass das ganze Geschirr schon gespült und wieder eingepackt ist.

»Du hast doch nicht etwa …«

»Nein, gespült wurde das in der Maschine vom Vietnamesen. Der braucht das Ding selber kaum, weil er alles in Plastik serviert. Aber im Tausch gegen einen kleinen Topf Suppe können wir da spülen. Fand der Typ vom Gesundheitsamt auch gut.«

Trikolore

Tomatensuppe

10 große Tomaten
1 Zwiebel
2-3 Knoblauchzehen
- frische Thymianzweige
- Majoran
- Lorbeer
- Gemüsebrühpulver

Kürbissuppe

1 kleiner Hokkaido-Kürbis
2 große Kartoffeln
1 Zwiebel
- Petersilie
- kleines Stück Ingwer
- Muskatnuss
- Pfeffer
- Gemüsebrühpulver

Zucchinisuppe

2 Zucchini
2 Knoblauchzehen
2 Zwiebeln
2 EL Olivenöl
3 EL Gemüsebrühpulver

passt zu allen gut: 1 Becher Sauerrahm

Trikolore

Rot: Tomatensuppe

Schneide die Zwiebel klein und schwitze sie in einem Topf mit einem ordentlichen Schuss Olivenöl langsam an. Dann wäschst du die Tomaten, schneidest das Grün heraus, lässt sie ansonsten ganz und gibst sie so dazu.

Deckel drauf und etwa ¼ Stunde bei weiterhin mäßiger Hitze köcheln lassen. In der Zeit kannst du den Knoblauch klein schneiden, den du anschließend mit 2 Tassen Wasser sowie 1 Lorbeerblatt und den Thymianzweigen zu den Tomaten gibst. Umrühren! Das Ganze kannst du noch 10 Minuten weiter kochen lassen, bevor du das Lorbeerblatt und den Thymian wieder herausnimmst, 2 Esslöffel Gemüsebrühpulver hineinrührst und die größeren Stücke mit dem Küchenstab »kaputt« pürierst. Die Suppe bei Bedarf mit Wasser verdünnen und mit Salz und Majoran abschmecken.

Wer will, nimmt einen Esslöffel Sauerrahm in die Suppe.

Wenn es mal schneller gehn muss: Tomaten in kleine Würfel schneiden, anstatt sie ganz zu kochen.

Gelb: Kürbissuppe

Schäl den Kürbis und entferne seine Kerne. In mittelgroße Würfel schneiden. Die Kartoffeln und die Zwiebel werden ebenfalls geschält, dann klein gewürfelt. Gib das alles zusammen in einen großen Topf und fülle mit Wasser auf, bis es etwa einen Finger breit über dem Gemüse steht. (Auch lecker: Wasser ganz oder teilweise mit (Soja-)Milch ersetzen.)

Zum Würzen kommen noch 2 Esslöffel Gemüsebrühpulver sowie 1 Teelöffel klein geschnittener oder geraspelter frischer Ingwer dazu.

Eine halbe Stunde auf kleiner Flamme köcheln lassen. Der Kürbis sollte dann weich sein – wer es eilig hat, kann die Würfel mit dem Küchenstab pürieren, sonst einfach weiter kochen, bis alles von selber zerfällt.

Wenn die Schale vom Hokkaido nicht zu hart und dick ist, kann sie mitgekocht werden.

In der Zwischenzeit hackst du die Petersilie fein. Wenn du die sämige Suppe mit Muskatnuss und Pfeffer abgeschmeckt hast, mit der Petersilie bestreuen. Auch hier passt ein Schlag Sauerrahm auf der im Teller servierten Suppe sehr gut.
Die Kürbiskerne musst du nicht wegwerfen, sie schmecken lecker. Bevor du sie essen kannst, musst du sie aber gründlich säubern, mindestens 2 Wochen gut trocknen und dann ohne Fett, aber mit Salz in der Pfanne rösten.

So präpariert, sind Kürbiskerne einige Zeit haltbar.

Grün: Zucchinisuppe

Schneide die Zwiebeln und den Knoblauch in kleine Würfel und dünste sie kurz in etwas Olivenöl an, sie können ruhig goldgelb werden. Währenddessen kannst du die gewaschenen Zucchini würfeln und gleich dazu in den Topf geben. Alles noch ungefähr 5 Minuten bräunen, dunkelbraun soll es aber nicht werden.
Jetzt lösch mit 4 Tassen Wasser ab, bring das Ganze zusammen mit dem Gemüsebrühpulver zum Kochen und lass es etwa 10 Minuten bei mäßiger Hitze weiterbrodeln.
Dann ist das Gemüse so weit, dass du es mit einem Küchenstab pürieren kannst – zu einer gleichmäßig-cremigen, hellgrünen Suppe. Mit Salz und Pfeffer abschmecken.
Wie bei den anderen Suppen der »Ampel« macht sich etwas Sauerrahm oder Crème fraîche hervorragend dazu.

Wer die Suppe gerne etwas dicker hätte, kocht einfach 2 große Kartoffeln, geschält und in Würfel geschnitten, mit den Zucchini mit (in dem Fall mindestens 15 Minuten kochen).

Das war der Gipfel

Mein Stiefvater Pieke starb nicht ganz unerwartet, aber viel zu früh. 25 Jahre waren er und meine Mutter ein Paar gewesen. Zu dritt waren wir, Pieke im Rollstuhl, ein letztes Mal in seinem Atelier gewesen, aber er war schon zu müde und sein Körper zu ausgezehrt, um noch malen oder zeichnen zu können. Er saß nur da und schlummerte über seinem letzten Bogen Papier. Beim Kaffee im »Vogelstruys« am Vrijthof, der ältesten Kneipe der Niederlande, erzählte er von seinen Jahren an der Akademie und wie er den Maastrichtern mit seinem politischen Puppenspiel in den 60er Jahren die Wahrheit über Kirche und Lokalpolitik vorgeführt hatte. Zusammen mit meinen Adoptiv- und Stiefbrüdern und unseren Frauen, Freundinnen und Kindern haben wir seinen bemalten Sarg in der schönen Frühjahrssonne zu seinem letzten Ruheplatz getragen. Hinter uns gingen ein katholischer und ein orthodoxer Priester, gefolgt von einem Chor, und dahinter meine Mutter sowie Hunderte von Künstlern und Freunden. Es ist ein Bild wie in einem Film. Von einem Hügel aus kann Pieke jetzt auf seine geliebte Stadt herunterschauen.

Während dieser Zeit in Maastricht schaut Lylette von Rampenplan ein paarmal vorbei. Sie steckt mitten in den Vorbereitungen für das Protestcamp beim G8-Gipfel in Heiligendamm. Und obwohl Rampenlan dort nur für ein relativ kleines Camp kochen soll, ist ihr ein bisschen mulmig, denn bis jetzt weiß niemand, wo man Gemüse und andere Rohstoffe herbekommen soll. Ich verspreche ihr, mich umzuschauen und umzuhören, froh, wieder etwas anders tun zu können, jetzt, da es meiner Mutter wieder besser geht.

Eine Woche später sitze ich in einem vollbeladenen Regionalzug Richtung Rostock. Noch zwei Wochen, dann wird Angela mit ihren sieben Freunden hinter dem extra hohen Zaun ihre ganz spezielle Gartenparty feiern. Naiv wie ich bin, hoffe ich, dass auch von »unserer Seite« viele zum letzten großen Organisationswochenende der Anti-G8-Camps unterwegs sind. Aber als ich das Organisationszentrum endlich gefunden habe, werde ich schnell eines Besseren belehrt.

Das alte Klassenzimmer, in dem wir uns treffen, ist nicht mal voll. Die Hälfte der Anwesenden besteht aus einer Gruppe reisender Handwerksgesellen, die das Camp in Reddelich aufbauen wollten. Die anderen kennen sich alle untereinander, mir dagegen kommt kein einziges Gesicht bekannt vor, und ich bin mir plötzlich nicht mehr sicher, ob das hier überhaupt die richtige Versammlung ist.

Hübscher Kontrast:
Stacheldraht im Seeheilbad
– beides staatlich!

Ich erkläre, dass ich nur da bin, weil ich herausfinden möchte, wie das alles so laufen wird mit Rampenplan, aber ehe ich mich versehe, bin ich in zur VoKü-Kontakterson befördert, und so versuche ich, meine Rolle so gut wie möglich zu erfüllen. Seit Monaten kriegt die Vokü-Gruppe Mails, alles laufe nach Plan und keiner müsse sich Sorgen machen. Jetzt, so kurz vor dem Gipfel, kommen ihnen doch Zweifel. Aber die Essensversorgung ist nicht das einzige Problem: Erst seit ein paar Stunden ist bekannt, wo das Camp aufgebaut werden kann, und die ganze Infrastruktur fehlt noch. Sicher ist nur, dass im Rostocker Camp ein paar tausend Menschen mehr erwartet werden als ursprünglich geplant waren. Zunächst war das Camp in Rostock nur als eine Art Auffang- und Durchgangslager gedacht für alle, die zu spät kamen oder den Weg nach Reddelich nicht fanden, während das Camp in Reddelich als das zentrale Camp geplant war, weil es näher am Absperrungszaun lag. Doch es gibt allerhand Änderungen, und nun wird Rostock zum Hauptlager; viele Organisationen befürchten, dass das Camp in Reddelich geräumt werden könnte. Da das Reddelich-Camp außerdem bevorzugt organisierte Gruppen aufnimmt, wird Rostock auch zur Anlaufstelle der Kurzentschlossenen und Einzelpersonen.

Es ist ziemlich schwierig, in und um Rostock Lebensmittel aus Bio-Produktion in den benötigten Mengen zu beschaffen. Ich fahre sogar in einen Großmarkt, um nachzuschauen, ob dort möglicherweise Produkte aus ökologischem Anbau verkauft werden. Ein paar tausend Menschen mit winzigen Gläsern Babynahrung durchzufüttern kann aber nicht der Ausweg sein. Es sieht hoffnungslos aus. Trotzdem rufe ich noch einmal die Nummer an, die ich auf dem Weg vom Bahnhof zum Organisationszentrum an einem Ökostand gesehen habe – und komme endlich durch:

»Sorry«, sagt mein Gesprächspartner, »wir waren den ganzen Tag auf Tour, es ist Sonntag. Immer ein guter Tag, um liegen gebliebene Arbeit zu erledigen.«

»Stimmt es, dass du, ich meine Sie, ist es wahr, dass Sie ein Verteilerzentrum für ökologische Produkte haben?«, versuche ich es in meinem besten Deutsch. »Ich rufe an wegen der Anti-G8-Camps. Ich möchte gern wissen, ob hier in der Gegend wirklich kein Ökogemüse mehr zu bekommen ist.«

»Eigentlich schon … ich habe hier noch was rumliegen, nur wird das nicht genug sein.«

»Kein Problem, ich komm mal vorbei.«

Wir sehen etwas mehr von der Umgebung Rostocks als nötig, bis wir das schöne kleine Dörfchen am Ende der Welt gefunden haben. Aus dem Haus brüllt jemand, wir sollten kurz warten, er komme gleich runter. Zehn Minuten später sitzen wir in Martins Büro bei Kräutertee, ich erzähle von Rampenplan, weshalb wir am liebsten mit regionalen Bauern zusammenarbeiten, dass wir schon seit über 25 Jahren unterwegs sind und über die vielen anderen Voküs und ihre politischen Wurzeln.

Martin guckt mich trotzdem noch ein bisschen misstrauisch an, vor allem als ich ihm erzähle, dass die Essensausgabe immer auf Spendenbasis abläuft, dass jeder das zahlt, was es ihm oder ihr wert ist, und dass wir wahrscheinlich nur bezahlen können, wenn die Menschen genügend Geld spenden. Aber je länger das Gespräch dauert, desto mehr gemeinsame Bekannte entdecken wir, und langsam fangen seine Augen an zu leuchten.

In seinem Lager finden wir ein paar Tonnen viel zu kleine Kartoffeln, und auch im Bio-Laden ist nicht mehr alles echt für den Verkauf geeignet. Ich erkläre ihm, dass wir gerne Gemüse nehmen, das nicht so gut aussieht, die geplatzten Kohlrabis zum Beispiel. Dann fängt Martin an, Zahlen aufzuschreiben. Auf der Rückseite einer alten Rechnung

Riesige Töpfe mit riesigen Gasflammen darunter – in unserem Zelt kann es ziemlich heiß werden.

entstehen die ersten Kalkulationen. Es ist schon eine Weile her, dass ich für 5.000 oder 6.000 Menschen eingekauft habe. Er schaut sich meine Notizen zum geschätzten Bedarf an und verspricht, die kommenden Tage bei seinen Bauern anzurufen, um zu schauen, was sich noch machen lässt.

Abends zurück zu Hause in meinem Wohnwagen in Belzig, rufe ich Lylette an, die mit Rampenplan gerade auf einem Theaterfest kocht.

»5.000? Bist du sicher? Die haben schon gesagt, dass es ein paar mehr werden, aber – «

»Ja, das Kulturzelt wurde von Reddelich nach Rostock verlegt, und auch die meisten Jugendgruppen und Ausländer wollen lieber nach Rostock, weil es dort vielleicht etwas ›sicherer‹ ist.«

»Kannst du nicht noch ein paar Leute und ein paar andere Voküs organisieren? Wir haben bisher nur die Belgier von Kokkerellen eingeplant.« Der Name dieser Vokü setzt sich aus Flämisch für Kochen (koken) und Krawalle (rellen) zusammen. Es ist eine Gruppe belgischer Arbeitsloser, die wie viele andere in Europa mithilfe von Rampenplan in den letzten Jahren eine eigene mobile Küche aufgebaut haben. Die ganze Woche verbringe ich vor meinem Computer und versuche, weitere Unterstützung zu mobilisieren. Nur an Himmelfahrt fahre ich mit einem Zug voller lustig trinkender und laut singender Männer nach Kesselberg. Dort, im Osten von Berlin, besuche ich eine kleine Lebensgemeinschaft, die den Einkauf für Reddelich übernommen hat und nun mit den erwarteten Massen von Menschen ein bisschen überfordert ist. Zusammen versuchen wir das Beste aus der Situation zu machen.

Wieder in meinem Wohnwagen, maile ich weiter Voküs, Freunden, Bauern, Bäckern und Müllern und stelle dabei fest, dass wir nicht die Einzigen sind, die versuchen, in Mecklenburg-Vorpommern Ökoprodukte einzukaufen. Auch Angelas Küchenchefs scheinen bis zum letzten Moment mit dem Einkaufen gewartet zu haben. Und bei manchen Lieferanten gehen die Bestellungen gleichzeitig ein. Ein paar von ihnen machen die Ware für Angelas Party ein bisschen teurer – und geben das Plus an uns als Rabatt weiter.

Lylette im Rampenplanbüro in Sittard und ich in Deutschland sind per Mail und Telefon in ständigem Kontakt, und irgendwann können wir uns nicht mehr vorstellen, irgendetwas vergessen zu haben. Ich reise also wieder nach Rostock. Es ist noch genau eine Woche bis zur Stunde Null.

»In der letzten Woche hatte ich Kontakt mit allen 16 Voküs, die zugesagt haben«, erzähle ich im Plenum. »Die meisten sind schon am Vorbereiten, nur eine Gruppe aus Engländern und Franzosen scheint noch Probleme zu haben. Die einen haben noch kein Geld für die Fähre, den anderen ist bei einer Anti-Sarkozy-Demo gerade der Koch verhaftet worden. In Reddelich wird es 14 Voküs geben und in Rostock zwei, Rampenplan und Kokkerellen.«

Auf dem Gelände des alten Schlachthofs in Rostock, auf dem die Rampenplanküche errichtet werden soll, läuft das Wasser nicht ab. Durch den andauernden Regen stehen einige Fahrzeuge schon bis zu den Achsen im Schlamm. Sogar der Riesentrecker, der beim Aufbau der großen Zelte eingesetzt wird, sitzt fest. Als Nächstes bleibt ein Feuerwehrfahrzeug hängen, das wir gerufen hatten, um den See leer zu pumpen. Und als endlich der große Rampenplan-Laster ankommt, ergeht es ihm auch nicht besser. Glücklicherweise sind mittlerweile genügend Leute angereist, um die Laster in kurzer Zeit frei zu graben und in gemeinsamer Anstrengung, begleitet von lautem Geschrei, aus dem Schlamm zu ziehen. Mit Hochdruck bauen wir jetzt auf. Nachdem ich mir drei Wochen ständig anhören musste, dass es nichts wird, stehe ich jetzt bis in die letzten Nervenenden unter Strom, um zu beweisen, dass es doch geht.

Stunden später kommt Lylette mit »Japie«, unserer kleinen mobilen Küche, und dem Rest der Rampenplaner an. Die Belgier werden erst in ein paar Tagen eintreffen, aber die Gruppen aus dem Fläming und aus Berlin stehen bereit und können es kaum erwarten, dass die Show endlich anfängt. Abends, noch bevor die Küche ganz aufgebaut ist, gibt es schon die erste Suppe. Die ersten Tausend

G8-Gegner sind schon eingetroffen, und die ganze Nacht wird Suppe an Neuankömmlinge ausgegeben. Gegen vier Uhr morgens ist der letzte 300-Liter-Topf leer, und ein paar Stunden später fängt die nächste Gruppe schon wieder an, Frühstück zu machen. Die folgenden Tage sehe ich nur noch Küchenzelte, Regen und viele Journalisten, die über die Kochtöpfe hinweg versuchen, Interviews zu führen.

Durch die Feuchtigkeit und die Kälte draußen, die Hitze und den Dampf an den Töpfen und sicher auch durch die nervliche Belastung verliere ich langsam, aber sicher meine Stimme. Lylette gibt mir in ihrer unnachahmlich charmanten Art zu verstehen, dass es noch andere gute Köche gibt, die gerne ein bisschen mehr machen wollen als nur schnippeln und rühren und dass ich mal einen Gang runterschalten soll.

Bevor Suppe gekocht werden kann, heißt es erst mal pumpen.

Am Tag darauf verschwinden die meisten Köche, die Blockaden haben angefangen. Japie und der belgische Bus sind unterwegs, um vor Ort Kaffee, Tee und Suppe zu machen. Aus Reddelich, wo es etwas ruhiger ist, kommen Leute der Vokü »Lesabot« rüber, um uns zu helfen. Ich sitze zwischen unseren Küchenzelten, genieße zum ersten Mal die Sonne und koordiniere per SMS die Voküs, die die Blockaden versorgen. Mit Ausnahme von Japie, der stundenlang von ein paar übereifrigen Polizisten am Weiterfahren gehindert wird, sind die Blockaden gut versorgt mit Essen aus Reddelich und Rostock.

Gegen Abend kommt am Camp eine lange Reihe von Polizeiwagen vorbei, von denen wir nur die weißen Dächer und blauen Lichter sehen können. Hören können wir sie nicht, denn über dem Camp stehen mehrere Hubschrauber und machen einen ohrenbetäubenden Lärm. Hinter dem Vorratszelt erscheinen zwei Überwachungskameras, die an einem Stativ in die Höhe gehalten werden. Sie sehen aus wie E.T. Auch die anderen

Polizeiwagen haben angehalten. Man kann ihre blauen Flackerlichter rund um das Camp aufblitzen sehen. Ich laufe Richtung E.T., in der Hoffnung, dass mir jemand auf der anderen Seite verraten kann, was los ist. Nur mit Mühe gelingt es mir, einen Typen mit sehr vielen Streifen an der Uniform dazu zu bewegen, etwas näher an den Zaun zu kommen. Ich frage ihn, was sie vorhaben und ob wir in der Küche, wo wir gerade am Frittieren sind, nicht besser das Feuer ausmachen und die heißen Öle in Sicherheit bringen sollten.

»Koch einfach weiter«, sagt er nach kurzem Funkkontakt mit einem »Höheren«. Um das große Küchenzelt hat sich inzwischen eine ganze Horde Kinder mit einer beunruhigten Mutter geschart. Das Gerücht geht um, die Küche sei der sicherste Ort, wenn die Polizei ein Camp räumt. Obwohl immer wieder ganze Küchen beschlagnahmt und erst Monate später nach viel Hin und Her wieder zurückgegeben wurden, ist es tatsächlich noch nie passiert, dass die Polizei die Küche angegriffen hat. Normalerweise mögen wir es nicht besonders gern, wenn Fremde – und vor allem Kinder – sich in der Küche aufhalten oder durch sie durch laufen. Von den riesigen Töpfe und Brennern, die ein Vielfaches der Hitze eines gewöhnlichen Gasherds erzeugen, geht eine zu große Gefahr aus. Ich flüstere meinen Mitköchen zu, was die Polizei gesagt hat, und helfe die Veggieburger fertig zu backen. In so einem Moment ist es das Beste, die Situation zu normalisieren. Mit einem Auge behalte ich zwar E.T. im Blick, der versucht, in unsere Töpfe zu schauen, mit dem anderen schaue ich nach den Kindern, die jetzt mithelfen dürfen, Gemüse zu schneiden. Ramona schenkt Apfelsaft aus, und die Anspannung legt sich. Irgendwann verschwindet E.T. mit seinen blau flackernden Freunden genauso, wie sie gekommen sind, und durch die Versammlung in der Küche geht ein erleichtertes Geraune.

Am nächsten Tag hält es auch mich nicht mehr im Camp. Eigentlich wollen wir nur schnell ein paar hundert Liter Suppe zu den Blockaden in Bolhagen bringen, aber schon nach 100 Metern werden wir von der Polizei festgehalten. Wie immer versuche ich mit den Polizisten ein lockeres Gespräch zu führen. Sie erzählen, wo sie herkommen und dass sie auch nicht so recht verstehen, was es bei uns zu kontrollieren gibt. Einer steht mit einem Brotmesser und einer unserer großen Schöpfkellen in der Hand da und guckt fragend seinen Chef an. In dem Moment brummt mein Handy, und ohne nachzudenken greife ich in meine Tasche. Die Hand meines Gegenübers zuckt sofort zu seiner Pistole, und die Angst ist ihm ins Gesicht geschrieben, als er mir erklärt, ich solle das ja nicht noch einmal machen. Dem Anrufer sage ich, dass wir mit der Suppe in einer Kontrolle feststecken. Wie lange es noch dauert, frage ich den Polizisten, um anschließend weiterzugeben: »Der weiß es auch nicht.«

Als wir schließlich weiterfahren dürfen, frage ich ihn, ob er seinen Kollegen zwischen hier und Bolhagen nicht sagen kann, dass wir schon kontrolliert wurden. Er findet das nicht witzig. Wir haben trotzdem Glück: Obwohl die Gegend vollgestopft ist mit grün-weißen Wagen, hat keiner Lust, uns noch mal aufzuhalten. Entgegen aller Ankündigungen und Expertenmeinungen, die Demonstranten würden es nie bis zum Zaun schaffen, haben es Tausende geschafft und Heiligendamm stundenlang effektiv abgeriegelt. So effektiv, dass es sogar zu Versorgungsengpässen für die Küche innerhalb des Zaunes kommt. Eigentlich ist die »Schlacht« vorbei. Noch jagen ein paar frustrierte Polizeibeamte Demonstranten durch die Felder, aber die meisten sind schon auf dem Weg zurück in ihre Camps. Laut diskutierend ziehen Hunderte an uns vorbei. Die Frittenbude einen Kilometer weiter macht das Geschäft ihres Lebens, aber auch unsere Suppe ist innerhalb kürzester Zeit verschwunden, und ich frage über Handy an, ob es in Reddelich noch eine Vokü mit servierbereitem Essen gibt. Keine zwanzig Minuten später teilen wir schon wieder Suppe aus, auch zur großen Überraschung eines Polizeikommandanten aus Hamburg, dem ich eine Suppe anbiete, weil er so hungrig guckt. Er lehnt natürlich ab, wir könnten ja wasweißichwas da reintun. Etwas später trinken wir trotzdem eine Tasse Solidaritätskaffee zusammen. Er sagt, dass er neidisch sei auf

die Demonstranten, auf unsere Infrastruktur. Von den Voküs könnten ihre Essenswagen noch was lernen.

»Weshalb klappt es bei euch so gut?«

»Wir machen es freiwillig«, sage ich.

Zum Abschied koche ich am letzten Tag zwei 300 Liter-Kessel einer Reis-Tomatensuppe mit frischen Tomaten. Um mich herum wird die Küche langsam wieder eingepackt, gegen Abend soll Rampenplan schon wieder nach Hause unterwegs sein.

Tatsächlich alle satt gekriegt: Abschlusskundgebung.

Als letztes Gericht zum Nachkochen aber gebe ich euch einen echten Rampenplanklassiker mit – perfekt geeignet als Basis für eine lange Sitzblockade ...

Sitzblockade

Kartoffelpüree mit Endivien
& grünem Salat

für 100 Personen:

45 kg Kartoffeln
20 Köpfe Endivien
10 kg Lauch
10 große Karotten
10 rote Paprika
10 grüne Paprika
10 kg Zwiebeln
2 Knollen Knoblauch
25 Kopfsalate
5 Zitronen
1 Tasse feines Maismehl
3-4 kg Hartkäse (z.B. Gouda)
oder vegan:
gebackene Tofuwürfel
10 l Milch oder Sojamilch
1-1½ Päckchen Butter
oder Margarine
- Gemüsebrühpulver
- Honig
- Pfeffer
2 Tassen Salz

Sitzblockade

Kartoffelpüree mit Endivien

In den Niederlanden ist »Stamppot« ein Nationalgericht und Endivie nur eines der Gemüse, die sich als Extra-Zutat für diesen Kartoffelbrei eignen.
Es gibt ihn auch mit Karotten und Zwiebeln, mit Sauerkraut, mit Grünkohl, mit … hier kann noch viel experimentiert werden.

Kartoffelbrei nie mit einem Küchenstab kaputtpürieren! Wird dann eine Art zähe Soße anstatt der gewünschten schönen Pampe.

Kartoffeln gut waschen oder schälen. Die größten Kartoffeln halbieren, sodass alles etwa gleich schnell gart. Du brauchst einen Topf, der gefüllt mit Kartoffeln etwa halb voll ist. Wenn du nur kleinere Töpfe hast, verteil die Kartoffeln auf mehrere. Die 10 Liter Milch und 1 Tasse Gemüsebrühpulver, ½ Tasse Salz, 1 Handvoll Pfeffer und die gewürfelten Karotten dazugeben. Den Topf so weit mit Wasser befüllen, dass die Kartoffeln gerade mit Wasser bedeckt sind. Alles zum Kochen bringen und ungefähr 20 Minuten auf mittlerer Flamme weitergaren lassen. In der Zwischenzeit den Endivien waschen und quer in breite Streifen schneiden.
Wenn die Kartoffeln gar sind, kommt die schwerste Arbeit – das Stampfen. Mit einem normalen Küchenstampfer kommt man bei den Mengen natürlich nicht weit. Du musst also ein geeignetes Werkzeug suchen oder bauen. (Bewährt haben sich Zaunpfosten, 1 Meter lang und 15 cm im Durchmesser). Dabei nach und nach den gewürfelten Käse, die Butter und am Ende die Endivienstreifen dazugeben. Bevor du die Kartoffelstampfe servierst, noch mal probieren und mit Salz und Pfeffer abschmecken.

Lauch-Zwiebel-Soße

Die 10 kg Zwiebeln schälen, halbieren und in Ringe schneiden. Den Lauch in Ringe schneiden, dann waschen. Den Knoblauch schälen und auspressen und mit den Zwiebelringen in einem großen Topf mit ungefähr einem ¾ Liter Öl andünsten. Wenn die Zwiebeln anfangen, glasig zu werden, den Lauch dazugeben. Gut durchrühren und weiter dünsten lassen, bis der Lauch anfängt, weich zu werden. Dann gibst du 5-6 Liter Wasser, eine gute Handvoll Salz und 1 Tasse Gemüsebrühpulver dazu. Alles eine Viertelstunde auf kleiner Flamme köcheln lassen. Die Tasse Maismehl in einem halben Liter kaltem Wasser auflösen, bis keine Klümpchen mehr drin sind und mit dieser Mischung die Soße aufkochen, wodurch sie gebunden wird. Zuletzt die roten und grünen Paprika kleinschneiden und unterrühren.

Die einzelnen Knoblauchzehen lassen sich leichter schälen, wenn du sie vorher mit der Seite der Messerklinge etwas zerdrückst.
Und mit einer Kartoffelpresse lassen sie sich besonders schnell auspressen: alle auf einmal.

Grüner Salat

Den Salat waschen. Das Grunddressing besteht aus 1 Liter Sonnenblumenöl, dem Saft von ca. 5 Zitronen (oder einer ¾ Tasse Essig), 3-4 EL Salz und 2-3 EL Honig. Zutaten vermischen, dann nach Lust und Laune weiterwürzen: im Sommer mit frischen Kräuter wie Dill, Schnittlauch oder Liebstöckel, im Winter mit getrockneten Kräutern oder Knoblauch – alles natürlich in großen Mengen. Die Soße 1-2 Stunden ziehen lassen und dann in kleineren Portionen nach und nach zum Salat geben – aber nicht zu früh: Wenn der Salat zu lange im Dressing liegt, sieht er nicht mehr so appetitlich aus.

Gehakt à la Kat Joost Belinfante / GEZELLIG --- Ofra Haza / SLAVE DREAM --- Amsterdam Klezmer Band / DUTCH JIDDISH --- **Backwerk** Lucky Dube / WOMAN --- Chumbawamba / BELLA CIAO --- Bob Marley / GET UP, STAND UP --- **Jam Session** Neil Young / HARVEST --- Jeff Buckley / HALLELUJAH --- Nick Drake / TIME HAS TOLD ME --- **Woodstock** WOODSTOCK 1969 ALBUM --- **Reis à la Aarï** Nina Hagen / TIERE --- Slumberlandband / COMPLICATED LIFE --- Armand / WAR RAGING INSIDE --- **Präkolumbus** Gryphon / KEMP'S JIG --- Laïs / JANNEKE --- The Amazing Stroopwafels / BEESTEN HEBBEN ALTIJD WAT --- **Kleiner Punker** Amadou et Mariam / SÉNÉGAL FAST FOOD --- Leningrad / WWW --- Red Elvises / GOOD GUYS --- **Golden Temple** Bob Dylan / JOEY --- Panjabi MC / BHANGRA NIGHTS --- India Arie / PROMISES --- **Fri** Proloog / RAMPENPLAN --- Braak / IK BEN OK --- David Bowie / REBEL, REBEL --- **Shutka** Shantel / DISKO PARTIZANI --- Emir Kusturica & The No Smoking Orchestra / UNZA UNZA TIME --- Bijelo Dugme / KAD BI BIO --- **Morgenrot** Mouth Music / CRATHADH 'T 'AODAICH & ZBADBA --- Slobodan Trkulja & Balkanopolis / LEPE MOJE CRNE OC --- I Muvrini & Lais / NOI --- **Rampetto** Bots / WAS WOLLEN WIR TRINKEN --- Geier Sturzflug / BESUCHEN SIE EUROPA --- Eels / A DAISY THROUGH CONCRETE --- **Wamicelli** Marco Masini / VAFFANCULO --- Janse Bagge Bend / SOLICITEREN --- Africa unite / IL SEGRETO DEL NUMERO SCOMPARSO --- **Friedensburger** Caravan / THE WORLD BEAT --- Tom Robinson Band / 2-4-6-8 MOTORWAY --- Beatles / WHY DON'T WE DO IT IN THE ROAD --- **Pjort** Eddie Skoller / WHAT DID YOU LEARN IN SCHOOL TODAY --- Doe Maar / NEDERWIET --- JJ Cale / AFTER MIDNIGHT --- **Ecotopia** Cseh Tamas / SOMLAI MARGIT --- Besh o drom / KECSKES --- Republik / CSILLAGOK --- **Spachtelmasse** E.T. / TEK JE 12 SATI --- John Lennon / BEAUTIFUL BOY (DARLING BOY) --- The Clash / SHOULD I STAY OR SHOULD I GO --- **Yugo 55** Bajaga / PLAVI SAFIR --- Dubioza Kolektiv / THE BOSNIAN RASTAFARIE --- Zabranjeno Pušenje / YUGO 55 --- **Ravno** Gogol Bordello / START WEARING PURPLE --- Gipsy.cz / WELCOME IN PRAGUE --- Fanfara Tirana / COKOLLATA --- **Wendland Spezial** Boom Pam / WEDDING SONG --- CCC inc. / MIDNIGHT SPECIAL --- Rio Reiser / HALT DICH AN DEINER LIEBE FEST --- **Weltmahlzeit** Mariza Monte / BARCO NEGRO --- Nena / SCHRITT FÜR SCHRITT INS PARADIES --- Afro Celt Sound System / WHIRL-Y-REEL 2 --- **Marrakesh Express** Hakim / ALLAH ALLAH --- Soaud Massi / YA KALBI --- Cheb Khaled / SIDI BOUMEDIENNE --- **Trikolore** Manu Chao / POLITIK KILLS --- Mono & Nikitaman / BEWEG DICH --- Joint Venture / LANDKOMMUNENHIPPIE --- **Sitzblockade** Magnifico / HIR AJ KOM HIR AJ GO --- Balkan Beat Box vs. Mahala Raï Banda / RED BULA --- Sud Sound System / TRADIZIONI REGGAE INTERNAZIONALE

Sound aus kleinen Kopfhörern oder dem Handylautsprecher lässt sich prima verstärken, wenn du das Gerät in ein nicht zu großes, metallenes Gefäß legst ...

Danke

Weitzgrund, 4. Mai 2008, 19.59 Uhr. Gehüllt in einen Mantel aus Abendnebel stehe ich am Rande einer Wiese in unserem kleinen Dorf. Auf der anderen Seite geht die Sonne hinter dem Wald unter, und die Schottischen Hochlandrinder sind in der anbrechenden Dunkelheit kaum noch auszumachen. Hinter mir höre ich, wie sich die letzten Vögel mit viel Gezwitscher und Geflatter ihren Schlafplatz im Wald suchen. Vor meinen Augen läuft ein Film aus Buchstaben ab – von dem Augenblick, als auf den Tag genau vor 63 Jahren mein Vater mit Onkel Henk auf den Hof eines deutschen Camps fuhren, bis zu diesem Moment jetzt gerade.

Ich danke meiner Mutter, Ramona, Lylette und dem Rest von Rampenplan, Ira, Aarï (wo immer er grade sein mag), Almut für ihre Aufstrichrezepte, Rand in Pristina, Rüdiger in Berlin, meinen Brüdern, meinen Söhnen Pjort und Rik, allen Einwohnern des Hohen Flämings, Claudio in Argentinien, Pax in Amiland, Marko in Belgrad, Peter für seine Fotos und natürlich Ulla. Und Tyche und Marjolein. Emile für sein Kräuterwissen, Nigel, Bert, Bartjan, Jantje, Bhady, Dieter, Vesna (6x), Vlasta, Anne, Hagara, Mariska, Janine und Daan. Und Robert und Wavy Gravy und Roel natürlich. Und Josti, Balster, Olmen, Guido für das Fahren von Lakutus, Goran und natürlich Burkie, der immer da war. Und unserer Pakrac-Mutter Vanja. »When war is the answer, the question must be f***ing stupid«. BJ, LJ, Dolores sowie Heiko, Undine, Martin und Kai, dem Fotografen, und und und …

20.00 Uhr. In den Niederlanden gedenken die Menschen jetzt mit zwei Schweigeminuten der Toten des Zweiten Weltkriegs und der etwa zweihundert Kriege seither. Das Rauschen der Namen in meinem Kopf ebbt langsam ab. Ich werde es nie schaffen, allen zu danken, die auf die ein oder andere Weise zu diesem Buch beigetragen haben … Deshalb bin ich jetzt auch mal zwei Minuten ruhig. Vielleicht hörst du in der Stille deinen Namen … Ljubav i mir, Wam :-)

BILDNACHWEIS © Till Bortels (www.bilderbook.de): S. 197, 199, 200, 201, 202 | © Stefan Groß: S. 72 | © Wam Kat: S. 33, 38, 49, 50, 54 (rechts, oben, unten, Mitte, links oben), 55 (links oben, rechts oben, Mitte), 90, 93, 97, 98, 99, 103, 110, 111, 114 links, 121, 122, 134, 135, 141, 212, 213, 214, 221, 237 (rechts), 239, 241 | © Vlasta Kuhlenova: S. 55 | © Georg Lehmann: S. 11 | © Undine Löhfelm: S. 6, 34, 61, 69, 72, 92, 101, 116, 117, 122 (unten), 192, 193 | © James Mason: S. 177 | © Kaspar Mol: S. 37, 74 | © Nieuwe Revu: S. 119 | © Kai Pelka: S. 12, 28, 128, 209, 248 sowie alle Rezeptfotos | © privat: S. 3, 17, 18, 19, 25, 26, 46, 93 (Mitte rechts), 121 (oben rechts), 228, 231, 243 | © Rampenplan: S. 143 | © Ramona Stucki: S. 237 (links) | © Ulla Trædmerk Jensen: S. 9, 151, 157 | © Mar de Vos: S. 19 (oben) | © Waterman: S. 81 | © Peter Wijnands: S. 171, 185, 186, 187 | S. 45: © Woodstock®, Abdruck mit freundlicher Genehmigung von Woodstock Ventures, www.woodstock.com | Trotz aller Bemühungen von Herausgebern, Autoren und Verlag kann es immer wieder passieren, dass einzelne Urheberrechte unrichtig, unvollständig oder gar nicht verzeichnet sind. Alle diesbezüglichen Anfragen bitten wir an den Verlag zu richten.

GESCHIRRNACHWEIS S. 21/22: Anni Paul, Iris Warkus | S. 28/29: Elli Löhfelm, privat | S. 40/41: 's Einlädele | S. 48/49: Kai Pelka, privat | S. 56/57: Andrea Becker, privat | S. 64/65: Andrea Ludwig, privat, Stefan Abe & Diana Jakobschy | S. 76/77: privat | S. 84/85: Andrea Becker, Kai Pelka, privat | S. 96/97: privat | S. 104/105: privat | S. 112/113: Anni Paul | S. 124/125: HEMA, privat | S. 136/137: Martin Baltes, Thore Thiele & Thomas Burkert | S. 144/145: Svenja Becker & Rolf Lauermann, privat | S. 152/153: privat | S. 160/161: Kai Pelka, Hans-Joachim Pelka, Kora Discher | S. 172/173: privat | S. 180/181: Andrea Becker | S. 188/189: Elli Löhfelm, privat | S. 204/205: Andrea Becker, Thore Thiele & Thomas Burkert | S. 216/217: Roland Diers | S. 224/225: Andrea Becker, Anni Paul, Yolande Verheyen | S. 232/233: privat | S. 244/245: Elli Löhfelm, privat

DER VERLAG DANKT außerdem Max Annas, Sebastian aus Danzig, Kora Discher, der D.I.Y.-Küche Freiburg, Elisa Meyer, Daniela Müller.